数字化转型与管理

DIGITAL TRANSFORMATION AND MANAGEMENT

蔡志文 何姜林 陈礼学 李想之舟 ◎ 著

经济管理出版社
ECONOMY & MANAGEMENT PUBLISHING HOUSE

图书在版编目（CIP）数据

数字化转型与管理/蔡志文等著. —北京：经济管理出版社，2023.4
ISBN 978-7-5096-8986-8

Ⅰ.①数… Ⅱ.①蔡… Ⅲ.①数字技术—应用—企业管理—研究 Ⅳ.①F272.7

中国国家版本馆CIP数据核字（2023）第064584号

组稿编辑：魏晨红
责任编辑：魏晨红
责任印制：黄章平
责任校对：张晓燕

出版发行：	经济管理出版社
	（北京市海淀区北蜂窝8号中雅大厦A座11层　100038）
网　　址：	www.E-mp.com.cn
电　　话：	（010）51915602
印　　刷：	北京市海淀区唐家岭福利印刷厂
经　　销：	新华书店
开　　本：	720mm×1000mm/16
印　　张：	17
字　　数：	270千字
版　　次：	2023年5月第1版　2023年5月第1次印刷
书　　号：	ISBN 978-7-5096-8986-8
定　　价：	68.00元

·版权所有 翻印必究·
凡购本社图书，如有印装错误，由本社发行部负责调换。
联系地址：北京市海淀区北蜂窝8号中雅大厦11层
电话：（010）68022974　邮编：100038

前　言

随着数字技术的飞速发展，数字经济已成为推动经济高质量发展的"新引擎"。从工业经济走向数字经济，世界经济版图正在被重塑。2022年7月，国家互联网信息办公室发布的《数字中国发展报告（2021年）》显示，我国数字经济规模从2017年的27.2万亿元增至2021年的45.4万亿元，年均复合增长率达到了13.6%，仅次于美国，稳居世界第二。这得益于规模庞大和技术领先的网络基础设施，以及高速增长的算力规模，数字经济对我们的生活、工作，甚至对整个社会都产生了深刻的影响。

随着数字经济的到来，数据已经成为我国重要的生产要素。马克思在《资本论》中提到，各种经济时代的区别，不是在于生产什么，而是在于怎样生产和用什么劳动资料生产。那么，可以说，数据正是这个时代驱动企业数字化发展的重要资源，数字技术也正成为这个时代重要的技术力量。在数字经济时代，数据会加速对传统经济的更替，同时还会重构商业模式，迭代出更新的技术，推动企业进行全方位的管理升级。数字经济正在给企业管理带来前所未有的挑战和机遇。

在数字经济时代，数字经济给企业管理带来的挑战体现在以下三个方面：一是数据环境和信息环境的复杂性。在数字经济时代，数字技术让更多的信息逐步走向了透明化，信息的传播速度加快，对企业的发展提出了更高的要求。企业不仅需要保护好信息的隐私性，防止信息被泄露和数据被过度地使用，还要做好自我宣传，提高数据的有效性，这就要求企业升级内部管理系统，让数据成为企业的有效生产要素，促进企业发展。二是企业进行数字化管理转型的结构性困难。数字技术在商业环境和生产环境中的广泛应用，不仅提高了企业的产品质量和服务水平，更给企业的经营管理提出了更高的要求，创新型商业模式如雨后春笋般涌现，让企业不得不探索更多的价值共创和跨界融合的新方式。三是企业数字化转型人才的匮乏。在创新的背后，人才是重要的推动力量。在众多的创新企业中，人才大多集中在技术型专业岗位上，但能进行跨领域、跨行业工作的复合型人才比较缺乏，进行综合型、敏捷型的人才团队构建更是困难。

但是，挑战和机遇总是并存的。在数字经济时代，企业在数字技术的推动下，数字化管理仍然带给其巨大的发展机遇。数字经济让市场环境更加开放，企业的管理也随之更加开放，数字化管理能让企业更好地获取企业内外部的信息，有效地进行内外部管理，并能进一步实现上下游产业链或者同行业间的协同管理。在灵活应用数字技术的情境下，企业能让内部信息得到有效的流转，使部门间的决策信息更快速地适应市场的变化，为客户提供更贴心、更优质的服务，同时也能让企业的创新研发与研究机构或者教育机构进行高效协同，促进创新的有效商业化，这是数字经济时代下的重要机遇。

总之，数字经济正在颠覆着传统经济的发展，数字化管理也成为数字经济下企业管理变革的重要方向。数字化时代带来了VUCA式变化，"故步自封"的传统管理方式已经无法让企业走出时代的步伐。只有实现数字化管理，以战略驱动企业发展，以创新实现企业变革，以数据指导企业前进，以技术辅助企业管理，才是企业在复杂多变的市场环境下重要的步伐。数字经济时代既是个体的时代，也是协同的时代，让个体融合组织发光发亮；让企业协同在更大的领域中发展壮大，也是对数字化管理的重要探索。

本书对大量的文献进行了总结和归纳，同时应用新颖的案例使内容更加通俗易懂，主体通过对数字经济时代下的模式、组织、个体所进行的数字化管理和协同发展进行总结，让读者能从四个维度认识到数字化管理以及企业开展数字化管理的重要性。

本书还创新性地结合时下的新组织形态、新雇佣方式和新管理协同方式进行分析，不仅能让企业组织认识到数字化管理的新方向，还能让个体找到适应社会发展和组织发展的新模式。在写作过程中，笔者借鉴、学习、吸收和参考了国内外众多专家的研究成果和大量的相关文献，对一些书籍、期刊、网站的部分数据和资料进行引用，已尽可能地在参考文献中列出，由于时间紧迫，有部分未能与有关作者一一联系，敬请原谅，并对这些成果的作者表示感谢。

限于笔者的能力有限,书中难免会有疏漏,敬请广大读者批评指正!如您希望与笔者进行沟通、交流,扬长补短,发表您的意见,请与我们联系。

笔者

2022 年 10 月 24 日

目录 CONTENTS

第一章 数字化时代与管理 ……………………………………… 001

第一节 数字化时代现状与发展 ……………………………… 006
一、信息迭代的时代 …………………………………… 006
二、思维升华的时代 …………………………………… 008
三、万象更新的时代 …………………………………… 011

第二节 数字化转型是一场变革 ……………………………… 017
一、顺应时代需求的变革 ……………………………… 017
二、数字技术支撑的变革 ……………………………… 020
三、产业价值重塑的变革 ……………………………… 020
四、企业管理重构的变革 ……………………………… 021

第三节 数字化管理是一场重构 ……………………………… 022
一、数据赋能与管理 …………………………………… 023
二、战略规划与落地 …………………………………… 026
三、组织赋能与激活 …………………………………… 028
四、协同创新与发展 …………………………………… 029

第四节　数字化管理的全局视角 ········· 030
　　一、数据挖潜：让模式价值创新 ········· 030
　　二、数字支撑：让组织塑造韧性 ········· 035
　　三、数字培育：让人才充满活力 ········· 037
　　四、数据运营：让协同良性互动 ········· 038

第二章
数字挖潜：让模式价值创新 ········· **047**

第一节　数字价值 ········· 051
　　一、现实虚拟数据通 ········· 051
　　二、要素数据组合变 ········· 052
　　三、重资产转型之路 ········· 056
　　四、轻资产构建之路 ········· 057

第二节　活化价值 ········· 060
　　一、价值破圈 ········· 060
　　二、价值生态 ········· 061
　　三、价值破圈之平台模式 ········· 063
　　四、价值生态之生态模式 ········· 067

第三节　共创价值 ········· 075
　　一、变革供需两端 ········· 075
　　二、贯连中间链路 ········· 076
　　三、平台型商业模式 ········· 077
　　四、生态型商业模式 ········· 082

第四节　创新发展 ········· 085
　　一、人才创新拓展 ········· 085
　　二、组织与时俱进 ········· 086

三、信息互联互通 …………………………………………… 087

第三章
数字支撑：让组织塑造韧性 …………………………… **095**

第一节　数字时代冲击传统组织 …………………………… 100
一、商业环境复杂化 …………………………………………… 100
二、商业竞争被颠覆 …………………………………………… 102
三、管理惯性被取代 …………………………………………… 103
四、流程结构被重塑 …………………………………………… 104

第二节　数字化组织的特点 ………………………………… 105
一、共同文化观 ………………………………………………… 105
二、中心技术化 ………………………………………………… 106
三、结构平台化 ………………………………………………… 107
四、流程网络化 ………………………………………………… 108
五、资源共享化 ………………………………………………… 109
六、万物互联化 ………………………………………………… 112

第三节　数字组织韧性软实力
　　　　——学习能力 ……………………………………… 114
一、数据价值学习 ……………………………………………… 114
二、组织战略学习 ……………………………………………… 117
三、数字领导力学习 …………………………………………… 121

第四节　数字组织韧性硬实力
　　　　——敏捷结构 ……………………………………… 125
一、建立中台架构 ……………………………………………… 125
二、组建无边界团队 …………………………………………… 128
三、构建网状式流程 …………………………………………… 129
四、任务式管理 ………………………………………………… 129

第五节　数字组织的发展形态 132
一、平台型组织 132
二、生态型组织 139

第四章
数字培育：让人才充满活力 149

第一节　新人才体系时代 154
一、强创造 155
二、强学习 156
三、强融合 157
四、强创新 158

第二节　实现自我，人才模式开启 161
一、建设个人 IP 162
二、打造个人品牌 164
三、构建商业模式 167

第三节　新人才知识管理 173
一、加强知识输入 173
二、促进知识共享 175
三、实现知识创新 176

第四节　数智结合，人才管理重构 178
一、构建数字化平台 179
二、培养数字化人才 180
三、内驱力激励机制 181
四、可持续成长机制 183

第五节　应对 VUCA，多样用工启航 187
一、数字员工 187

二、零工模式 …………………………………………… 188
　　三、共享用工 …………………………………………… 191

第五章
数字运营：让协同良性互动 …………………………… 201

第一节　动态变化，协同时代来临 …………………… 207
　　一、经济现代化发展 …………………………………… 208
　　二、技术智慧化迭代 …………………………………… 209
　　三、人才共享化提升 …………………………………… 213
　　四、知识整合化扩容 …………………………………… 214

第二节　基调不变，协同管理核心 …………………… 215
　　一、心之所向 …………………………………………… 215
　　二、同心协力 …………………………………………… 217
　　三、应节合拍 …………………………………………… 218

第三节　模式之变，协同管理创新 …………………… 222
　　一、纵向一体化协同 …………………………………… 223
　　二、横向一体化协同 …………………………………… 227
　　三、跨界共享化协同 …………………………………… 228

第四节　数字赋能，智能协同管理 …………………… 232
　　一、构建核心四步曲 …………………………………… 233
　　二、技术支持"三板斧" ………………………………… 234

参考文献 ………………………………………………… 245

第一章 数字化时代与管理

　　人类的起源是一种自然的状态,是大自然的规律,农业时代就是人类遵循大自然存在的最好状态。随着技术的加入,蒸汽机的出现,标志着人类社会进入蒸汽时代,效率成为核心追求。在效率提高的状态下,随着互联网技术的发展,各种信息开始冲破时空的枷锁,引领着信息时代的到来。

　　在信息时代,互联网技术带来的变革不断地冲击着我们生活的方方面面,一个新名词开始进入时代之中——数字化。数字化开始成为人们日常生活中的一个话题、一个概念。数字化生活已经成为新时代人们生活的常态。

科技不能只关注效率至上,还要关注人心。数字时代,要形成自己的数字智慧。

——网易公司首席执行官　丁　磊

资料来源:https://baijiahao.baidu.com/s?id=1686480619896208741&wfr=spider&for=pc。

> **学习要点**

*认识数字化时代。
*认识数字化管理。
*认识数字经济与数字化管理。

> **开篇案例**

茂特生物：从传统医检走向数字化医检

在医疗产业发展中，数字化将成为行业发展的新引擎，区别于信息化、互联网发展的时期，医疗数字化正在以多种方式嵌入医疗产业的各个核心环节之中，以数据完成对产业价值链的重新解构，以数据创造出新的商业模式。数字化转型必将给生物医疗检测企业带来组织结构和企业文化的深刻变革，从而走上发展的快速通道。乘着数字经济的东风，生物医疗与大数据、互联网的融合将成为提升行业自主创新能力的重要手段，其服务业也进入了提质升级的加速期，数字化转型已成为行业共识。

一、企业简介

南昌茂特生物科技有限公司（以下简称茂特生物）是由南昌市国家高新技术产业开发区招商引资的以生物技术研发、产品生产和销售及医学检查为核心行业的高新技术企业，是一家集"技术研发+医学检测+器材销售"为一体的综合型医疗科技公司，是国家规模以上企业。其主营业务以研发高端生物检测试剂、销售诊断器材和检测试剂以及提供第三方医学检验检测服务为主。自建医学检验综合基地，能为各层级医疗机构提供医学实验室的全流程建设和管理服务；拥有超50项高端检测试剂和检验医疗设备，能为医院检验科提供全方位供应流通服务。茂特生物深度贯彻精细化管理，加速推进高质量技术战略投入，在拥有经验丰富的创业团队的同时，仍然拓宽人才引进渠道，构建人才激励机制。另外，持续推进产学研项目，储备具有完善的检验技术和高新技术的专业人才，并在检测数据自动分析软件和动态质控评估软件等知识产权方面取得了丰硕的成果，获得多项医学检验产品发明专利证书和实用新型专利证书，研发投入仍在加速发展中。

二、顺应时代需求，布局数字化战略

数字化战略是数字化转型的顶层设计。茂特生物在生化诊断试剂业务上，从单一业务向多产品线方向发展，经过不断发展和业态延伸，业务集"体外诊断产品研发+生产+销售"于一体，并具备向各级医疗卫生机构提供第三方医学诊断服务的综合性一体化服务。在大数据和5G技术的支持下，茂特生物全力打造"诊断产品+诊断服务+健康大数据"的数字一体化发展战略，成为具有成长性的企业之一。

数字化战略带来的将是企业数字化商业模式的创新。以客户为导向，深入了解医疗机构的需求，从协助解决医疗机构检验实验室的各种问题入手，从检验仪器和试剂开始，使用数字化技术逐步开发出医学检验实验室设计方案、医疗机构检验科筹建管理办法等综合医学检验建设服务，满足各层级医疗机构对检验实验室的要求，服务范围已遍布省内各级医疗机构。

数字化转型已经是不可逆转的时代趋势，数字化和综合性发展已成为医疗检验发展的新引擎，以客户为导向，以数据为重要资源要素，创造出更多的综合型商业模式，成为企业数字化转型的重要方向。

三、数字技术支撑，探索智能化之路

数字技术区别于信息化技术。在信息化时代，企业的数字技术更多地集中在对信息的收集上，利用客户关系管理（CRM）系统、办公软件等工具，构建企业的信息收集和储存架构。茂特生物积极探索数字技术的开发，在原有信息化架构的基础上，利用新时代的互联网技术，推动资源优化整合，让企业内部运营的数据能够得到综合运用，不再独立于部门之中，实现数据利用最大化，使主管部门决策更精准；同时积极探索开发数据分析、数据运营等方向的业务，让数据发挥最大的价值。

数字技术贯穿于企业的整体运作。在研发端，计划引进虚拟与现实、数字孪生等技术，把市场环境与研发过程进行关联，以数据引领研发方向。以来自研发、生产、市场端数据的汇集与分析为企业的经营管理提供更大的助力。在企业的经营管理中，通过畅通的信息结构，利用数字分析和建模技术，使企业的系统平台能够实时地做出决策，从而使企业走向智能化之路。

数字技术是数字化时代的重要技术，随着其在企业应用中的逐步深入和升级，将会带领企业走向数字化、智能化的新时代。

四、产业价值重塑，产学研销一体化发展

在数字经济时代，数据的流动能让产业链共享更多的信息和知识。这在茂特生物所在的医疗检验产业中，占据着承前启后的重要位置。茂特生物已与江西师范大学生命科学学院建成了产学研实验室，提高了茂特生物高端生物检测试剂的研发能力和检测仪器的开发能力，同时为茂特生物提供了源源不断的人才资源保障。茂特生物有完备的供应链管理架构，完善的质量管理、技术、售前和售后架构，能与供应商和客户实行随时的知识交流和共享。茂特生物的营销网络遍布省内多个地级市，覆盖各级医疗机构。

随着互联网技术的提速升级和数字化技术的进一步应用，茂特生物与上游的研发机构、下游的各级医疗机构，以及自身的供应链管理将被进一步打通。数据的流动、信息的互通、企业之间的连接将会更加紧密，产业价值将会被重塑，加速企业实现协同创新的一体化发展。

五、企业管理重构，变革传统组织结构

数字化战略引导了企业开展数字化转型战略规划，通过构建驱动转型的组织架构与运行机制，统筹数字化转型工作，设立数字化转型办公室和数字化运营管理中心，建立创新型常态化机制和系统化项目评估流程，推动转型工作体系化、结构化和持续化发展。

茂特生物自有的信息化平台，疏通组织内部的信息流通，同时优化组织架构，建立了研发检测实验室统一管理企业的研发和测试业务；营销中心统一管理企业的运营、售前、售中和售后的业务；仓储配送中心统一管理企业的产品储存和配送业务；基于项目的特殊性，企业的各中心能进行统一的人员架构安排，以针对特殊项目配备足够的人力资源和支援力量。动态化的团队式组织结构是企业数字化转型的硬实力，灵活敏捷的组织形态，将促进了茂特生物重构企业管理，增强了核心竞争力。

变革组织结构是企业数字化转型的重要变革环节，传统的组织结构既不利于数据要素的流通，也不利于企业面对不确定性环境快速做出决策。

轻盈、灵活、敏捷的组织结构，才能更好地推进企业的数字化转型。

六、总结与发展

茂特生物抓住数字化时代发展的机遇，充分利用数据资源要素，挖掘数据价值，探索数据应用的范围，使企业在基础的检验数据上进行研发和应用，开发新数据的价值。同时，通过数字化项目的开发和应用，构建起茂特生物的数字化生态，加速企业的核心能力的建设。在数据与技术的驱动下，将大数据、人工智能、物联网等新技术充分应用到医检行业中，为医疗机构提供更精准的检测服务和更智能化的报告服务，为医院和医生提供便捷的一站式服务。

茂特生物始于医疗检测，在数字化红利的驱使下，将会逐步走向平台型公司，最终走向生态型公司，实现企业的可持续发展与社会效应相结合，携手产业各方，实现共同富裕，为健康中国贡献力量。

第一节　数字化时代现状与发展

每一个时代都有每一个时代的特征，从互联网技术的高速发展开始，信息化时代的更迭，也预示着数字化时代的到来。在数字经济时代，我们难以区分虚拟与现实；在数字经济时代，我们看到的都是既熟悉又陌生的新现象；在数字经济时代，我们可以进行更全面的思考。数字经济时代是一个充满变化的时代，它的变化从信息开始。

一、信息迭代的时代

数据是数字化存在的基础资源。数字化通过各种技术手段，将现实世界中的一切以数字的形式重构，产生大量的数据。这些数据就是现实世界以数字技术孪生出的一个数字形态，虽然这些形态只是 0~1 的形式，但是却构建起了现实世界中的各种事物和行为的新形态，形成了现实世界的孪生兄弟——"数字世界"。

互联网是数据传输的基建设施。互联网技术是一个超链接的联系，它让现实世界中的无数个点，通过信号路径发生互动和连接，点对点的结构，呈网状式分散。互联网如同数字世界的桥梁和高速公路，为数据的传输打下了基础。数据通过互联网设施不断发生连接，触达世界的每个角落。

当互联网为数据开辟出新的通道，数据与数据之间的相遇和整合就开始不断发生，汇聚成多种"数据流"，如音乐数据流、文字数据流等。之后，交互、分析、过滤等数据分析的过程开始出现，"数据流"也就走向了"信息流"。"数据流"只是一种数据归类整合，"信息流"才能让数据推动世界发生变化。

当"信息流"的发展遇上了"云存储"，数量的变化也就引起了空间的变化，从储存在固定场所的固定硬件，到储存在移动硬件，进一步发展到储存在共有的云端上。"云存储"的出现已经把储存空间从物理领域迁移到了虚拟的领域。"云存储"的增容呈指数级上升，可处理数据量的能力也变得越来越强。"信息流"的加速度还引起了时间与事件之间的变化。在最开始的时候，数据任务是批量集中在一个时间点进行处理的，如每月的费用账单等；接着，随着数据量的增加和流动速度的提高，数据任务可以提速到当天处理，如当天退款、当天回复等；现在，处理速度加快，数据任务可以提速到立刻和马上，分秒不差，如同步看电影、同步看书。

当"信息流"的发展遇上了"云计算"，"算法"和"算力"就成为新的技术名词。"算法"是一种计算法则，"算力"是计算的速度和运算数据的能力，两者缺一不可。"信息流"通过"云计算"，可以打开很多的未知世界，为我们现实世界提供很多预测性指引（见图1-1）。

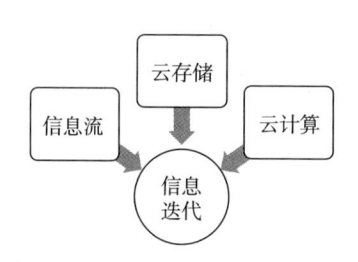

图 1-1 信息迭代的技术

在工业时代，规模效应通过提高效率，生产力得到最大化利用。在数字化时代，"数据流"形成"信息流"让规模效应产生质的变化，同时以"加速度"的方向持续变化，呈指数级变化。如果信息无法进行流动，它永远只是一种信息；如果信息无法进行互动，它永远只是单一性质的信息。

在数字化技术背景下，信息变化的多样性、信息更迭的快速性，成为数字化时代的重要特征。

二、思维升华的时代

思维是人们对事物的一种思考和反思，数字化思维就是以数据为基础的一种思考方式，是能被量化的思维模式，是以事实为基础，追求真理的思维模式。相对于经验思维、逻辑思维等传统的思维模式，数字化思维是以传统思维为基础的创新思维，但数字化思维也需要基于一定的经验积累，并具有较强的逻辑分析及推理能力，在这样的基础上利用数字技术进行创新。如果完全否定经验思维、逻辑思维的作用，那么在面对浩瀚的数据资源的时候是理不出头绪、找不到抓手的。

数字化思维具有整体化、动态化、关系化的特点，能够帮助我们透过现象看本质，看到事物内部以及事物与事物之间的关系，以更真、更全的视角理解实体世界。但是，要形成数字化发展新模式，不能否认人的重要作用，不然就会陷入唯数据论或者数据崇拜，只有人具有的思维能力才能让数字化在数字空间中得以拓展和延伸。

1. 系统思维

丹尼斯·舍伍德（Dennis Sherwood）在《系统思考》中提到，系统思考帮助我们打破原有的思维定式，综观全局，看清事物背后的结构和逻辑，才能解决现实世界中的复杂问题。那么，系统性思维就是一种从整体、结构、要素出发的思维模式。数字化本身就具有整体性的特点，因此对于数字化思维来说，系统性思维是一种看透事物相关结构之间关系的智慧方式。系统思维具有整体性、结构性、立体性的特点，如图1-2所示。

整体性	·把整体作为出发点和最终结果
结构性	·从系统结构认识系统整体功能
立体性	·横向比较和纵向比较统一思考

图1-2 系统思维的特点

整体性包含两层意思：一是系统是由若干要素组成的；二是系统外还有更大的系统。通过对系统要素进行分析，再回到系统的出发点。

结构性是指对于系统来说是密切相关的。系统的要素是结构的基本单元，是功能的基础。结构是从要素到功能的必经的中间环节，在要素不变的情况下，努力优化结构，实现系统的最佳功能。

立体性是指把对象作为整体来思考，既要进行横向比较，还要进行纵向比较，这样才能让思考更全面、更准确。

从数字化角度来看，企业需要进行数字化转型，并不是简单的新技术应用，而是战略思维、组织架构、业务流程、商业模式等全方位的转变。企业全面的数字化转型一定是企业全面、系统化的数字化改造，这就需要运用系统思维对企业进行全面的考量。

2. 连接思维

《第七感》的作者乔舒亚·库珀·雷默认为，大量的连接会瞬间改变一个事物的本质。大量的连接可以带来巨大的连锁效应，让世界从微妙的变化瞬间发生巨大的改变，而发生这些改变的基础，就是人们拥有的细致、敏锐、强烈的连接思维。

连接的意思就是事物相互衔接，如场景连接、人与人连接、人与物连接等。而连接思维是指把不同的事物或相关事物与大脑相连接和想象而进行思考的能力，它能发掘事物之间存在的或不具备的特殊关系。连接思维的特点就是在单独个体中思考统一、从统一中辨别差异、从连接中找新机会。这也是一种整体思维中不同视角的思维，它从多层次、多通路的视角进行思考，如图1-3所示。

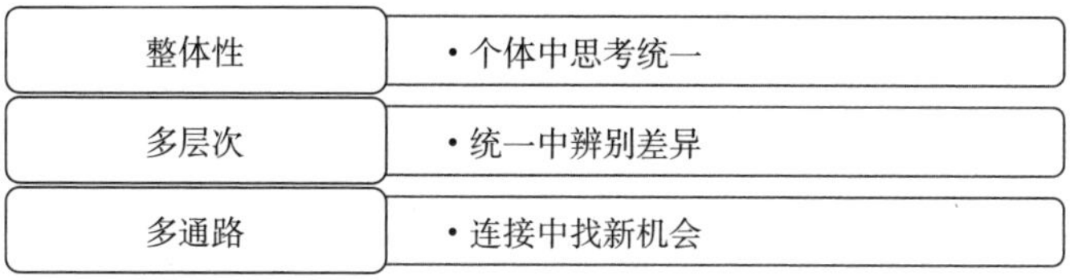

整体性	• 个体中思考统一
多层次	• 统一中辨别差异
多通路	• 连接中找新机会

图1-3 连接思维的特点

第一，在个体中思考统一，这是一种整体与部分的辩证思维特点。每一个个体都是独一无二的存在，但它与所在的外部环境是紧密结合的，这就形成了与外部的统一。

第二，从统一中辨别差异，这是一种从外部反观内部的逆向思维特点。

在形成的统一的外部整体中,都是由不同的要素构成的,否则要素与要素之间就会有各自的差异性。

第三,从连接中找新机会。大量的连接纵横交错在一起,就能产生巨大的改变,产生爆炸渗流反应。

人工智能、大数据等数字技术会在未来颠覆很多传统行业,但人的思维和认知永远都无法被技术取代。当个体或企业拥有连接一切的思考能力时,找到事物本质上的相似性就能产生更多的连接。只有高密度的连接,才能让个体和企业发展得更好。

3. 模型思维

著名投资家沃伦·巴菲特的黄金搭档查理·芒格曾说:"想成为一个有智慧的人,你必须拥有多个模型。"在数字化时代,数据已经融入我们生活的方方面面,要让数据产生价值,仅仅拥有它是不足够的,必须要让数据说话。模型就是数据说话的窗口,帮助我们从掌握信息到窥探其关系,进而提升智慧。模型更是一种底层思维系统,是一种把各种复杂信息进行简化,并通过各种推演形成逻辑化的演进过程。模型思维是一种综合型思维,但受所在场景和条件的影响,单一模型思维会存在不全面性。因此,在数字化时代,我们不仅要有模型思维,还要能进行多模型思维的切换,让数据更准确地反映现实的情况。模型思维的升级如图1-4所示。

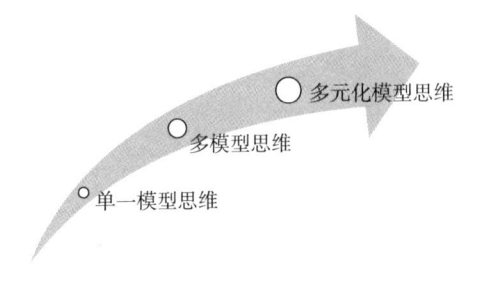

图1-4 模型思维的升级

单一模型思维是把信息数据进行处理的综合能力,多模型思维是把这些能力结合外在的场景和条件变化进行切换的能力。任何一个理论或模型都只能描述事物的某一个方面,而不能代表事物的全部,这时就需要考虑在各种条件变化下,使用适宜的模型,这就是多模型思维。

多模型思维在数字化时代中有重要的作用,我们只有不断地进行修炼,才能让思考更全面。在建立多模型思维之前,首先要知道如何进行单一模型思维的建立。只有经过四个步骤的升华,才能建立适合的单一模型思维。

第一,搜索。对与问题相关的信息进行大量的搜索是模型的基础,也就是问题对应的数据和信息。

第二,统计。数据和信息是一种散乱的状态,它们有多种维度的关联,要根据研究的最终问题,把相关的数据和信息运用统计学的知识进行统计归类。

第三,分析。把归类的数据进行不同维度的比较分析,让数据拥有逻辑关系。

第四,建模。利用逻辑关系与数学知识建立模型。

多元化模型思维是不同事物对应多种模型,而多模型思维是同一事物对应多种模型,两种思维方式各有优点。在数字化时代,从多方面、多角度去思考事情是非常有必要的。

建立模型是一个系统工程,可以通过流程思维,根据步骤和数学知识进行建立。但是,多模型思维是一个综合思维工程,不仅要经过建立模型的流程,还要综合外部条件变化因素来进行多角度、多元化的思考。

数字化时代是数据信息爆炸的年代,足够多的数据和信息更有利于建立模型化的思维方式,以帮助我们建立模型思维。

三、万象更新的时代

数字技术诞生于这个技术高速发展的时代,在当今时代发展中具有越来越重要的价值,也是当今时代价值的重要特征。与此同时,数字化通过技术也已经融入我们生活的方方面面,成为时代发展的大背景,成为推动社会发展的必要条件。数字化对于时代发展具有积极意义,在经济方面体现在产业上,也体现在社会和个人上。

1. 数字社会化

从互联网时代开始,技术不再依附于实体的机器,而是依附于虚拟的网络,从虚拟的网络中通过连接,产生更多解决实际问题的新方法,也就是数字的形成。因此,数字是在互联网技术下深化而来的一门技术。

数字化时代以数字科技作为生产工具,那么数字技术就是数字化的主要方法，它已经超越了自身的物理形式，更多的是一种新技术的代表。例如，大数据、云计算等都是二进制的数字技术演变。

数字社会化是数字具有技术社会属性的主要表现。社会属性是在所在的社会关系中形成的。数字社会化是指数字技术与社会的融合，它不仅是一种物理角度的技术，更是现实与虚拟状态的一种结合，是社会自然状态的一种新的表达方式。在数字化技术整合体系中，数字化成为所有社会领域的"主概念"，它向各个领域进行渗透，甚至成为支配诸多领域的重要机制。

数字化已成为社会结构变迁的核心趋势之一，影响着社会生活的各个方面。数字化带来的信息环境的改变触发了机会获得的差异，一个被数字技术许诺的人人平等的社会似乎将要到来。有理由相信，个人用户的计算能力剧增以及全球网络普及可能会带来更多的机会，个人能力的增强甚至会分散政治能力和经济能力。

总之，数字化对时代和个人发展所具有的深刻影响形成了数字化的价值效应，决定了数字化技术本身已经成为一种象征，一种新人、新社会、新组织的结构模式。

2. 互联网深化

第一代互联网（Web 1.0）：从互联网的基建开始。在我国信息化建设起步阶段，相关政策主要集中在信息化建设方面，包括对通信网络、空间信息基础设施、软件产业等信息化基础设施、服务和行业的构建和扶持。互联网中的信息只能让用户被动地接受，用户无法主动参与到互联网之中。

第二代互联网（Web 2.0）：技术已经从 PC 机的互联发展到移动手机的互联，"随时随地在线"成为这个时代的产物。移动互联网开始成为很多人生活的重要部分，用户开始沉浸在"网上"。通过互联网的连接，电子商务、个人社交也有了新的形式，让更多的社会关系建立起来，用户从被动接受互联网的信息到参与到互联网的内容创建之中。在这个时代，也加速了物理世界实现数字化的进程，互联网的各种生活应用成为主流，如美团、字节跳动、拼多多等都是在这个时代崛起的企业。

第三代互联网（Web 3.0）：去中心化的互联网世界。"生产即消费"成为这个时代的产物，用户可以真正地参与到互联网的创作和构建中，"真正的"意义还体现在用户创造的信息和数据都归自己所有。这就形成了更开放、更公平、更安全的网络环境。Web 3.0 不是 Web 2.0 时代技术的简单升级，而是重点解决了利益的分配问题，让参与者能够享受到属于自己时代的技术，这是一个彻底变革的开端。

第四代互联网（Web 4.0）：万物互联的元宇宙时代。在未来，元宇宙将可能成为平行现实世界的第二空间。元宇宙的发展将呈现五大趋势：一是创作升级，可以创造不同场景的数字化空间。二是计算升级，由元宇宙带来的资源形成海量的需求，让内容体验更加逼真。三是体验升级，从人机交互到真实交互再到自然交互。通过人体的各种感官和微行为实现直接交互，让动作更进一步被理解。四是决策升级，人工智能成为判断和决策的重要依据，促使人们的决策更精准。五是商业升级，人与人、人与信息、人与商品、人与服务的关系也发生了深刻的改变，带来了场景的革命，让未来充满了无限的可能。

总之，互联网的每一次发展都给社会带来了颠覆性的变革，从 Web 1.0 时代笨重的计算机开始，就已经融入人们的生活之中；到未来的 Web 4.0 时代，它将变得如空气般自然，不仅影响着人们的生活，更能与人们的思想和意志进行深度的交流。互联网的深化让一切变得无所不能。

3. 产业数字化

从 2015 年习近平总书记首次在世界范围内对数字经济发展发表重要论述开始，我国进入了数字经济发展的新阶段。2016 年，美团网 CEO 王兴提出，互联网发展的一种新论点"互联网的下半场"与产业数字化产生了很大的共鸣，认为从互联网到"互联网+"，意味着一个时代的结束和另一个时代的到来。2017 年，阿里巴巴相继提出了新零售、新制造、新金融、新能源、新技术"五新战略"，其把自己的互联网优势转移到线下发展，形成了新的产业价值。2018 年，腾讯提出了"产业互联网"。2020 年，京东首次提出了新一代基础设施——"数智化社会供应链"。2021 年，百度发布的"云智一体"架构 2.0，把工业互联网与产业进行了更深度的融合。2022 年，京东科技正式宣布供应链金融科技战略升级，把"数智供应链+供应链金融"结合并实现了"双链联动"模式，驱动实体产业数智化转型升级。

从国家政策的支持到互联网巨头的纷纷入局和产业数字化转型升级，数字化随着互联网技术的发展而深化，从初期就在消费端影响人们的消费习惯，颠覆了传统零售业，开始转移到产业端和制造端，推进了产业数字化改革。产业数字化的特点如图 1-5 所示。

- 数字科技变革生产工具
- 数字内容重构产品结构
- 数据成为关键生产要素
- 信息网络构建市场纽带
- 服务平台产业生态载体
- 数字治理作为发展机制

图 1-5　产业数字化的特点

由图 1-5 可知，产业数字化成为新时代的创新，其实是把数据生产要素与产业生产条件相结合，从而形成了更多的具有颠覆性和改革性的新产业组合，通过新产业组合让产业内各领域因数字化改革产生了全新的价值。每当一个新的生产要素产生，必然带来一个时代的创新。数字化时代的价值，就是在原有的生产要素的基础上，增加了数字价值组合，从而产生了新的产业价值。

《中国产业数字化发展报告 2020》显示，以人工智能、大数据、云计算等为代表的新一代数字技术，正成为产业数字化转型的发展引擎。那么，中国产业数字化升级的首要任务就是形成有价值的、有效的数据链，以数据为纽带，打造开放共享的价值网络，让产业数字化迸发出无限可能。

●数字化时代与管理专栏 1-1●

腾讯音乐：数字音乐先行者

一、公司简介

2016 年 7 月，腾讯将其 QQ 音乐业务与中国音乐集团合并，成立了腾讯音乐娱乐集团（以下简称腾讯音乐），开始了对数字音乐业务的探索。腾讯天然的社交平台结合中国娱乐集团的音乐版权资源，为腾讯音乐的数字音乐之路打下了坚实的基础。腾讯音乐旗下包括音乐流媒体、社交娱乐两大核心业务，涵盖酷狗音乐、QQ音乐、酷我音乐、全民K歌四大核心产品。

二、产业数字化，数字音乐从免费走向付费

腾讯音乐积极寻求突破创新。在腾讯QQ推出会员制服务之际，腾讯音乐也开启了音乐会员制的商业模式，通过付费会员制获得正版音乐播放的体验。随着国家监管层对版权治理力度的加大，数字化音乐也走向了规范化，腾讯音乐的会员制模式开始逐渐被验证，付费用户的规模开始不断扩大，用户的付费意识也开始增强。腾讯音乐开创了会员制数字音乐商业模式，成为国内首家数字音乐付费平台。

数字音乐从混乱无序到规范化发展，逐渐形成了庞大的数字音乐市场。腾讯音乐进一步推进数字音乐市场的发展，与知名艺人周杰伦共同推出了首张数字音乐专辑，并以线上直播、专属定制通道等新型的发行模式进行销售，使数字音乐与粉丝经济完美结合，进一步推动了数字音乐的正版化道路，深化了数字音乐付费模式。

三、数字社会化，数字音乐社交平台开启音乐新模式

随着移动网络的社交属性不断扩大，社交娱乐的需求也不断增加。腾讯音乐快速把握这一机遇，展开了对移动音乐社交平台的战略布局，以K歌作为首款社交娱乐模式，推出了全民K歌产品，通过表演的方式吸引年轻人参与和互动，把腾讯音乐的核心数字音乐库作为产品的核心，通过参与、交流的方式，让数字音乐融入年轻人的社交需求中。为了进一步扩大社交内涵，创建了"扑通社区"和推出"粉丝说"功能。通过社交、互动和交流的产品持续提升消费者的参与感和认同感，进一步提高了用户与平台间的黏合度。随着直播风潮席卷而来，加之多年在数字音乐领域保持的敏感度，腾讯音乐快速建立了多个直播平台与内部音乐平台打通。通过多元化的直播内容和社交娱乐方式的结合，腾讯音乐成功探索出了"音乐+社交"的商业模式。

但是，以数字音乐为核心，版权的价格始终制约着腾讯音乐的成本，在市场版权价格不断提高的环境下，要掌握音乐供应话语权才能重新获得产业的定价权。腾讯音乐开始孵化音乐人计划，其以强大的社交娱乐和直播能力，扶持原创音乐人，并积极参与音乐综艺制作，终于在2020年推出了长音频和TME live现场演出战略，让腾讯音乐在新的"音乐+社交"商业模式中实现了第二次增长，开辟出数字音乐领域的新机遇。

四、互联网深化，数字音乐赋能内容和平台

在内容方面，腾讯音乐以数字音乐为技术核心，发挥音乐平台的作用，做好音乐内容的规划和统筹工作，整合丰富的音乐资源和宣传能力，吸引更多的原创音乐人加入创作队伍。同时，发挥其社交娱乐功能，加大力度推广优质的音乐内容。

在平台方面，腾讯音乐构建全新的长视频团队，融入和收购更多的相关业务，拟成立了跨平台的长音频业务。在深入拓展与腾讯生态合作的基础下，与微信生态展开深度合作。把全民K歌产品的作品同步到微信，进一步拓展了音乐产品场景，打造了无缝衔接的音乐社交体验。

在"一体两翼"的战略升级下，腾讯音乐把腾讯集团的核心资源进行整合，以内容业务线助力优质音乐创作，让平台联动丰富音乐产品场景。腾讯音乐致力于为行业的发展提供更多的样本，展现出了腾讯音乐更好地服务创作者生态和用户生态的决心。

五、总结与发展

音乐是流动的符号，是人类最美的语言。进入数字化时代，数字音乐必然成为时代的宠儿，打破局限，以飞速发展的信息流让人们轻易获得。在数字音乐领域内，原有的音乐平台如网易音乐等纷纷开展转型，以更易于被大众接受的平台方式服务广大消费者。因此，腾讯音乐一次次地抓住了时代的机遇，实现了从免费到生态的跨越式发展，并收获了一次次的成功。

腾讯音乐的成长蜕变之路，让我们看到了音乐在数字化时代的变革，以及数字化管理如何让企业提高竞争力，实现长期价值。

资料来源：

［1］腾讯音乐官网，https：//www.tencentmusic.com.

［2］范秀平．从音乐平台到内容生态：腾讯音乐的商业模式创新［J］．北京文化创意，2021（4）：22-28.

第二节　数字化转型是一场变革

一、顺应时代需求的变革

数字化转型是企业为了顺应数字时代所必须进行的组织特性的变革，共创成为这个时代的重要旋律。互联网技术的诞生，打破了时空的约束，人们的连接可以实现随时随地，人们的活动可以实现即时在线。即时在线的飞速响应，突破了合作的时空限制，加速形成了共同合作的基础。互联网技术的发展，不仅带来了时空的突破，也带来了巨量的信息，大量信息的储存产生了云储存技术，让信息的储存空间进一步扩容。信息累积后，可以进行分析，从而形成有效的多元可用数据，同时随着数字技术的发展，物理世界被孪生到虚拟世界，数据成为时代重要的要素。以数据作为载体的共同合作，催化了共创的时代进步，形成了共创的时代基础。

价值共创是数字化时代推动数字化转型的最终目的，而商业模式创新是价值共创的核心增长点。随着互联网技术和客户网络结构的发展，企业商业模式也从众包商业模式逐步发展为共享经济模式。从众包到共享的核心变化便是客户参与程度的提高和企业共创价值的提升。企业数字化转型让企业的商业模式趋于多样化，共享模式和平台企业都能够进一步促使企业与消费者共同创造价值。

在传统的商业模式下，企业是唯一的价值提供者，在互联网技术的催化下，消费者之间的互动更加紧密，企业通过与消费者价值共享，在数字技术的推动下，更多的利益相关者可以参与到这场价值共享之中，形成了价值共创的新型消费模式。在消费端积极参与到新商业模式中，驱使供给端走向改革之路，因此数字化转型也走向了新的征程。

●数字化时代与管理专栏 1-2●

时代天使——中国微笑第一股

隐形矫正是牙齿矫正的一种全新的高科技技术，在国外的消费者中一直广受青睐。由于我国民众对牙齿矫正的认识还不够全面，加之牙医的进入门槛较高，牙齿矫正一直是一个偏门的产业。但随着颜值经济的到来，"爱美"需求被激发，加上时代天使把数字化技术带入牙齿矫正行业中，从技术到商业模式，给行业带来了新的价值。

一、公司简介

上海时代天使医疗器械有限公司（以下简称时代天使）成立于2011年，是一家为隐形矫治提供解决方案的供应商，致力于通过高科技产品为用户打造健康、整齐的牙齿，为用户带来灿烂的笑容。产品主要是提供数字化的正畸解决方案和服务，销售区域已经从一二线城市逐渐扩展到三四线城市，主打舒适和实惠。同时，企业注重科技研发，与全国八大专业院校合作并取得了突破性创新成果，申请了超过150项专利，成为上海市科技创新优秀企业，并与国家体育总局达成合作，为中国运动员提供口腔备战保障。

时代天使用不断的创新和技术赋能，重新定义了正畸行业，为用户提供高效、精准的正畸方案，让用户拥有健康、整齐的牙齿，从而带来美丽、自信的笑容。

二、以"数据+技术"的数字内容重构产品架构

一直以来，牙齿正畸都以医生的经验和手工操作技术为主导，即便是再专业的医生，也碍于技术的不可复制性，服务的患者也非常有限。在当今的数字化时代，数据要素成为主要的生产要素，时代天使把经验沉积为数据，结合以生物力学、材料学、计算机科学、3D打印技术为核心的智能制造技术开发出了自研系统——数字化正畸智能系统，形成了时代天使的核心竞争力。同时，由于数字科学高度依赖大量的有效数据积累和数据分析的特性，时代天使在多年的技术积累中，已经设立了庞大的亚洲人种口腔医学数据库，使其不仅形成高壁垒，还为其建立本土优势奠定了基础，

更为其智能系统不断升级提供了有力的数据保障。

三、以"数据+平台"服务平台产业生态，改变行业商业结构

时代天使以提供解决方案为主要的战略方向，因此，"To Doctors"一直是其重要的商业渠道，通过自主研发医学设计，向医生提供医学及技术服务，同时让医生高度参与产品的定制。但是，由于我国对正畸医生评估的要求相当严格，导致我国的正畸医生供给不足，人才进入的意愿较低。因此，时代天使不仅要为B端的医生用户提供标准化服务，降低医生的技术门槛，还要以终端用户思维服务每一个正畸患者，为其提供贴心的个性化服务，从而提升医生的诊疗效率，让"消费+医疗"在一个更流畅的体验中进行。随着正畸市场规模的不断增大，能够吸引更多的人才，从而解决人才短缺的局面。

四、以数据作为关键生产要素，走出本土化战略

在我国的隐形矫正市场中，国外知名品牌隐适美是时代天使强劲的竞争对手。隐适美创立于美国，其国民对牙齿的保健意识非常强。而我国的牙科发展滞后，时代天使与隐适美生而不同的基因与成长环境，意味着时代天使以医学为本，以本土需求为发力点，推出多样化的产品组合，成为医生的合作伙伴的本土化战略显得更有竞争力。凭借对本土化的理解，时代天使已经走出了属于中国的隐形矫正之路，在下沉市场率先跑出优势。

五、总结与发展

时代天使成功打入牙齿正畸行业，并带来了行业的整体格局变革，把传统的牙齿矫正行业，以"数字化+新材料+新模式"的结合，开启了隐形矫正行业的新时代。产业数字化赋予行业全新的变革、全新的机会，让传统的行业发生了颠覆性的变革，产生新的产业价值让未来迸发出更多可能。

资料来源：

[1] 黄一帆. 时代天使上市"隐形矫正"为何受到热捧？[N]. 经济观察报, 2021-06-21（22）.

［2］李华敏. 用科技创造影响世界的微笑［N］. 中国经营报，2021-11-22（T07）.

二、数字技术支撑的变革

数字化的基础是信息化，信息以数字的形式被记录并储存下来，形成了信息的数字化。一开始的信息数字化都停留在简单的任务上，在基础的流程上展开信息的记录，并标准化地储存下来。例如，早期的 ERP 系统和 OA 系统。但信息在基础系统中开始发生连接，数据开始产生，信息从静态走向动态，数据传输路径从单线条开始走向多线条，逐渐以互联网的形式走向网络状。网络状流动的信息不断地积聚，让人们更多地产生思考——数据的意义何在？数字化开始逐步进入分析阶段。

标准化的信息对流程的系统记录和储存减少了流程中多余的步骤，同时让信息做到实时和当下，高速的流动速度让信息能快速地指导决策。数字化时代不仅要实现对流程的信息把控，还要让信息对业务精准复制，只有这样，才能根据实时数据提出决策建议，也就是赋予了数字系统分析能力。例如，陈春花（2021）提出了数字孪生的概念，但是精准复制的信息即便有了分析功能，也仅仅存在于虚拟世界之中，虚拟世界需要进一步与现实世界接近，从而让数字化具有更大的意义。

信息化孕育出了数字孪生，而数字孪生催生了智能化的发展。通过数字信息精准模拟业务，智能化时代把精准模拟带到了现实世界，与现实世界产生连接，形成了智能化的迭代。智能化不是物理状态下的传感器，也不是高端数据分析系统，它是大脑指导四肢的一种发展路径。从数字孪生—数字分析—数字传导到现实世界—做出实时的决策，智能化改变了物理世界的各种形式。

从信息走向智能，是数字化时代对信息运用的逐步升级，信息要素在数字化时代的特征下，通过连接、融合和共生，智能化地走向了企业的方方面面，甚至影响了社会的各种活动。

三、产业价值重塑的变革

产业链的价值活动包括产业链中企业所有的价值活动，而且它们彼此之间相互协同、相互制约，共创价值、共享利益。在数字化转型下，产业价值链越来越专业化、规模化、互联网化，从而带来了规模经济和协同效应。

在产业链中，企业间边界的形成实质是价值网络效率的形成，企业以其主要的经营业务形成自身的市场边界，利用其所能利用的资源和能力从事经营活动。在这样的边界内，企业与企业之间区分得十分清晰，每一个企业都会在其关键领域内活动。随着经营活动的增多，企业的经营规模也在不断地扩大，企业所在的上下游网络也会进一步扩大。

随着互联网技术的普及，企业与企业之间的连接更加紧密和便捷，信息化技术让企业之间的信息交换进一步加快，交易边界也变得动态和柔性。数字化孪生出虚拟世界，企业与企业之间对于市场的探索让企业的服务对象进一步重叠，市场成为主要的服务对象，用户成为服务的中心，企业的边界开始逐渐模糊。

企业之间相互协作，共享资源和能力，把企业固有的边界进一步打破，形成了以客户为中心的新边界。在重塑的企业新边界内，企业跨越原有的组织边界进行协同增效，在数字平台和数字生态系统的推动下，获取了跨界的更大价值。

以市场为服务对象，以客户为中心，成为产业链上组织的重要目标，组织在不同行业、不同领域之间，通过跨界协同创造出在原行业、原领域中按照原路径无法产生的价值，实现了企业间效率的进一步提高。跨界协同形成的新组合，发展空间和潜力巨大，在数字化技术的引领下，组织协同创新爆发出更大的潜力。在数字化技术的支持下，不同组织间的合作关系将更加紧密，更有效地进行信息资源共享，共同促进、共同优化，让新技术赋能组织，组织形成新商业模式，新商业模式形成新的协同关系，新的协同关系实现整体价值最优化。

总之，数字化转型让组织实现自进化，组织之间形成跨界式协同，重塑产业价值，实现价值创新。

四、企业管理重构的变革

在企业管理中，组织结构是组织的内部布局，信息通过组织结构传递，形成了企业内部的信息流。在数字化时代，智能化的迭代对组织管理提出了全新的挑战。智能化使组织的生产方式发生了深刻的变革，人与人之间的协同方式也随之发生了变化。

组织结构的出现是要让企业的内部信息沟通更流畅，随着数字时代的到来，传统的金字塔式组织结构显然已经无法适应高速流动的企业信息流。技术的发展，倒逼组织变革，首要的环节将会在组织结构发生，开始走向扁平化、平台化，信息渠道越来越网状化。

从企业内部整体架构来看，金字塔被压缩，即缩减中间层，减少管理层级，让决策中心更靠近一线基层。由垂直科层、单一结构转向扁平网状结构，打造出扁平化组织、平台化组织、赋能型组织。

从企业内部管理制度来看，严秩序、多规则的局面逐步开放，对企业内部的员工更包容，重视人才资源，充分尊重员工的自主和创新。自上而下的强管制逐步走向合伙的形式，让员工参与企业管理，让员工从被动发展转向自我驱动的发展。

从企业领导层来看，淡化管理层的权力管理，组建赋能型领导团队，为员工赋能成长，赋予员工更开放的空间，更广阔的职业发展通道，发挥专长和业务能力，尊重员工的岗位角色。行政管理层的管控被打破，组建以客户为中心的平行运行机制，实现资源的动态配置，建立以客户与市场的需求为导向的运作机制。

从企业内外部环境来看，打破内外边界，使组织内外开放融合，打破部门枷锁，打破思维的局限，以客户为中心，实现协同，形成生态化的系统，为客户提供更"丝滑"的业务体验。

总之，数字时代的智能化使组织结构变得更简单，信息传递更直接，决策判断更正确，去掉组织管理的厚重感，让组织变得越来越轻盈。

第三节　数字化管理是一场重构

企业数字化管理和管理数字化成为数字化时代经常被谈论的名词，也经常让人产生认知模糊。数字化管理的核心在于管理，与管理的五大职能（计划、组织、指挥、协调和预测）密不可分。管理是一个以生产活动提效为目的的过程，数字化管理就是在整个管理的过程中以数字化为主要手段，渗透到管理的各个职能和环节中的过程。而管理数字化有两层含义：一是将管理作为动词，即对数字化的技术在企业内进行的有效管理；二是将管理作为名词，即在管理过程中对数字化技术的运用。无论是哪种含义，都与数字化管理都有根本性的区别，本书主要强调数字化管理，是以管理作为主要的思考前提，是一个企业的整体系统工程（见图1-6）。

图 1-6 数字化管理的本质

一、数据赋能与管理

数字化管理是将数字技术应用于管理，而非单纯的 IT 架构下的信息管理，这是数字化管理与传统的信息管理的区别。因此，数据也就成为数字化管理的重要因素。要从传统的管理转到数字化管理，首先在技术上要具体解决两个问题：数据孤岛和业务分离。数据孤岛就是数据没有产生关系，业务分离就是数据只是传统的记录形式。这两个问题的形成，都是信息管理发展的结果。因此，要对这两个方面的问题进行以下变革：

1. 打破数据孤岛

很多企业以为已经记录生产线上的信息、已经记录客户的销售信息，甚至已经存储了上亿条的数据信息，就认定自己已经在进行数字化了。但是，这些海量的数据只是一些单独存在的数据条目，无法产生有效的关联，很多企业所储存的数据无法进行分析和连接，因此无法产生价值，这些都是数据孤岛。数据产生价值，不能仅仅在储存阶段对数据获取进行规划，还要对数据来源和使用进行分析，只有建立数据结构和模型，才能让数据产生正向价值，为企业的各项业务活动提供服务。

2. 数据匹配业务

我们拥有了数据，然后构建数据系统，也就是拥有了应用数据的工具，那么，数据的力量是否就能立刻在企业中发生效用呢？现实是很多企业在使用数据工具的过程中，仅仅将其作为一项数据处理系统或业务监督系统，并没有对企业的业务产生实际的影响。这背后的原因在很大程度上是由于数据系统和员工行为与业务流程等之间的连接产生了断裂。首先，企业和员工只有具备熟练掌握、运用数据和工具的能力，让数据系统赋能企业的运营过程，才能迸发出数据的活力。其次，企业和员工要及时、主动地向数据系统提供最新的数据。最后，企业要不断地对数据系统进行更新迭代，优化数据结构和模型，真正实现数据匹配业务，最终让数据推动企业真正地发生质的飞跃。

总之，对于被互联网改造的传统管理来说，每个企业都会拥有数据和信息。但是拥有了数据和信息，并不代表就可以进行数字化管理，只有让数据说话、让数据赋能企业服务、让数据管理服务于业务，才能形成数据的推动力，才能达到数字化管理的技术要求。

● 数字化时代与管理专栏 1-3 ●

汇川技术：技术创新赋能产业链

一、企业简介

深圳市汇川技术股份有限公司（以下简称汇川技术）成立于2003年，主营业务是通过自主知识产权的工业自动化控制技术，为高端设备制造商客户量身定做个性化的解决方案，包括研发、生产和销售工业领域的自动化、数字化和智能化控制的产品。截至2022年底，公司员工已达1.4万人，拥有杭州、苏州、上海、长春、香港等10余家分（子）公司，2800余人的研发团队从事应用技术的研究和产品开发，还有核心平台技术的研究。在研发投入方面目前已达11.2亿元，当仁不让地成为国内该领域的"领头羊"和标杆。2020年，登上胡润中国500强民营企业排行榜的第53位；2021年，进入《财富》杂志全球未来50强，排名第47位；在技术创新领域，2021年被认定为第28批国家企业技术中心。

二、数字智慧化，打破数据孤岛，创造价值

汇川技术从坚持走个性化为工业领域解决自动化方案的方向开始，一直探索工业领域各业务板块的发展，对于新能源行业的变化更是积极深入研发。在双碳的背景下，风电和光伏发电的新能源发展之路进入了快车道，

但要在发电、储电、输电和用电的问题上实现全面布局，需要打通全链路的数据。汇川技术通过对上游材料和工艺的变化进行数据统计和迭代，对中游项目的规模和要求进行数据分析迭代产品和提供系统解决方案，对下游的应用场景进行多样化的数据化实践创新，使汇川技术能把自身的工业技术和客户的积累应用于新能源行业，打通其全链路数据，通过数字化和智慧化的赋能，实现云、网、变、端产品结合，为工业客户创造更大的价值。

三、成立能源SDT，拉通职能，保障业务

汇川技术作为中国自动化行业的"领头羊"，对于重点开拓的新能源业务板块，并没有像传统企业那样，以一个业务板块的形成，调动各部门的资源为其服务，而是通过集成能源SDT，把业务板块作为战略项目，从各职能部门调派人员进行整合，从技术到执行、从研发到后勤人员，全面保障能源业务短期执行和长期布局。能源SDT作为汇川技术能源板块的主力项目组，技术研发人员能够快速获取数据、利用数据，使产业链上游的技术变化更敏捷，为项目销售人员提供更多的行业匹配解决方案，促进业务发展。汇川技术以整合资源式拉通职能，组建项目人员，能更高效地利用企业积累的数据，保障业务发展。

四、总结与发展

近年来，汇川技术的营业收入和利润均高速增长，可见汇川技术在工业领域的升级改造阶段有重要的地位。当需求进一步被激发，汇川技术将有更大的发展空间。汇川技术的各业务板块均得到了快速增长，传统的通用自动化业务增长翻倍、新能源汽车电驱和电源系统业务增长近3倍、轨道交通牵引系统业务增长高达7倍。但是，汇川技术并没有被突如其来的成绩所迷惑，仍然能保持向前探索的心，坚持管理变革，执行降本增效的措施。随着工业化领域的各场景逐渐多样化，不同场景客户对解决方案的差异化需求逐渐增加，汇川技术在该领域积累了丰富的数据，既能基于应用场景倒推解决方案、产品、平台技术，也能基于底层技术研发创新，全面赋能产品解决方案与行业客户，使技术能力转化为业务能力，从而实现盈利的能力逐渐突出。汇川技术一次次实现飞跃的背后，除体现了战略定

位的准确性外，还体现在组织结构管理变革的坚定信心上，基于不同场景下不同领域的差异化诉求，驱使以数字化、智慧化的技术进行业务和产品升级，配以高效的管理变革团队，实现良性的闭环，巩固其在行业的龙头地位。

资料来源：

[1] 姚金楠．着力打通数字能源管理"最后一公里"[N]．中国能源报，2022-09-26（007）．

[2] 周文静．深耕新能源领域　多元业务助力"双碳"目标——访汇川技术能源SDT总经理李小东[J]．电气时代，2022（6）：6-9．

二、战略规划与落地

数字化管理区别于传统意义上的信息化管理。在信息化管理时代，信息技术只是管理的辅助技术，并没有参与管理的行为，其功能和作用就是流水记录。但数字化管理的根本区别在于其真正参与管理行为，参与管理的整个流程、决策、业务等环节。因此，数字化管理不再是单单一项职能项目、技能项目，它需要从公司战略开始，自上而下地全面改造。

1. 定位于公司战略而非职能战略

数字化管理以数字技术为基础，因此很多企业会不断地投入信息化流程、管理系统等技术设施，以数字化项目助推企业数字化管理，以投资总额和项目设置作为衡量企业数字化的标准，但这只是对数字化管理的表面理解，而忽略了它是一项整体工程。

数字化管理是企业要完成的整体规划，不仅是对信息化技术的投入，更多的是实现企业内外部有价值信息的有机连接。数字化管理的整体规划和信息连接的本质，决定了它的定位是战略工程。与具体项目的类别不同，战略工程不一定能在短时间内看到效果，不能以具体的指标来证明其成功与否，只能在战略的推进过程中不断地验证其效果，同时以企业应对未来不确定性能力的增强为数字化管理目标。因此，数字化管理是新时代企业的重要战略工程，而不是单纯的数字化项目。

2. 关键在于一把手而非技术人员

在传统的认知中，数字化管理就是设立一个数字管理部门对整个组织的任务进行数字化。但在实行的过程中，无论是企业的首席信息官（Chief Information Officer，CIO）还是人力资源管理部门（Human Resources，HR），都无法以一己之力承担整个组织的数字化管理改造。

数字化管理要从根本上改变思维角度，从原来的产品思维到用户思维，无论是产品还是技术，都要以提升用户体验作为重要的价值体现。因此，企业要对数字化管理和数字化转型有一个全新的、完整的思考方向。从战略到运营、从运营到客户，都要从数字化战略出发，根据数字化的信息，对关键的渠道和场景进行打造。

新技术、新场景、新流程都对企业原有的客户群体、管理体制和商业模式产生很大的影响。因此，数字化管理难以依靠技术人员进行打造、修改和推动，关键点必须是由一把手亲自执行。

3. 制胜于一体化而非技术部门

数字化管理需要数字技术的协助才能使企业的数据得以储存、分类、流动和使用，因此，对企业的数据技术进行统一安排，是数字化管理的重要内容，但不是企业数字化管理成功与否的标志。数字化管理是要促使企业的内外部实现连接和协同，使企业的部门间、上下游企业间实现一体化以及产业间实现生态化，这是数字化管理成功的关键标志。

企业部门间的一体化包括部门之间的职能协同、部门之间的信息互动和人员之间的沟通，打破企业内部的边界，因此，实现一体化管理是很重要的环节。另外，还要利用好企业文化、愿景和使命这三根"指挥棒"，使员工的价值观与企业的价值观重合，让数字化管理发展得更顺畅；否则，这会是套在员工身上的"枷锁"。

上下游企业间一体化主要体现在业务的整合和商业模式的打造上。上下游企业以业务进行互相合作，上游的供应链和下游的渠道商或消费者都是企业的业务对象。数字化管理不是要摒弃原有的业务或增加新业务，而是以数据打通企业之间的合作，让数据为企业的运营提效，同时审视旧的商业模式，让企业在市场变革中创新商业模式，抓取更大的机会，收获成功。

综上所述，产业间生态化是实现企业数字化管理的最高标准，也是数字化管理共生本质的必然趋势。因此，数字化管理是整合多方力量，融合多方资源，从战略的高度出发，共同努力将其应用到企业管理之中。

三、组织赋能与激活

赋能管理的基础是有充分的信任,充分的信任基于全体员工对标准的认同和感知。在数字化时代,所有的信息被整合成信息流在企业间流动,员工能够获取所需信息,并能通过系统进行工作协同,只有在这样的情况下,赋能管理才能具备条件。那么,怎样才能做到赋能管理?

1. 建立认同

每一个企业都有自己的特性和价值观,企业价值观只有得到员工的认同,员工才能有工作的方向。认同首先从感知开始,企业文化要如空气般在企业的各项活动中流淌,让员工从产生感知到认同,再到信任,以愿景、使命作为企业运作的驱动力是全体员工的目标。开放、透明的相处方式更能让全体员工建立认同,并为目标而努力。因此,以愿景为驱动力,提高全体员工的认可度,是赋能管理中重要的心理建设。

2. 弱化权力

权力是管控的特征,权力在企业中分为两种:一是管理者手中的权力,就是管理者使用的是一种自上而下的线性管理方式。以权力实施管控,容易压制员工的创造力,同时容易形成管理上的关卡。二是大部分员工手中的权力,这是一种普遍的权力,是在员工的岗位上可使用的权力,具有大范围的普适性。在赋能管理中,为了让员工发挥创造力,就要减弱管理者的管制权力,让员工有更多可发挥的机会。把权力下放给相应的员工,是赋能管理中重要的边界建设。

3. 清晰职责,更新组织结构

组织结构是企业内部的小细胞,在传统的金字塔式管理机制中,从上往下设置管理部门和受控部门,让管理处于一个稳定的状态之中,这在传统的管理中是非常有用的。但在数字化时代中,信息传播的速度加快,决策的速度也随之加快,如果仍然按照金字塔式的信息传递路径,会扼杀很多商业机会。在赋能管理中,更重要的是一种连接能力,要使员工的岗位职责明确、清晰,在各自的岗位上发挥自己的才能,通过连接向上传递,就需要更新组织结构,让组织结构为每次的任务服务,以便于快速、准确地做出决策和反应。

4. 提升员工的能力

在传统的管理中,人只是工作中的一个点,只要做好本职工作即可,但在数字化时代，每个人都要面对日新月异的大量信息，要处理更多的信息以应对企业环境中的不确定因素，需要员工具有较强的学习能力。在赋能管理中，不仅要赋予员工权力，更要先赋予员工胜任工作的能力，只有在准备充足的情况下，下放权力才能起到真正的作用。因此，增强个体能力是赋能管理的重要任务。

5. 让员工收获成长

员工是企业重要的人力资源，赋予员工能力和权力，让其有更多的机会去创造价值；赋予员工更多的机会，让其能力得到更好的发挥；赋予员工更高的身份认同，让其具有企业主人的责任感和使命感；赋予员工施展能力的工作场景，让其收获成长。这是赋能管理最重要的目标。在赋能管理中，组织的管理以顾客价值创造为中心，员工是支撑企业业务走向顾客的出发点，只有让员工收获成长，企业才能收获更多的价值。总之，在数字化管理中，只有连接与协同才能产生更大的未来，应打破管控的边界，让连接发生，以赋能代替管控，释放更大的潜能。

总之，组织通过对员工赋能，让其在信任和认同的环境下共享员工所能，推动企业知识管理的发展，实现知识创新，激活组织韧性，让企业在复杂的市场环境和激烈的竞争环境下仍然能保持韧性发展。

四、协同创新与发展

在新一轮科技革命和产业变革加速推进期间，数字化技术的不断发展正在影响着社会和产业的方方面面，如智慧交通疏堵、智慧工厂提效等，创新的环境在进一步完善，创新的力量在逐步释放。跨界式地打通产业链上下游，使创新活动突破单点障碍，实现多方融合发展，成为新时代、新阶段的发展需求。

协同创新是一种汇聚多方创新要素资源，突破固有边界，以增值提效和科技创新为目的的跨组织合作创新模式。跨界合作是协同创新的重要路径，组织边界的进一步开放使组织间以战略合作为主要方向，协同内外，协同知识，进行协作创新。在协同创新的跨界合作过程中，组织之间会出现资源差异、规模不均衡等情况，导致创新产出不均衡。例如，大规模企业具备创新的资源，但小规模企业具备创新的活力，两者之间的资源不匹配增添了协同创新的堵点。因此，在以社会实际需求和价值创造为发展导向的前提下，让资源融合互补，通过知识融通、价值融合突破规模障碍、资源障碍、知识障碍，实现跨机构、跨企业、跨组织的合作创新模式，成为协同创新的延伸发展。跨界融通不仅实现了产学研跨机构的纵向协同，还实现了各类创新主体间的横向协同，构成了深度合作、深度互动、多元融合、多元创新、知识协同的创新生态体系，盘活了全社会各类创新主体的创新资源，推动了国家创新体系的建设。

跨界融通是协同创新的延伸模式，是让社会资源等得到更充分互补和发挥的创新模式，创新化跨界融通涵盖了创新知识的协同共享，在跨界融通的创新模式下实现价值共创，使创新知识得到最大化的使用，创新主体获得最优化的发展，形成1+1>2的效果。

总之，协同创新已经是不可逆的趋势，顺应着时代的发展、影响着技术的发展、重塑着人才的价值、重构着知识的结构，让社会各界进一步突破单点障碍，实现跨界融通，形成最大化的协作效益。

第四节　数字化管理的全局视角

互联网、大数据、人工智能等技术的普遍应用，构筑了一个数字化的信息空间，改变了人们的生活方式。从社交、娱乐、购物到出行，人们越来越多地借助各种网络平台。数字化技术让一切的发展变得新颖、飞快，新的领域、新的技术、新的商业模式影响着产业的发展，组织也必然走向新的管理征程，形成一个全新的模式。当管理跟上数字化时代的潮流形成数字化管理时，组织就进入了"前所未有"的变革之路。

一、数据挖潜：让模式价值创新

数据是数字经济发展的关键生产要素。我国具备丰富的数据资源，中国互联网络信息中心发布的第49次《中国互联网络发展状况统计报告》显示，截至2021年12月，我国网民规模达10.32亿，较2020年12月增加34296万，互联网普及率达73.0%。庞大的用户群体基于互联网办公、购物、社交、娱乐等活动，产生了海量数据资源。同时，随着新一代信息技术的发展，基于智能感知的机器设备等物联网技术的推进，还将继续产生更大量数据。在科技革命和产业革命的持续推进下,数字经济已成为当前最具活力、最具创新力、辐射最广泛的经济形态。《中国数字经济发展报告(2022年)》显示,2021年国内数字经济规模达到45.50万亿元,自2015年以来保持持续增长的态势,如图1-7所示。

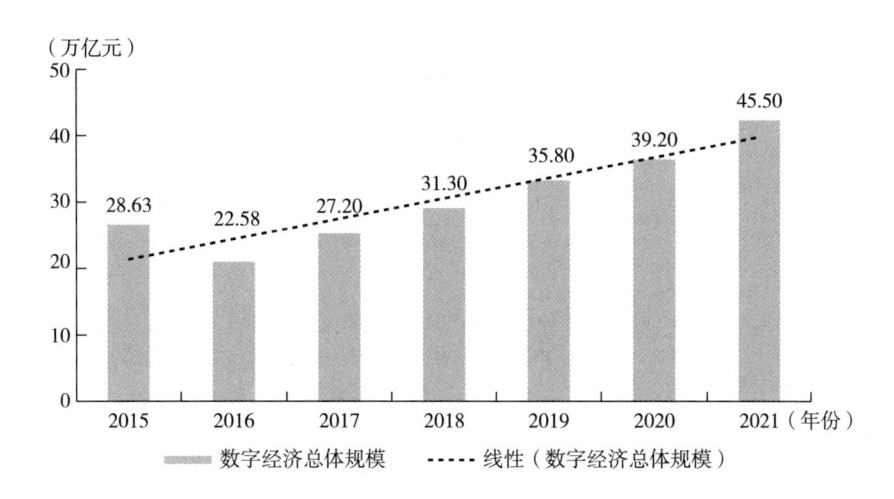

图1-7　2015~2021年中国数字经济总体规模

资料来源:中国信息通信研究院.中国数字经济发展报告(2022年)[R].2022.

我国产业体系完整,拥有41个工业大类,191个中类,525个小类,成为全世界唯一拥有联合国产业分类中全部工业门类的国家,也就是说,在联合国的产业分类中所列举的产业分类在我国都能找到。当如此完整的产业体系与数据要素深度融合时,将释放出巨大价值和潜能。数据要素的融合应用正在从电信业、金融业扩展到健康医疗、工业、交通物流、能源、教育文化等行业。截至2021年,我国产业数字化规模达37.20万亿元,如图1-8所示。

数据资源的深度挖掘和应用将促进数字经济和实体经济融合发展,也将随之迸发出更多的商业模式。互联网是连接数字经济和实体经济的桥梁,通过互联网技术的连接,数据要素与传统要素之间得以融合,让企业资产获得更大的活力;消费者能够通过互联网获得更多的资讯和帮助,消费者的价值主张也越来越丰富和个性化。企业间要形成价值的汇合,必须以价值共创模式、资源共享模式提高企业的竞争优势,并降低成本,同时为消费者提供更优质、更个性化、更有价值的产品和服务。

(万亿元)

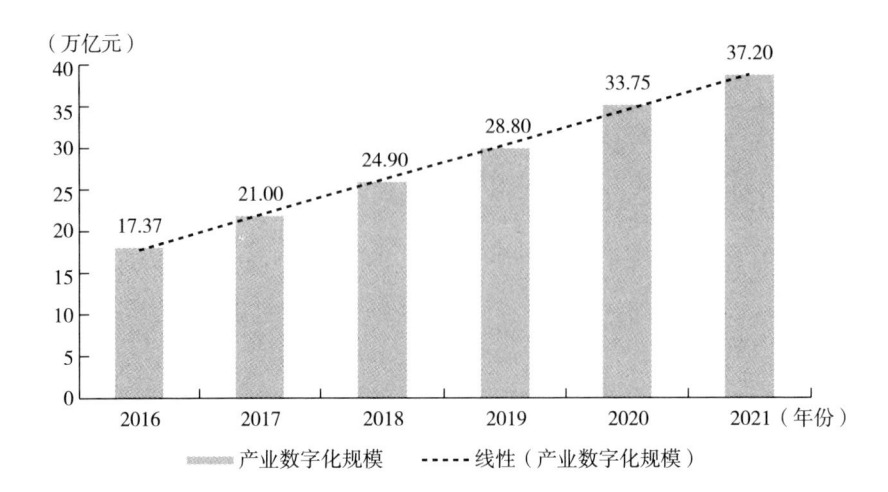

图中数据：
- 2016：17.37
- 2017：21.00
- 2018：24.90
- 2019：28.80
- 2020：33.75
- 2021：37.20

图例：产业数字化规模　线性（产业数字化规模）

图 1-8　2016~2021 年中国产业数字化规模

资料来源：中国信息通信研究院. 中国数字经济发展报告（2022 年）[R]. 2022.

数据要素的应用，使企业战略和企业商业模式发生了根本性变化，管理也要随着企业的变化而变化，否则战略和业务的推进都只是空谈。数字化管理要为企业的战略服务，要与企业的商业模式完美结合，应避免出现如图 1-9 所示的三种情况。

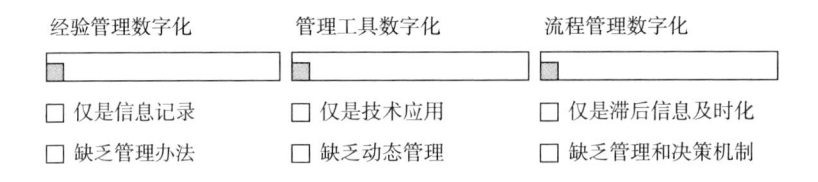

经验管理数字化	管理工具数字化	流程管理数字化
□ 仅是信息记录	□ 仅是技术应用	□ 仅是滞后信息及时化
□ 缺乏管理办法	□ 缺乏动态管理	□ 缺乏管理和决策机制

图 1-9　数字化管理的误区

数字化管理模式是一种动态的、柔性的管理体系，能为不同规模、不同层次、不同管理水平的企业构建出数字化的、适应性的管理模式。数字化管理与传统管理最大的区别就是在数字化的运用上，数字化将其他管理中的人、财、物等资源在数据系统中进行数字孪生，让原本孤立的模块产生关联，关联的数据使企业的管理方法、手段、工具甚至管理思想都发生了质的改变。数字化的数据系统是技术的支撑，把企业的战略模式和商业模式转化为赋能机制和激励机制与数据系统进行有效互动，实现了数字价值的创新。

●数字化时代与管理专栏1-4●

元气森林：数据深挖的创新型茶饮

饮料行业是一个很传统的行业，多年以来，行业领头者的地位仍然难以撼动，其他品牌同质化、模糊化十分严重，难以形成品牌效应，消费者对品牌的认知度更是难以提高。在这样的一个传统行业中，元气森林凭借其数字化管理一跃成为行业的新星。

一、企业简介

元气森林（北京）食品科技集团有限公司（以下简称元气森林）是一家以互联网为基础，自主研发和设计的创新型饮品公司。该公司以"用户第一"为追求目标，为消费者传递健康生活理念，给用户更贴心的消费体验。元气森林从2016年成立起，主打产品都是以无糖无脂和低糖低脂为主，与目前市场上销售的碳酸饮料、茶饮、果汁、功能饮料和酸奶相比，其特点还是十分明显的。产品从2017年开始投放市场，到2019年和2020年的"618"电商节就获得了天猫饮品类销量第一的成绩。2022年8月，元气森林以35.26亿元成功跻身于《2022中国品牌500强》，排名第490位。

二、深挖互联网数据，打造爆款产品

我国的传统饮料市场由两类产品组成：一类是知名品牌型，另一类是大众型。元气森林善于利用互联网抓取信息，并进行数据分析，排列了饮料消费者对饮料的喜好次序，得出碳酸类饮料更受消费者偏好的结果，然后是茶饮类、乳制品类、蔬果类等。同时，通过分析20~39岁消费群体对健康的重视程度，找到了"无糖饮料"巨大的市场空间。基于互联网数据的分析，元气森林将产品进行了细分和定位，为了满足消费者的需求，定位产品为0糖0脂肪0卡路里，并为其进行了针对性的产品包装设计、产品定价和产品宣传。元气森林通过网络数据的分析和获取，精准分析和精准设计，持续并快速地打造饮料的新口味和新爆款，吸引消费者的眼球，并持续刺激消费者的消费欲望，使产品获得快速增长。

三、建立数据平台，精准分析目标群体的消费习惯

元气森林以互联网为平台，抓取互联网信息，让信息说话，让信息指导企业"不走寻常路"，避开传统饮料竞争激烈的大型商超，选择以便利店为主要销售渠道。同时，收集各个便利店目标人群的消费习惯信息，通过对反馈到数据平台的信息进行综合分析，精准触达目标群体，为元气森林推出更多的线下促销活动提供了依据。

四、数据赋能营销，组建营销传播矩阵

元气森林利用互联网数据、自有私域数据，建立起线上渠道矩阵。线上渠道有三层：第一层是通过新媒体平台进行精准的线上曝光，如小红书、抖音、微博等。第二层是通过流量KOL在娱乐社交平台微博中对产品进行测评和推荐，进一步捕捉目标消费者。第三层是让产品在更大的舞台上发光，与明星同框，形成明星效应，从更高的高度亲近消费者。同时，元气森林进行了大众媒体的投放，如楼宇广告、地铁广告、户外广告，让元气森林"0糖0脂0卡"的定位不断地在目标群体中出现并加深印象，让品牌文化植入消费者的听觉、视觉之中。

五、发展与总结

一直以来，元气森林的发展都体现了数据思维，其通过互联网深挖数据，继而进行深度分析，实现了"精准+快速"的产品打造之路。从产品的开发到渠道的铺设，再到传播的矩阵，元气森林都以数据为中心，精准针对消费者，让整个运营过程以高效的研发、高效的宣传为其在市场上快速占据一席之地，并且维持其在创新饮料领域的领先地位。这是"数据技术+互联网渠道"赋能对传统企业的一个颠覆，颠覆了传统企业的产品开发周期、颠覆了传统企业的渠道费用、颠覆了传统企业的传播费用。在科学技术飞速发展的今天，围绕企业针对的消费者群体，以用户为核心，充分利用"数据技术+互联网渠道"，传统企业也可以找到第二增长曲线的起点，如元气森林的成长，在短短的几年里，销售额与估值一直快速发展，证明了数据赋能提效模式适合传统企业的再次腾飞。

资料来源：

[1] 朱彧，王中环. 元气森林互联网思维演绎4P新营销 [J]. 中国市场，2022 (12)：178-181.

[2] 周星枯. 小微品牌传播策略研究——以饮料品牌元气森林为例 [J]. 出版广角，2020 (20)：59-61.

二、数字支撑：让组织塑造韧性

数字经济的发展离不开数字产业的发展。数字产业由电信业、电子信息制造业、软件和信息技术服务业、互联网和相关服务业组成。从数字产业的内部细分来看，内部各细分领域都有不同程度的增长态势，直接推动了数字产业的发展。数字产业细分领域的发展情况如表1-1所示。

表1-1 数字产业细分领域的发展情况

行业	发展情况
电信业	保持平稳向好发展态势
	2021年，电信业务收入累计完成1.47万亿元，比2020年增长了8.0%
电子信息制造业	增速创下十年新高
	2021年，全国规模以上电子信息制造业增加值比2020年增长了15.7%
软件和信息技术服务业	保持快速增长
	2021年，全国软件和信息技术服务业规模以上企业超4万家，累计完成软件业务收入9.5万亿元，同比增长17.7%，两年复合增长率为15.5%
互联网和相关服务业	保持持续健康发展
	2021年，我国规模以上互联网和相关服务企业完成业务收入1.55万亿元，同比增长21.2%

资料来源：中国信息通信研究院. 中国数字经济发展报告（2022年）[R]. 2022.

数字化技术的创新演进，使互联网、大数据、人工智能等数字技术与实体经济深度融合，持续对数字经济的增长产生了积极的作用。随着数字化技术进一步形成数字产业，2021年，我国数字产业化规模为8.4万亿元，占数字经济的比重为18.4%，占GDP比重为7.3%，数字产业发展开始从量变步入质的提升阶段，如图1-10所示。

(万亿元)

图 1-10　2016~2021 年我国数字化经济内部结构

资料来源：中国信息通信研究院. 中国数字经济发展报告（2022年）[R]. 2022.

数字化技术不断发展并逐步渗透到产业发展之中，同时也变革着产业内的各行各业，使企业的商业模式有了更丰富的变化。组织是企业战略和商业模式的践行者，被数字化技术带来的组织变革也充满了挑战性和创新性。

在传统的组织管理中，由于组织内部的层层结构，组织各层级的人员都有基于各自岗位的工作，对于各层级的人员来说，领导就是高高在上的权力中心，所形成机械式的结构运作是基于"职权责"而各自独立并分割的。这样的结构能让企业保持在稳定的发展中，避免出现较大的决策错误。在数字化时代，环境变化日新月异，仍然保持机械式的结构容易使领导层的决策无法正确传达到员工，导致战略执行的延缓；如果员工将市场和消费者的信息传递到管理层和领导层时出现了时差和信息差，将导致企业错失市场发展的良机。在变幻莫测的环境中，容易导致企业走向衰亡。

数字化组织是随着数字化技术而形成的，但数字化组织的应用不仅是数字化技术的应用，还涉及组织的方方面面，包括组织的结构、组织的机制，甚至会对管理层和领导层的地位产生不同程度的影响。这是对组织的从内到外的整体变革，要让组织从里到外、从上到下塑造出组织韧性，共同应对外部环境带来的不确定性的挑战。首先，对于企业内部是自上而下的团结，在共同企业文化的领导下所体现出来的团结力量。其次，对于企业外部是自内到外的共享协作，在共同目标的指导下所体现出来的团结力量。最后，无论是对于企业内部部门和员工的分工合作，还是对于企业的外部资源整合，只有让组织塑造出韧性，才能面对外部环境的不确定性。

总之，数字化技术一直在向前探索和推进，改变着各行各业，成为数字经济发展的重要推手。组织作为经济发展的重要载体之一，与数字化技术结合也成为时代之需，促进组织塑造面对变化和风险的组织韧性。

三、数字培育：让人才充满活力

数字技术改变了人们的生产和生活方式，催生了零工经济、平台经济、共享经济等新经济形态，形成了移动支付、数字机器人等新的生活方式。在这样的新经济形态和新的生活方式下，个体的自主性地位逐步提高，人力资本在企业中也变得越来越重要。从20世纪70年代开始，我国一直进行市场经济体制改革，并取得了骄人的成绩，劳动力市场也随着经济体制的变化和外部环境的变化发生了重大的变化。

首先，全国人口形势出现新特点，使劳动力供求关系发生重大变化。国家统计局2021年的统计数据显示，全国人口出生率由1999年的14.48‰下降为2021年的7.52‰，全国人口自然增长率由1999年的8.18‰下降为2021年的0.34‰。由此可以看出，我国已经进入老龄化社会。过去20年的经济飞速发展，是伴随着人口红利而来的，随着人口老龄化问题凸显，人口红利正在消失。同时技术创新的发展也在不断地改变着劳动方式，使人们的工作从复杂化逐步走向机器辅助下的简约化，人力成本开始向技术成本倾斜。因此，进一步开发技术能帮助更多中老龄劳动力继续使用，这将成为社会稳定发展的关键。

其次，全国劳动力人口参与率持续下降，灵活用工市场规模逐年扩大，劳动力市场模式更具个性化。进入21世纪以来，我国劳动力人口参与率已经呈下降趋势，现阶段的适龄工作者的劳动参与度在进一步下降，同时，我国灵活用工市场规模也在逐年快速增长，从2020年开始，变化速度进一步加快。因此，在适龄工作者的劳动参与度下降的情况下，新冠肺炎疫情的暴发，更激发了灵活用工的活力，适龄劳动力有了更多的发展方向。

最后，产业的就业人口也在发生变化。我国第三产业就业人口逐年上升，截至2021年末，第三产业就业人口已占到总就业人口的48%。劳动力群体构成也呈现多元化，农民工、知识性员工、新生代员工等多种特征的劳动力同时存在。随着经济形态的多样化、数字技术的快速发展，个体经济逐渐在劳动力市场中崛起。

综上所述，从社会的就业形态、经济形态和劳动力的参与情况来看，企业与个体之间的关系受到了冲击，个体在新经济形态下有更多的发展空间，企业需要根据不同类型的员工特征建立企业的人才管理、创新知识管理方式，实行"以人为本"的人才战略，提高企业的人力资本价值，进而让企业应对不确定的时代。

四、数据运营：让协同良性互动

依靠传统要素资源发展而来的工业时代，以能独自拥有资源要素为重要的核心竞争力，无论是产业与产业之间还是企业与企业之间，都在抢夺稀缺的土地资源、劳动力资源等传统资源。由于资源要素短缺而形成的竞争关系，让整个社会的商业活动都处在一种竞争状态之中，即处在"弱肉强食""你死我活"的零和博弈状态。在这样的竞争状态下，不具有资源要素优势的企业很容易消失在博弈的环境中，弱势群体基本也难有发声的机会，最终会趋向"强者为王"的局面。

信息化技术和数字化技术不断迭代发展带来数字化时代，数据要素成为时代重要的要素。数据要素的产生来自全社会的共同活动，区别于传统的资源要素，它具有虚拟化和可复制性，也就是说，它的产生是与现实社会密切相关的，它的使用不再属于某一个产业或企业，它实现了资源要素的共享化。在数据要素的加速应用之下，整个社会的商业发展都发生了本质上的变化，出现了大量新颖的商业模式，改变着原有的生产模式。

当数据要素赋能商业活动，协同管理才有了发展的基础。协同管理体现的是一种全社会、全产业、全行业都能共同参与的商业状态，与传统的竞争状态不同，协同管理以"协作+共同"为核心。在数据赋能的数字化时代，基于数据要素共享，打破信息不对称的僵局，实现全产业链的协同管理，更重要的是能实现企业与企业之间的资源协同和知识协同，这样的协同关系，既可以促使产业趋向更优化发展，也能为企业实现降本增效。

进入 21 世纪以来，随着国际局势和新冠肺炎疫情带来的不确定性，环境带来的冲击已经不是任何一家企业能够单独面对的，协同成为全社会迫切走向的一种发展关系，基于协同管理所进行的协同创新模式开始不断地冒出新芽。创新是推动社会发展的动力，协同创新是推动全社会共同发力的机制，协同管理是帮助全社会协同前行的重要框架。

总之，数字化时代带来了数据、带来了协同，改变了商业模式、改变了竞争关系。未来将会是一个生态化的社会，只有进一步走向协同管理和协同创新，才能让全社会乃至个人继续发展壮大。

章末案例

美的：全球制造业数字化水平领先企业

在人口红利和土地资源丰富的环境下，我国制造业经历了一个让人振奋的发展时期。但是红利终将退去，新的生产要素——数据正成为时代的主力。在数字经济的高速增长下，制造业已经无法再做井底之蛙。紧跟数字时代的步伐，探索数字化转型之路，以数字化管理助力企业在新时代再次腾飞成为制造业的重要发展之路。美的集团在这样的一条艰难大路上，交上了一份惊人的成绩单，打造出了四家"灯塔工厂"，是数字化管理方面值得学习的优秀企业。

一、企业简介

美的集团有限公司（以下简称美的集团）成立于1968年，最初是广东省顺德区的一家传统的家电制造企业，产品以空调等为主。经过几十年的发展，美的集团已经跃升至中国家电企业的龙头位置。为了对产品线和产业线做进一步的拓展，2013年9月，美的集团于深圳证券交易所上市，同时也揭开了其转型升级之路。美的集团以家电领域为主，配套自动化系统和机器人生产系统，旗下的品牌线进一步拓宽，以"美的"品牌为主，子品牌有"东芝""小天鹅""华凌""布谷"等，形成了覆盖不同类型消费市场需求的多品牌矩阵。

目前，美的集团已经是一家全球化科技集团，拥有智能家居事业群、工业技术事业群、楼宇科技事业部、机器人与自动化事业部、数字化创新业务五大业务模块，产品种类和服务更多元化。美的集团的业务和客户已经遍布全球200多个国家和地区，并在全球拥有约200家子公司、35个研发中心和35个生产基地，是全球领先的机器人与智能自动化解决方案供应商——德国库卡集团最主要的股东，员工超过16万人。美的集团已经是一家全球化运营的企业，在行业内获得了多项美誉，在2022年最新《财富》世界500强中排名第245。凭借在数字经济领域的综合实力，美的集团在2022年8月发布的"2022中国数字经济100强"中排名第6。美的集团的智能制造和数字化水平已经居全球制造行业的领先位置。

二、数字化转型的前夜

企业要进行数字化转型，实现数字化管理，数字化只是主要的技术应用，更重要的是要解决企业内部的根本问题，为企业切实做到降本增效增利。美的集团在进行数字化管理前，并不是一开始就大刀阔斧地往数字化方向走，而是先通过转型解决企业的主要矛盾，再一步步地探索数字化之路。

1. 转型

一直以来，家电行业的产品同质化严重，导致行业的竞争越来越激烈。随着行业的竞争逐渐走向白热化，各大品牌纷纷参与到价格竞争之中。而且家电作为传统的劳动力密集型行业，在廉价的劳动力开始失去优势的时候，留给美的集团的生存空间开始不断地被压缩。在这样的情况下，美的集团决心进行业务转型，关停效率低下的生产基地，砍掉利润率低的产品，把整个集团从规模型企业转向效率型企业。顶着转型带来的业绩冲击，从2013年开始，美的集团首先推进数字化1.0转型进程，这其实只是转型的前奏。美的集团构建的"一个美的、一个体系、一个标准"的"632"战略，就是要把集团层面的"烟囱式"数据进行大整合，打造ERP、SRM、MES、APS、PLM、CRM六大运营系统，数据分析、财务管理和人事管理三大管理平台，以及两大门户网站和集成开发平台，让业务、流程及信息系统中孤岛式的数据实现统一，这是美的集团推进数字化转型的重要一步，也是关键一步，为后续进行数字化转型奠定了基础。

2. 数字化

2015~2016年，经过两年的数据打通，美的进行了数字化2.0的升级，这次的数字化升级是应用了数字化技术和互联网技术进行的智能制造平台的打造，把前期阶段打通的数据，进一步延伸至生产端和产业链，使美的集团的价值链运营更透明，同时还能实现柔性生产，也就是以数据驱动的C2M定制化生产。在这个数字化升级阶段，美的集团创立了独有的"T+3"

运营模式，也就是真正地实现了以用户为需求的主导式运营模式，改变了传统的从生产到配送到消费者的产销模式，变为从客户下单开始，倒推物料、成品和配送的三个周期的运营模式，这是美的集团对于自我的一种颠覆式变革，改变了传统的制造业的思维模式，实现了新品成本下降85%，缩短了现金流时间，利润从33亿元飙升至240亿元，市值也实现了10倍增长，这些都是数字化给美的集团带来的实实在在的降本增效。

三、开启数字化管理之路

从转型到数字化，美的集团一直在探索数字化管理的路上。从2018年开始，美的集团正式尝试工业互联网的体系模式，让原来的产品变成联网式的家电，以"美居"App实现全网数据联通，数据的收集从企业到生产，这一步已经拓展到消费者的终端应用上，让美的集团采集到更多的场景化应用数据；从消费者行为出发，精准地开发产品和提供优质服务，也正式开启了美的集团的数字化管理之路。

1. 数据挖潜：走向轻资产之路

以前的美的集团一直是重资产、劳动密集型企业，生产技术简单，在人口红利时代下，美的集团所在的广东省顺德区能为其带来廉价的劳动力。但随着美的集团推进数字化改造，逐步关闭了效率低下的生产基地，以全自动化生产线提高生产效率，同时进行智能制造对全生产线的改造，不仅降低了对人力劳动力的需求，也提升了人员能效。同时美的集团的全价值链数据拉通上云，使排单系统更优化，让整个供应链实现云端协作，降低了生产损耗率，提升了生产效率。美的集团大量的生产工艺参数，能使生产更柔性化，让数据实现平台式管理，降低生产工位出错率和劣质产品生产率。

总之，从生产线到价值链的数据拉通和深挖，使美的集团逐步降低了对土地资源要素和劳动力资源要素的依赖，实现了从重资产走向以数据资源要素为主的轻资产之路。随着美的集团持续进行数字化管理的战略升级，其也能创新出家电行业的商业模式，未来美的集团也就可能从传统制造业走向平台生态型企业，也可能走向互联网企业，未来可期。

2. 数字支撑：数字组织变革之路

数字化不只是数字化技术的应用，更重要的是需要有适合数字化落地的组织。美的集团数字化能走过十年，其对数字化组织的变革下了很大的决心。首先，总经理方洪波作为美的集团的一把手，一直坚持重金投资数字化建设，同时还亲自到各个环节去推动数字化的落地应用。在传统行业中，难免存在很多惯性管理和"老臣子"员工，对新科技的应用始终持相反的意见，这时候一把手的亲自执行和坚决推行才能为数字化打开通道。其次，改变企业文化让文化配合企业的数字化发展。以"尊重、平等"打造企业文化，为员工搭建"去中心化"的工作环境，促进集团上下的无界式交流。最后，以"业务中台+技术部门"为组织的核心，以区域式、产品式或业务板块式构建"小组织、小团体、小单元"的敏捷型团队，以配合企业的数字化发展之路。

从美的集团的数字化组织变革可见，美的集团的数字化管理有"稳如磐石"的落地基础，可以更好地让整个集团的所有资源、人力等共同参与到"一个美的、一个系统、一个标准"的数字化战略构建之中。当数字化转型阶段一步步推进给企业带来红利时，整个组织的向心力和向前推动的积极性将是美的集团数字化管理的重要支持。

3. 数字培育：配套数字人才之路

创新之道，唯在得人。得人之要，必广其途以储之。对于美的集团来说，进行数字化转型就是一次创新的探索，要有配套的数字化人才储备，才能推动数字化管理的前行。美的集团一方面鼓励内部员工积极"做中学"，学习数字化技术，从数字化应用中学习数字化思维，改变原有的硬件思维、工科思维；另一方面聘请大量外部的专家和第三方机构，应用数字化技术人才进行内部业务、架构的学习，实现"内部软化，外引硬化"的人才储备。同时，在人才选用方面，美的集团启用和敢用年轻人作为领导者带领公司转型，鼓励和支持年轻领导者不断学习，大胆试错，让年轻领导者有更大的舞台去执行新的思想和技术。此外，美的集团构建了HR数字化平台，从员工和业务维度出发构建数字化人才供应链，从管理者、员工、HR的三个角度聚焦，把HR数据无缝连接不同业务场景，让企业在管理过程中能够及时找到需要的人才。

因此，数字化管理不仅是一次数字化技术的升级改造，还是企业人才管理的升级改造，更是企业人才储备的优化配套。只有让配套的数字化人才作为管理者，数字化管理之路才能走得更稳、更远。

4. 数据运营：协同赋能全价值链

美的集团的数字化管理以数据赋能业务对业务体系和布局进行调整，使业务实现了创新和升级，对过往初始化的数字化业务和服务化业务所进行的颠覆和培育，使企业的协同模式更有价值和更开放，最终实现对市场需求的感知、挖掘、预测和满足，以实现价值效益的最大化。从 2020 年 8 月开始，美的集团对经过数据赋能的业务板块进行了新的调整，变更为数字化创新业务、机器人与自动化事业部、机电事业部、暖通与楼宇事业部和智能家居事业部五大部分。其中，机器人与自动化事业部和机电事业部是通过数字化技术赋能进行的横向拓展业务，暖通与楼宇事业部是将数据资产化实现的增值服务，智能家居事业部是数字化赋能传统产品变革而来的新业务，数字化创新业务则是美的集团用数字化实现以客户体验为主的跨界创新服务。

综观美的集团的数据赋能发展，不仅在纵向上对自身传统产品实现了智能化升级，还在横向上对家电生产同行进行了技术赋能，同时对消费者还能提供跨界创新服务。美的集团通过数据赋能，实现了全价值链的协同发展，助力其在行业内稳保领先位置。

四、发展与总结

作为传统家电制造业，美的集团持续投入 120 亿元的研发资金成就了全面数字化，是我国制造业数字化转型的标杆型企业，其数字化之路走在我国制造业的前沿，是一家具有数字驱动力和柔性智能制造能力的科技型制造企业。美的集团的数字化之路并非一蹴而就，我们看到其辉煌的背后，是由其痛定思痛的决心所支撑的。先通过信息数据化和业务数据化打通内部业务流程，并实现对内外部信息的获取与分析，是美的集团打开数字化转型的重要一步，让数据孤岛实现了统一连接；在此基础上，从反映用户需求的数据和信息出发，开启数字化转型之路。当内部至生产线的数据实现数字化拉通时，美的集团才逐步利用数字化转型来赋能业务，对业务体系和布局进行调整，进一步地促进业务的转型、创新和升级，使数字化业务等得到培育和升级，从而形成全面服务化的业务。此外，美的集团的企业创造能力也在这个数字化转型过程中得到了进一步的提升。

通过美的集团的数字化转型及数字化管理，我们得出以下启示：第一，数字化转型不能"大刀阔斧"地应用数字化技术进行升级改造，要从战略的高度出发，把"以用户为中心"的理念渗透到企业的经营中，自上而下地让全员参与到数字化的转型之中。第二，数字化转型必须是一把手工程，从企业一把手开始，组建执行力强和对数字化转型有深刻认知的管理团队，进行数字化转型的业务推进，并给予相应的激励和权利保障。第三，数字化转型是自内而外，从企业内部业务流程到企业外部信息的获取和管理来驱动业务运行。在数字化转型全面数字化管理的过程中，不断推行流程的完善和优化，实现数据驱动的经营模式。第四，数字化转型和数字化管理都是一种管理手段，其价值需要通过创新业务进行体现，包括将数字化转型应用到自有的产品和服务中以及围绕主业所进行的数字化业务拓展，这是一种创新的价值创造模式。第五，数字化转型必然带来商业模式的重构，实现供给侧结构性改革，以需求侧作为生产的主要依据，以消费者为中心，提高用户的青睐度和忠诚度。总之，美的集团的数字化之路给我们提供了数字化转型和数字化管理的重要学习模板，鼓励更多的传统制造企业进行数字化的探索。

资料来源：

[1] 方敏. 美的集团：10 年 120 亿，成就全面数字化 [J]. 冶金管理，2022（2）：37-40.

[2] 王倩. 美的集团数字化转型、创新业务与价值创造能力 [D]. 北京：北京交通大学，2021.

[3] 肖静华，吴小龙，谢康，等. 信息技术驱动中国制造转型升级——美的智能制造跨越式战略变革纵向案例研究 [J]. 管理世界，2021，37（3）：161-179+225.

本章小结

互联网、大数据和人工智能等技术的普遍应用，构筑了一个数字化的信息空间，改变了人们的生活方式。数字化技术让一切变得新颖，各种网络平台能为人们的社交、娱乐、购物、出行等，提供不同的服务。在这些新的经济形态中,管理也面临了新的挑战。新的领域、新的技术、新的商业模式,使数字化管理的发展成为时代的必选项。在数据要素和数字技术参与的数字经济中,基于融会贯通的模式,构建数字化组织,并结合个体时代和协同时代,构建企业的数字化管理,成为企业的第二增长曲线的探索之路。

第二章 数字挖潜：让模式价值创新

  数字化管理是一场管理的变革、一场数据管理的变革、一场战略管理的变革。过往的管理是一种静态式的管理，从固定的目标到固定的战略，再到固定的流程等。过于固定化的管理，只会让企业走向"按部就班""故步自封""照本宣科"的体系之中。数字化管理的变革是要"勇于创新""敢于变革""富有想象"的创新式管理，是一种静态管理转向动态管理的变革。企业管理体系终将走向一个有机贯通、浑然一体的系统整体，基于资源、能力、价值、流程等战略管理要素的融会贯通而成。因此，以模式带来数字化管理的开端，是从一个整体的角度出发，带来管理学的新范式。

在 5G、AI 和相关配套技术的发展驱动下，科技创新也在深刻影响用户终端消费偏好、改变视频行业的商业模式。

——爱奇艺创始人、CEO 龚宇

资料来源：https://m.thepaper.cn/baijiahao_9728832。

> **学习要点**

*认识要素融合的模式。
*认识价值汇聚的模式。
*认识流程贯连的模式。
*认识整体通畅的管理。

> **开篇案例**

昌益舟：在数字化管理中挖掘价值

一、企业简介

江西昌益舟信息科技有限公司（以下简称昌益舟）成立于2022年，公司总部位于江西省南昌市，公司主营业务是通过数字技术为企业提供网站建设、网站维护、电子商务的应用及推广服务，网络营销策划、网络推广、网络广告、平面设计、系统开发、软件开发与销售等服务。昌益舟是一家新兴的科技企业，虽然成立时间不长，但是公司已经探索出完善的商业模式，挖掘数字化管理模式的价值，吸引了大量的客户。

二、企业运营要素与信息技术融合：挖掘数字价值

昌益舟深耕企业服务，特别是与信息技术相关的企业服务内容是昌益舟最核心的服务，将客户的企业运营各个环节中所涉及的要素与数字相结合，从而助力客户实现数字化变革和智能化转型。公司自身也在要素与数字的组合、变化中挖掘到了数字技术的价值。

越来越多的企事业单位以及中小型企业都开始重视网络建设，通过建设一个专有的官方网站作为公司形象展示、信息发布、对外交流的重要媒介，然而建立网站并对网站进行有效的维护需要专业程度较高的技术人员完成，如果为此专门设立网站运维部门、购置设备，对于企业而言成本较高，因此，将建站和网站维护业务外包是较好的方案。昌益舟拥有一套完整的网站建设与维护方案，无论是界面设计、数据库维护还是服务器维护，都可以给客户提供高品质的服务。根据不同客户的需求，昌益舟有针对性

地设计网站页面、结构，突出重点栏目，网站风格丰富多样，不同规模的企事业单位均可以在昌益舟的帮助下拥有一个风格适宜、得体的网站。作为一个专业的科技公司，昌益舟拥有专业的硬件设备、服务器管理团队，客户无须在公司中专门腾出空间、购置设备安置服务器，只需直接租用昌益舟的服务器设备，进行服务器托管即可；也不需要雇用技术人员，只需将自身需求与昌益舟进行对接即可。昌益舟会根据企业现阶段的业务规模与企业战略设计灵活高效的服务器架构方案，在日常运营过程中，对网站代码情况以及网站安全情况进行检测，对数据库进行备份与优化，确保网站正常稳定运行，同时定期对网站的点击量等基础数据进行汇总，根据客户的需求提供统计报表，发布信息更新内容，维持网站的活跃度。

除了网站建立与维护服务之外，昌益舟也利用大数据技术为商业合作伙伴提供准确的目标消费群体定位分析服务。作为产品的营销者，他们希望可以快速地找到自己产品的消费者，找到消费者之间的关联性、消费者的刺激点。昌益舟通过各种信息渠道收集消费者行为的数据、消费者与营销者之间的互动数据，按照消费者的消费行为、消费心态、生活方式、地理位置等维度对消费者进行细致的划分，在看似没有任何关联的消费者中找到他们的关联，从而建立与品牌之间的联系。利用昌益舟提供的目标消费群体定位分析服务，客户可以获得一个或多个自己产品的用户画像，将消费者精准细分，主动迎合消费者的需求，迅速找到具有价值或潜在价值的消费群体，找到交叉销售的机会，判断出自己采用的营销手段、营销渠道的有效性，从而确定营销方案，进行具体的营销活动。

三、一体化服务打造服务生态：与用户共创价值

在具体的商业模式设计方面，昌益舟主张为客户提供一体化的完整服务，形成用户服务生态，在客户价值主张的引领下与用户共创价值，实现盈利能力的提高。在定义客户价值主张方面，昌益舟抓住了客户对数字化转型、企业网络建设的需求，以数字业务为主线，开辟了包含网站设计与维护、网络推广、网络广告、网络营销、平面设计、系统开发、软件开发与销售等完善的数字业务服务体系，由于这类服务存在数字技术、软硬件设备的共性需求，所以有利于昌益舟充分整合资源，完善一体化的商业设计，专业技术人员、硬件设备等资源得到了充分利用，降低了成本。此外，

昌益舟还可以为客户提供消费群体定位分析、市场营销效果推广以及客户关系管理等服务，同样是基于数字化的工具，帮助客户建立数字化客户管理系统，一方面精准采集整理财务数据、客户往来信息，形成可视化数据，方便企业决策者全方位洞察客户的需求；另一方面将客户与企业的沟通渠道打通，通过数字化客户管理系统及时处理客户反馈的问题，给出解决方案，提升客户的体验感。昌益舟为客户提供的一体化、全覆盖的企业服务，受到了客户的一致好评，客户在昌益舟的一个服务项目获得良好体验后，便会继续尝试其他服务项目，成为昌益舟的忠实客户。

四、组织敏捷灵活：实现创新发展

昌益舟成立初期就对公司的组织结构和人才管理体系进行了创新，让公司保持灵活性，提高环境适应能力，实现创新发展。昌益舟的组织结构围绕数字化技术，打造成为中台式架构，采用扁平化的组织模式，更多地让普通员工参与公司事务的决策，将传统的集中决策转变为分散决策。在人才管理方面，昌益舟建立了企业内部的人才存量池，由于其业务类型复杂多样，所以在对员工进行培养时非常注重员工能力多元化、多领域的提高，与之相对应地建立起多渠道、多维度的员工晋升通道，让人才的流动贯穿企业的发展。

五、发展与总结

数字化管理是未来所有企业的发展方向，昌益舟通过将企业运营要素与数字技术融合、提供一体化服务和改革组织结构实现了模式的创新，从模式出发，开展动态管理的变革，让企业的资源、价值和流程要素围绕模式的转变进行自我革命。昌益舟为其他企业提供了数字化管理的可行方案，帮助其他企业挖掘出潜藏的价值，其发展前景非常乐观。

第一节　数字价值

一、现实虚拟数据通

美国科技杂志《连线》的创始主编凯文·凯利（Kevin Klly）在《必

然》中有一个观点:在互联网技术下,任何想法、行为和特征都能变成数字世界的复制品,形成现实与虚拟之间的连接。这种连接是跨越时间与空间的、随时随地的。跨越时间的即时性连接,让人们有更畅快、更便捷的获得感;跨越空间的随身性连接,让人们有更安全、更信任的存在感。连接比拥有产生更重要的感知,现实和虚拟通过数据连接而"随身而动,随时在线"。

数据让现实和虚拟融合,形成"你就是我,我就是你"的状态。数字孪生出对真实世界的虚拟复制和所依赖的现实,进行持续的数据交换连接。人们开始模糊数字与真实之间的感官联系,并由此模糊了实体与虚拟的边界,甚至打破了两者间的边界,使数字孪生的虚体与实体融为一体。

当边界被打破,虚拟与现实进一步融合,两者再也无法分开,进一步重新定义出新的时代。就像盘古初开的天地,看似分离,实际却形成了一个新世界,一切都变得不一样。当"你中有我,我中有你"的数据世界形成,现实和虚拟就实现了共生。现实和虚拟的关系如图2-1所示。

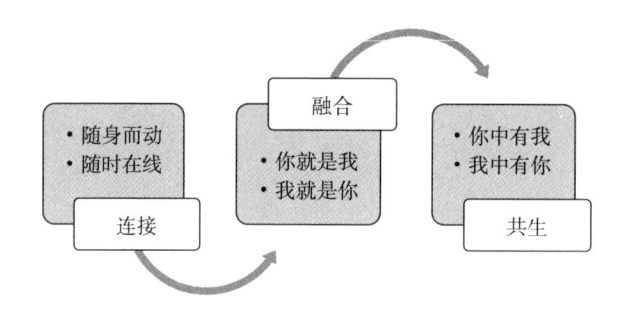

图 2-1 现实和虚拟的关系

现实和虚拟之间已经通过数据相连,连接产生关系、融合突破边界、共生产生未来。在数字化时代,任何人和任何企业都无法躲开被数字化。你可以不参加任何数字化的活动,但是你无法不参与数字化的进程,这是一个时代的走向,是时代发展的必然选择。

二、要素数据组合变

要素是构成时代发展的基本要素,也是企业在宏观环境下所能找到的资源。资源是企业竞争优势的来源,拥有不同的资源要素,企业在发展中就可以形成不同的战略方向。数据是数字化时代的重要新型要素，在数据要素的参与下，传统的生产要素均发生不同的反应。

1. 数字+生产要素

生产要素是生产活动中非常重要的因素，是其赖以运作的基本因素。在工业化时代，传统生产要素有劳动力、土地、技术、企业家和资本。按照与战略密切相关的发展分类，可以分为原始要素、时代要素和进阶要素。

原始要素既是推动生产活动的重要基础要素，也是农耕时代的标志要素。以人力劳动力转换为大地的资源产出，从而形成农业的生产活动。

时代要素是推动时代发展的重要参与要素。工业时代的到来，为社会带来了技术的变革，让知识和技能成为时代的要素，赋予了这个时代的重要意义，当人与知识和技能结合，其创造和生产的东西已经远远超过了人与土地的结合时，技术就成为工业时代的重要标志。

进阶要素是推动时代发展的重要催化要素。人与技术推动着社会前进的步伐不断加快，商业交换成为主要的社会活动。在商业活动中，高组织、高素养、高知识人群开始分化成企业家，引领着生产要素的再分配。而资本是商业活动的天然产物，让商业交换流程更顺畅。

通过对传统要素的分类，我们看到了生产要素的不断增加就是时代的不断演变，这些要素都是形成生产活动和商业活动的基础，也是企业战略发展的基础。传统要素的时代发展如图2-2所示。

图2-2 传统要素的时代发展

在数字化时代，数字技术力量正在改写物理世界，通过把物理世界的实体产品和物理行为，以数字的形式孪生到数字世界之中。传统要素正在以微妙的关系与数字力量发生化学反应。例如，数字与原始要素结合，让土地和劳动力变成数字化，孪生出土地的数字信息、人力资源信息；数字与时代要素结合，为技术提供各种信息化参数，并让信息化参数进行进一步的学习，形成人工智能控制下的技术力量；数字与进阶要素结合，使进阶要素更好地归类、总结，从而制定行业的标准。

标准化和信息化成为数字与传统要素结合的化学反应。信息化是对整个商业活动的场景以数字信息表达的形式，是数字化与传统要素结合的重要表现形式。标准化是一个行业或产业一系列活动和操作的规范指导，是数字化与传统要素结合的产物。标准化和信息化为数字化战略提供了良好的基础，如图 2-3 所示。

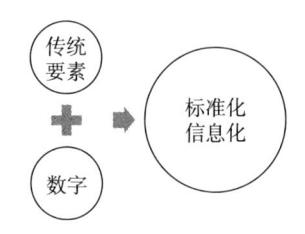

图 2-3 数字与传统要素的化学反应

2. 数字+技术

从经济学角度来看，在长期的发展之中，技术进步是经济增长的持久动力，技术要素是长期经济增长重要的动力要素。一般意义上的技术包括人类在历史的长河中积累的经验知识和应用技术的科学知识，还有人类驾驭生产工具的硬技术技能。这些都是人类发展进程中沉积下来的技术财富。在数字化时代，技术要素被赋予了新的内涵，如图 2-4 所示。

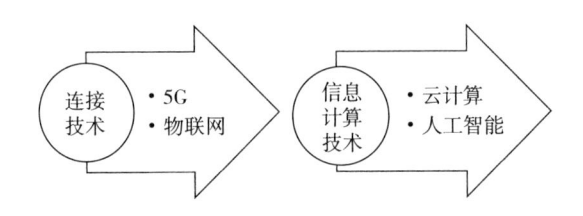

图 2-4 技术的新内涵

连接技术以 5G、全光通信、物联网等技术为代表。以 5G 技术为代表的连接领域，具有超高速、低时延的特点，支撑着海量数据的连接，随着技术能力和技术部署日趋成熟，5G 技术正逐步深入各行各业的核心流程及业务之中。连接技术的发展成为推动行业转型升级的主要技术力量，让产业链各方都获得红利，为千行百业的发展带来全新机遇。

信息计算技术以云计算、人工智能等技术为代表。以人工智能为重要技术的计算领域已完成第一阶段技术应用的局部探索，正迈入与社会深度融合的第二阶段，未来将与社会环境产生更多的碰撞并相互促进。

在驱动时代进步的技术要素中，技术也在随着时代的步伐不断地发展，当人类沉积下来的知识财富遇上高速发展的连接技术，结合强大多样的信息计算技术等多种时代技术汇聚在一起，融合到社会的发展进程中，技术将迸发出强大的力量。

数字孪生形成的数字世界与物理世界的结合让数据成为重要的生产要素。与传统的生产要素相比，数据要素有两个特点：第一，具有可复制性，可复制能力越强，数据价值越高，数据所创造的业务价值越高；第二，具有普适性和流动性，经过标准化以后积累的数据，对于各行各业都具有普适性，行业的普适范围越大，数据的流动性越强。

当数据与连接技术融合，共同服务于社会的发展时，云数技术成为一种必然，即把数据库放到云端，同时在云端建立起数据计算的框架，在云数融合的环境下，数据超越硬件的局限、环境的局限以及技术细节的困局，从算法上做进一步的推进，从而实现"千人千面"的个性化。

当数据与信息计算技术融合，也就是人工智能和大数据相融合时，智能化将是必然的发展，让大数据平台具备学习功能，更好地支撑 AI 各种类型的应用。

通过数字孪生的数据与新技术的融合，智能化让人们对生产生活的管理更加高效，个性化使整个市场空间得到新的增长机遇。数字与技术的升华效应如图 2-5 所示。

图 2-5　数字与技术的升华效应

三、重资产转型之路

重资产的定义是从资产负债表中而来的,固定资产大于流动资产的企业,一般也就称为重资产企业。这类企业一般在生产要素上积累了大部分的固定资产,如土地、机械设备、原材料等,甚至大量的低效人力资产,这些固定资产都有固定的用途,占据了企业大部分的资金,形成待摊分的资产或失去活力的资金。可随时支配资金或流动性资金才是企业抵御环境变化和应对机遇发展的良药。

从要素组合来看,重资产泛指对传统要素的重仓,让企业在资源匮乏的年代,占据天时地利人和的优势。为了适应时代的发展,技术要素的投入也成为企业的重投入。过度重视原始要素和技术要素的局面,抑制了进阶要素的进一步应用,导致企业一直处在本大利小的局面之中。在持续生产开发的发展中,原始要素是有限的,在要素丰富的时候不断开发,到了要素紧缺的时候,就会形成企业间的抢夺局面。本大利小,要素抢夺,只会让社会以及企业进入恶性竞争循环之中,如图2-6所示。重资产企业一般以传统制造业、房地产业等为主,这些行业基本都拥有厂房、原材料、机械设备等大型的资产,导致企业的经营成本相对更高。

图 2-6 重资产的循环

要扭转重资产的困局,提升资产要素的活力,要从两个方面进行:

一方面,提炼重资产成为时间的朋友。随着时间的不断拉长,企业拥有的资产显现稀缺性和价值性。例如,土地资源、自然资源都是不可以再生的资源,随着时间的推移,会变得越来越稀缺,对于这类重资产,我们要合理利用、开发并保存,结合标准化和信息化的技术,降低资源的浪费。技术资源是一种时代资源,其变化迭代速度让人难以捉摸,要让技术资源成为企业的重要价值，要提炼技术的核心力量，如专利发明、知识产权等，随着时间的推移，成为企业重要的发展壁垒。

另一方面，让重资产成为轻资产。经营成本中仍然有大量的沉余资产，如厂房、空余土地、生产线等，这些资产在占用资金的过程中，成本损耗相对高，使用的费用也相对高，通过结合数字技术，收集、归类、分析企业内部的各种信息，以标准化的作业指导企业的运营，从降本增效的目的出发，重新整合企业要素资源，实现重资产转型之路。

总之，重资产是我国现存的产业中较为常见的模式，数字技术应用于重资产的升级转型有助于实现精准资产利用，帮助企业降低经营成本，活跃资产的利用率，合理开发生产，降低无效生产或过度生产的情况，实现社会走向"高质量"发展之路。

四、轻资产构建之路

轻资产是相对于重资产而言的，从资产负债表中可以看到，企业的固定资产占销售收入之比，或者总资产占销售收入之比一般都较低，证明资产占比更低，资本的流动性和可支配的资本更多，这类企业就具备了轻资产的特点。此类企业的经营理念就是以四两拨千斤之势撬动大量资源，赚取最大利润，减少固定成本和管理成本。轻资产投资的资本会相对更低，更偏向于从构建企业软实力着手，如构建品牌价值、技术研发、客户管理、产品设计等，以软实力为主要的推动力，把相对较重的资产分离出去。在互联网行业、金融行业、咨询行业等或品牌型的企业中，轻资产企业尤为突出。

从要素组合方面来看，轻资产指技术类型要素的运用，技术分为硬件技术和软件技术，这里更偏向于软件技术，属于知识型增值型的技术要素，这类技术要素与数据要素都属于轻资产要素。轻资产要素最大的特点就是轻，轻投资和轻成本，企业的投资和经营成本相对重资产都会更低，进入的门槛也会更低，为创业者提供了很好的进入机会和试错机会，对创新发展也有非常大的帮助。但由于技术迭代的速度非常快，具有不确定性，所以一旦无法抓住发展的节奏，就会成为时代的弃儿。同时，轻资产的模式很容易被模仿，难以形成长期的竞争优势。轻资产的循环如图2-7所示。

图 2-7　轻资产的循环

轻资产运营模式最早是由著名的管理顾问公司麦肯锡提出的，是一种以价值为导向的企业发展战略。在轻资产战略结构中，知识是主要的内容，人才资源、品牌资源等无形资源是重要的资产，通过企业智能化管理系统平台，把企业业务进行整合，为客户提供"数字化、精细化、高质化、特色化"的产品和服务，从而推动企业发展。如图 2-8 所示。

图 2-8　轻资产构建之路

轻资产模式具有较强的盈利能力，发展速度更快，能在一段时间内保持高速增长。在数字化时代，数字技术应用到各行各业中，数据成为轻资产模式发展的土壤。每一个企业都可以拥有属于自己的轻资产模式，数据化的轻资产运营方式也将会吸引更多的创业者投身于创新创业之中，但同时也会加速没有核心竞争力的创业者的淘汰。总之，轻资产模式在数字化时代具有广阔的发展前景，让企业有了更多的创新的机会。

● 数字挖潜专栏 2-1 ●

华住集团：数字化改造传统服务业

一、企业简介

华住酒店集团（以下简称华住集团）是我国第一家多品牌的连锁酒店

管理集团，创立于2005年，前身是汉庭酒店集团，截至2020年6月，华住集团拥有6000多家在营酒店，客房多达60万间，其经营模式有租赁、自有酒店、加盟及特许经营酒店。华住集团一直坚持打造专业和高效的智能化管理系统，为客户提供高品质和多元化的出行体验，同时建立"华住会"作为会员俱乐部。华住集团的愿景是成为世界级企业，在创始人的带领下，目前已经成为我国发展最快的酒店集团之一。

二、轻资产模式分析

1. 打造数字平台，增强竞争力

"华住会"是华住集团以会员俱乐部形式打造的酒店预订服务平台，以完善的数字化架构，对客户进行深度运营，为会员用户提供多方面的服务，包括客房及出行的"一站式"服务，更有"华住会"App线上自助选房服务，服务会员个性化的需求，同时采取积分激励机制提高客户黏性和复购率，便捷便利的入住退房流程，为服务提质增效。"华住会"作为华住集团重要的数据流量聚集池，通过不断完善"华住会"管理机制，服务更多的会员用户，流量的日益增长形成了华住集团的网络效应，使其竞争力进一步提升。华住集团2022年上半年财务报告显示，会员数接近2亿人，是目前拥有最多的会员制用户的酒店集团，并且会员的复合增长率达到了26%。华住集团的数字化平台是其成功跑出轻资产之路的重要基础。

2. 服务兼并同行，低资产快速扩张

华住集团旗下经营25个知名酒店品牌，覆盖高端、中端和经济型酒店市场，能满足用户商务差旅到休闲度假的各种住宿体验需求。华住集团能有如此丰富的酒店类别，是通过对不同服务质量的酒店进行兼并收购而来的。以兼并取代自营，华住集团快速成为中国酒店中客房数量仅次于锦江酒店集团的连锁酒店。对于酒店业来说，客房是其重要的成本支出，华住集团以服务投入进行兼并，取代自营终端，降低初创成本和运营成本，是其轻资产模式与线下服务结合的重要环节。

3. 数字赋能生态，行业地位跃升

华住集团一直坚持以IT技术改造传统服务业，搭建起数字运营中心，主力进行数字化建设和数字化分析，推出"易发票""易掌柜"等数字化产品，打通数字化全业务场景，提升门店运营效率和服务质量，还推出全球技术平台应用，以数字化平台技术带动中国式酒店管理走向世界。华住集团的数字化技术已经不仅是服务于集团内的酒店平台，还有更多的平台服务应用，以技术赋能酒店行业整个生态发展。数字化的投入如果仅仅为本集团使用，那么研发成本也会成为日后发展的绊脚石，华住集团对行业进行技术开放，赋能行业发展，降低其科技开发成本，同时使"华住会"在行业内形成更大的收入端口和流量入口。

三、发展与总结

华住集团的轻资产模式是从数字化管理开始的，以数字化平台进行业务整合和流量汇聚，使平台数据越来越丰富。当数据越来越丰富时，数据分析也就能为集团的业务提供更准确的技术支持。同时，华住集团以同行内兼并取代自营终端，使运营成本进一步降低，规模迅速扩大。然而，华住集团并没有止步于集团内的发展，以数字化技术赋能酒店行业，使其数字化的竞争优势成为其重要的核心竞争力，并获得第二增长曲线。华住集团2021年财务报告显示，2021年全年净营业收入达128亿元，较2020年同期增长了25.5%，其中华住集团增长了30%。

酒店业一直是传统的行业，但华住集团走出了一条不一样的轻资产之路，使其能在短时间内撬动起行业内资源，同时迭代成长，这就是轻资产模式的最大优势。

资料来源：

[1] 冷汗青. 基于消费者视角的华住酒店集团"华住会"常客计划研究 [J]. 商展经济, 2021 (11): 49-51.

[2] 杨剑, 陈键. 华住集团轻资产运营模式及竞争力分析 [J]. 中国市场, 2019 (28): 78-79.

第二节 活化价值

一、价值破圈

价值破圈是发生在企业价值链上的跨界颠覆。在工业化时代，企业生产活动的价值创造过程都是单向性的,从上游到下游,从一个企业到另一个企业的叠加价值,从而形成产品所体现的价值,是一种 1+1+1 = 3 的模式。但是,在跨界颠覆的价值破圈中,企业可以在价值链活动的每一个环节进行互动合作,让价值创造不再是单向性的,以顾客价值为最终目的,在各自的资源能力整合中能以多向性的跨界实现价值的共生,颠覆旧有的价值链模式,实现 1+1>2 的效果,是对旧模式的超越和创新。价值破圈的过程如图 2-9 所示。

图 2-9 价值破圈的过程

在数字化时代,互联网技术打破了时间和空间的界限,信息化技术构建起与现实对应的虚拟世界,时间界限、空间界限、物理界限都在被技术一步步地打破。商业社会的界限也在被一步步地打破,数据广泛被采集,让数据分析成为企业的基本生产工具。通过数据的运用和分析,企业和消费者的自画像逐渐清晰,通过自画像在数字世界进行配对,企业目标群体的相融让企业重新找到了合作的方向;通过对消费者的行为和需求的分析,产品研发不再是"盲人摸象",而是突破产品的界限。

当界限不断地被突破,企业开始走向更多的领域,跨界成为必然的行为,颠覆商业世界的运转,重塑商业模式,是数字化时代下企业的价值新体现。

二、价值生态

生态是从生物学中来的概念,是指人、动物和环境相融合的一个整体,在地球生态村数亿年的变化中形成了丰富多彩的生物,同时也形成了更多样的生态系统,如热带雨林系统等。生态环境代表着丰富的和多物种共存的整体环境。价值生态的进程如图 2-10 所示。

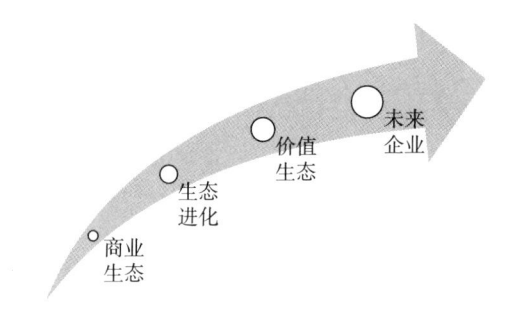

图 2-10　价值生态的进程

商业生态化是在现代的商业社会中，经过多年的生产要素与生产关系的不断变化，形成各种技术和商业形式，使商业社会也开始变得多样化。互联网技术、数字化技术是改变近代商业生态的重要力量，超越了技术属性，融合了社会、结合了文化，成为集社会、文化和技术于一体的新物种，改变着这个商业世界的运行法则，而且其改变的力量还在不断进化和加快。互联网思维、社群经济、共享经济、兴趣电商等在创新创业浪潮的推动下，诞生了很多互联网企业，冲击着整个商业生态原有的架构，导致传统的消费模式、商业模式、管理模式不断地被颠覆，商业生态中的企业被迫进行变革，变革成功则进入新的架构，但更多的是在这样的冲击下，企业的寿命渐渐缩短，甚至消亡在商业生态中。生物生态中的物竞天择、弱肉强食同样出现在了近代的商业生态中。

生态进化形成了价值生态。在新技术要素的推动下，企业的进化受互联网和数字化基因的影响，不断出现新业态、新模式和新职业。企业是商业生态圈中的物种，技术变革使新旧物种产生了大规模的更替，各行各业与互联网产生碰撞，新技术、新产品、新模式还会不断地出现。在互联网的生态系统中，要促成新类型的企业诞生，首先要有新的文化理念，文化是一种群体的精神特征，它是一个群体或者区域所特有的观念和生活方式，新的文化理念容易形成新的价值观，使新的群体产生结合。然后，新群体就会产生新的需求，在新技术的催化下，群体的需求得以激化，或者利用原有的技术配对上新的需求，那么重新组合的新连接就会发生，未来企业也就会诞生在互联网的价值生态之中。

随着互联网价值生态的形成，企业会不断增多，将产生共生、互补、相挤等更丰富的相处方式。在这样的生态环境中，找到一片属于自己的天地，是未来企业重要的战略方向。

三、价值破圈之平台模式

平台模式是企业层面的发展和竞争战略，它是以动态迭代的形式把企业的产品、平台和能力三要素结合一起。平台是指连接企业供需双方并让双方互动起来的架构和规则。但是，平台模式更看重以平台形成的平台市场所产生的网络效应，让企业能在竞争激烈的环境中实现持久的发展。

越来越多的企业采用平台战略，并有效促进了创新绩效的提高。由于平台企业技术导向性较强，所以采用平台模式的企业更偏向于互联网企业。例如，京东、淘宝等均采用了平台模式，并成为当代平台模式的佼佼者。随着移动互联网技术高速更迭发展，传统制造业企业开始逐步探索平台模式和商业生态影响，以原有业务单元为单位组成的自主经营体作为平台主体，供应商资源和用户资源则通过该平台相连，以开放式资源组合的方式为用户创造价值，实现其在传统制造业领域中的创新。成功采用平台模式转型的企业都取得了卓越的创新绩效，平台正在成为一种普遍的市场形式或行业组织形式，因此，拥有一个成功的平台也将成为企业获得竞争优势的主要手段。

平台模式要在价值链中动态破圈形成差异化，建立起高匹配度，其成功的关键在于释放网络效应，重塑行业的市场格局，如图 2-11 所示。

平台模式 ＝ 动态破圈 ＋ 网络效应

图 2-11　平台模式

1. 价值链的动态破圈

区别于传统价值链的链条方式，平台价值链不再是单一直线性，而是具有环形性、多指向性。第一，环形性体现在上游供应商和下游消费者能形成互相的供需平衡，供给者同为消费者。第二，多指向性体现在多元化的供应者与多元化的消费者的供需能产生多种匹配，匹配的多种搭配，形成平台多指向性。因此，随着平台价值链的环形性和多指向性匹配，对平台产生依赖的用户会不断增加，平台的基础技术和产品会被不断使用，平台就形成了独有的市场机制连接了共同目的的用户，为了连接更多用户，必须更多产品或服务进行补充，平台就会形成动态的破圈，已经无法固定在一个行业或一个产品种类内，跨界的破圈成为价值链的最终目的。价值链的破圈有两种方式：第一，双边链接破圈。就是供需双方群体单一，以其资源和能力重新组合，让生产者和消费者的边界逐渐模糊。第二，多边链接破圈。就是供需双方群体的需求是多样化的，根据各自独特的需求去寻找需要的供应，而供应商也会根据自己的特色产品或服务，向某一需求的消费者提供。

价值链的动态破圈是平台模式的设计路径，以需求为导向，匹配需求以形成价值链的链接，让平台实现跨界融合。

2. 平台的网络效应

平台模式需要形成平台市场，来自平台的供需双方对于对方所提供的产品或服务相互依赖。在双边网络效应的作用下，平台输出的价值不是由平台自身创造的，而是由双方群体共同创造的。任何一方用户群体的价值，都取决于另一方用户群体的数量，平台能让两边的用户需求获得高匹配度，平台价值就会越来越大。网络效应的形成如图2-12所示。

图 2-12 网络效应的形成

平台市场的网络效应就是企业的护城河。这个护城河是由平台双方随着增长而逐渐筑起的，因此，当平台积累的双方用户群体数量足够大时，企业在行业竞争中的地位就会逐步升高。因此，网络效应是平台战略实施的重要目标。

3. 平台战略模式的特点和发展规律

平台战略模式是"赢者通吃"的模式。当价值链不断破圈，会吸引更多的供需双方，在发生网络效应的那一刻，平台集聚效应产生，就会有更大的机会获得成功，随后强者越强，弱者越弱，其发展呈现"幂次定律"

发展规则。因此，平台战略模式是少数人掌握了大部分人的资源和优势。要想成功脱颖而出，就要"全力成为最好，你才能活下来"。那么，在平台战略模式中，怎样一步步地走向赢者的局面呢？在平台战略模式发展的过程中，分为四个阶段性的战略，每一个阶段都有其标志性的特点，以阶段性的胜利成为最终的赢家，当网络效应不断增加时，平台的价值也会不断地提高，平台的"领头羊"就会稳固下来，而无法在网络效应中获胜，随着平台的成本不断增加，价值下降，也只能渐渐退出竞争局面，这就是平台战略模式的业态结果。平台战略模式的特点如表 2-1 所示。

表 2-1　平台战略模式的特点

阶段	特点	战略重点
平台进入阶段	平台市场不确定性，进入者多，竞争激烈。平台进入战略更偏向速战速决和实力碾压	提升平台的质量 快速形成网络效应 匹配消费者预期
平台构建阶段	平台市场已经具有大量有潜力的用户，但缺乏规则。平台构建战略维护和平稳网络效应	制定平台规则 争取定价权
平台发展阶段	需要开拓更多的平台市场。平台包围战略多采用抱团取暖、强强联合或共享共融的方式	平台捆绑 群体扩大 市场扩大
平台创新阶段	竞争已经不限于原有的平台领域，平台可以开发出自有的优势，对接出新的需求方，形成新的平台市场。平台创新战略偏向于构建生态系统以持续发展	创新产品 创新系统 标准化、模块化互助

● 数字挖潜专栏 2-2 ●

SHEIN：中国快时尚领域跑出的一匹黑马

一、企业简介

SHEIN 是一家成立于 2008 年的跨境 B2C 互联网企业，业务主要集中在女性快时尚领域，向全球消费者提供高性价比的时尚产品是企业的经营念。公司总部设在南京，在广州、深圳、佛山等地设有分支机构，进入多个国家的市场。从 2012 年起，公司创立了"SHEIN"的自有品牌，依托中国供应链优势，不断整合行业资源，使其具备完备的供应链体系，并实现了产、研、销一条龙的商业模式。

SHEIN拥有强大的IT技术实力，能自主研发适合各业务后台使用的IT支持系统，提高了业务效率，并结合跨境电商的特点，优化业务流程，使各个业务环节无缝连接。同时，SHEIN拥有超百人的设计师团队，能实现快速更新款色，配上完备的仓储物流和客户管理服务中心，能快速解决客户购买过程与售后过程产生的问题。在稳定的质量、时尚的款式、良好的服务、创新的运营的多重结合下，SHEIN的会员数量不断增长，销售额稳步提升。即便在新冠肺炎疫情的影响下，SHEIN的销售额也冲破了千亿元。SHEIN的商业模式受到了资本的认可，先后获得富亚洲、IDG资本、景林资本、红杉资本、Tiger Global、顺为资本的融资，在2022年完成一轮10亿美元的融资后，估值高达千亿美元。

二、平台模式分析

1. SHEIN的核心平台：推荐算法+自营精品站+第三方平台引流

利用Google AdWords和SEO的流量红利，把流量引到自营的国际站点SHEIN上，再通过内部的数据中心对流量进行二次分析，通过算法分析，让产品能更精准地推送给用户。同时数据中心对用户的消费行为进行分析，把消费者偏好信息推送到内部设计师团队，为产品设计提供数据支持。在SHEIN有一个百人规模的数字智能中心（AIDC），主要职责之一就是进行个性化推荐算法，是SHEIN的精准触达的重要技术。

2. 消费指导生产：趋势预测+自有设计团队+FOB模式生产

FOB模式是由SHEIN平台设计和制作的第一件样衣，然后由供应商方面包工包料完成生产。在FOB模式下，设计师和买手会根据SHEIN自研的"追踪系统"抓取各类服装零售网站的产品图，参考不同国家的热门搜索和趋势，以预测流行的颜色、面料和风格，将元素组合设计出新的衣服款式，让设计师团队的设计更能满足用户的需求，让产品更能抓住用户的眼球。在生产方面实行精准生产，多种风格少量产品进行试水，表现优秀的产品则会进行大单量生产，否则弃之，避免了生产的浪费和库存的积压。

3. 平台效应成就超高效供应链

SHEIN与广州附近数千家第三方供应商以及约200家合同制造商保持

着紧密的联系，在强大的合作供应链驱使下，新品从设计到成品只需14天，并在一周内运往主要市场，一年下来能开发超过10000个SKU，而售价低于时尚巨头ZARA，形成强大的性价比优势。这样的超高效生产供应链，让SHEIN的产品能在25天内销售完毕，超过90天的库存量仅为6%。快速周转带来的低库存，使SHEIN拥有同行无法超越的竞争优势。

三、发展和总结

从2010年发展至今，SHEIN一路高歌猛进，以基于"互联网+平台算法+供应链"应用于快时尚领域，形成效率更高，存货更低，款色更新更快，价格更有竞争力的实时零售模式。作为快时尚行业的平台模式对传统快时尚行业进行颠覆性的改革，使SHEIN一度成为独角兽，并入选WPP和Google联合发布的中国全球化品牌50强榜单。在数字技术飞速发展的今天，所有的传统行业都值得重新再做，以"算法+"的平台模式颠覆传统行业法则，让企业再度起飞。在过去的10年中，随着SHEIN的走红，企业价值不断提高，已经部分证明了SHEIN的快时尚实时零售平台模式的有效性。快时尚正是满足了这一大批增长人群对潮流服装的需求。在一场突如其来的疫情影响之下，大部分快时尚企业都遭遇了历史寒冬，但就在这寒冬时刻，SHEIN作为中国出海的跨境电商快时尚女装平台成功实现增长，销售量同比上年增长了两倍。SHEIN成为中国快时尚领域跑出的一匹黑马。

资料来源：

[1] 吴清. 独角兽Shein疯狂成长之路[N]. 中国经营报, 2022-06-20 (D04).

[2] 邓贻龙. 希音打造快时尚跨境电商品牌[J]. 企业管理, 2022 (2)：80-84.

四、价值生态之生态模式

在全球经济加速发展背景下，技术和数据要素的地位越来越重要。社会中的劳动力已经成为互联网技术的原生居民，企业的技术能力已经不仅限于对互联网的使用，更多的是数据的应用与互动，企业和劳动力都变得更加灵活，传统模式和新兴模式混合在企业间的竞争之中，企业环境则更具不确定性,在这样的环境下,生态模式呼之欲出。

挖掘数据价值是生态模式的重要布局。在数字化时代,企业逐渐进行数字化转型,重构数据价值能让企业找到更多的传统模式中无法发现的空间,从而为企业找到更多的发展之路。当数字化走向数智化,数据已经不是静态的要素,它已经具备了动态的基础,渐渐地开始改变着整个传统的商业生态,让企业间的边界逐渐模糊,跨界的企业可以进行合作,而不需要沉浸在原有的领域中进行竞争,企业的商业空间更加广阔。

"共生"是生态模式的重要理念。生态模式更重视的不是竞争优势,而是生态优势;更注重的不是竞争,而是合作,这从认知上颠覆了对传统模式的认知,取而代之的是在"生态共生"中"合作共赢,不战而胜"。生态模式的价值也不在于独享,而在于"价值共生"中,以合作为重要的战略核心,取代了残酷的"你死我活"的竞争格局,让整个商业环境更具备发展的潜力。如图2-13所示。

图 2-13　生态模式

1. 生态共生

生态原来是生物学的概念,是指物种在生态系统中的生存方式,以及与生态环境之间的依存关系。应用到商业中,学者发现两者之间具有非常高的相似度,当把商业看成一个生态时,企业就是这个商业生态中的物种,企业在商业生态中生存、竞争就像生物在生态中"物竞天择"一样,都具有了竞争性和不确定性。因此,从生态的角度看待生态模式,需要关注以下三个关键词:

第一,生态系统。生态系统是指生态模式的环境结构和平衡关系,泛指商业环境中的组织和个人或组织之间所组成的经济共同体。例如,系统中有企业、消费者、市场中介、供应商等相关的利益共同体,甚至包括竞争者,它们构成了价值链,价值链之间交织在一起形成了价值网,也就是商业生态价值网。生态中的物质、能量、信息就在生态价值网中流动起来形成循环,让价值网中的成员形成价值互换的关系,在生态系统中形成共生共荣的关系，让生态系统保持平衡。

第二，生态位。生态位是指企业与生态系统具有生存、竞争、拓展和平衡的关系。随着技术的不断升级，社会分工逐渐细化，企业的数量越来越多，物种为了生存会选择优质资源，企业也同样会向资源丰富的系统集聚，那么，当资源开始稀缺时，竞争、抢夺就会发生。抢夺同一种资源的企业，会让彼此之间的增长出现抑制效应，生态系统就无法实现平衡。这时，某些企业就会开始往其他的生态系统拓展，寻找其他的生态位空间，生态系统又会在生态位的变动之间重新保持着平衡，如图 2-14 所示。

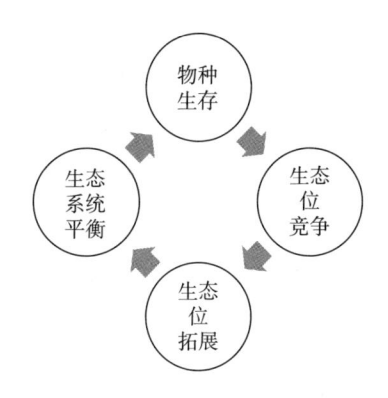

图 2-14　生态位在生态系统中的变化

在生态系统中，从技术生态位到产品生态位、市场生态位，再到行业标准生态位，这一步步的生态位变化，体现了企业在生态系统中的功能性和重要性。技术生态位如同种子一样，极度需要资本和人才的资源，但不是每一项技术都能成功成为产品或服务并走向市场，在市场的生态位中空间和时间成为最稀缺资源，快速攻占市场就是抢占消费者的心智，当企业在市场生态位中已经抢占了空间时，就可以进行更高的行业的标准生态位，这时不再是抢占资源，而是如太阳般为这个系统提供阳光，去服务整个生态系统。因此，在生态战略模式中，生态位是重要定位，决定了企业的资源和能力的运用，如图 2-15 所示。

第三，生态角色。生态角色是企业在系统中的资源依赖和生存空间。生态位的重叠也就是在同一种资源中有多家相同的企业在生存。资源是有限的，过量的统一角色的企业必然会损害生态系统的平衡；同样，在生态角色中，每一个群体都有其对生态系统的贡献和获取，在制定企业生态模

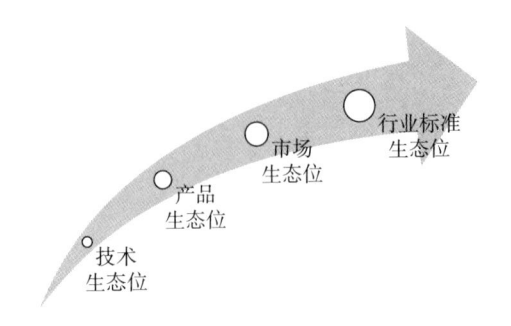

图 2-15 商业生态位的跃进

式中，应该从全局考虑，为维持生态健康发展担当起各自的重要角色。它们分为三类角色企业，如表 2-2 所示。

表 2-2 企业的生态角色

企业生态角色	作用	特点
主导型企业	赋能与主导	占据生态系统中的中枢位置，能控制多个价值环节，为系统中的成员赋能。主导型企业主导着这个系统的生产效率和创新能力，与其他生态系统中的成员分享价值
核心型企业	整合、维系与协同	占据生态系统的关键核心地位，拥有核心的价值优势，能整合优质的资源和能力，维系着生态系统内企业的合作和系统，使生态系统的价值最大化
缝隙型企业	补充	依靠生态系统中的其他企业为其提供资源，把有限的能力高度集中，专注在细分市场的缝隙中生存，同时以其专精的能力服务和推进系统的正常运作，是"专精特新"企业的代表

企业要对其赖以生存的生态环境保持着深刻的洞察，整合自身的优质资源和关键能力，从定义生态角色出发，制定适合企业的生态模式。

在生态环境中，企业在所处的生态位中跃升，形成了动态的发展，同时企业在生态位中的生态角色定位又决定了其发展策略的组合，从而形成了共生的关系，因此，生态模式就是动态的生态共生的方式。随着生态环境、生态位、生态角色的变化，动态变换就是以变化来应对不确定，实现不变的战略目的。

2. 价值共生

企业的共同价值目标是用户体验最优。作为商业生态系统中的物种，每一个企业都有其个体的差异性和特殊性，通过差异性形成企业的价值，通过特殊性形成企业所在系统的位置。追求价值的最大化、个体利益的最大化是每一个企业的基本诉求和商业目标。但是，追求价值的最大化不应只是单一企业的目标，应该是生态系统内所有企业的共同目标，而这个价值目标还必须是生态系统内共同指向的目标。企业无论创造多大的价值，都是为最终用户服务的，只有用户愿意接受，价值才能产生，利益才能产生。因此，以用户体验最优化为共同的价值目标，才能驱动生态系统中所有的企业为同一个目标而努力。

企业的生态优势体现在价值共享的价值增长中。资源和能力都是企业的核心竞争优势，在生态战略中，资源和能力不再是独占的，而是共享的；形成的优势不再是企业独自的竞争优势，而是生态优势，当生态优势越来越明显时，生态系统的所有企业都会同时受惠。因此，资源共享、能力共建促进了企业在生态系统中的合作，以合作取代竞争实现价值共享，让竞争优势转化为生态优势，共同实现价值增长，如图2-16所示。

图2-16　价值共生的形成

企业从价值共创到价值共生。生态系统是由多个有差异性和特殊性的企业通过特定的组合方式形成的。单一企业的价值最大化只会形成生态系统中单一增长，只有企业的增长与其他企业的增长连接起来，形成线性增长，再通过多路径多方向的价值链接形成网，这样生态系统的增长就从单一的点增长发展到平面的增长，形成几何级数的发展，这就是价值共创的发展路径。在生态系统中，价值共创是重要的企业发展方式，只有价值在共同的努力下不断发展，生态系统中的企业才能形成价值共生。

围绕用户体验最优化建立价值目标，通过生态系统间的资源共享和能力共建实现价值共创，价值共创的良性发展形成价值共生，达到生态发展的目标。因此，价值共生是生态战略实施的重要目标。

3. 生态模式的特点和发展规律

生态模式就是"合作共赢"的模式,在古代军事名作《孙子兵法·谋攻》中有句经典名句"百战百胜,非善之善者也;不战而屈人之兵,善之善者也"。体现了在战场中,不战而胜才是最好的谋略。同理,在现代的商业竞争中,生态模式也要达到"不战而胜"的结果,就是通过在一个共同的生态环境中让各企业保持其生态角色,实现生态平衡来保持生态网内所有企业的平衡发展,从而达到不战而胜的结果。那么,在生态模式中,企业应该如何合作才能达到共赢呢?生态是一个整体的概念,生态模式就要从整体出发,每一个阶段都与其外部环境、内部系统构建密切的联系。生态模式的特点如表2-3所示。

表 2-3 生态模式的特点

阶段	特点	战略关注
初始阶段	商业环境不确定程度高,企业的相关利益者相对清晰,行业相对成熟	商业环境分析 生态环境识别
构建阶段	行业的运转已经形成固有的价值链,但企业之间的协同力较弱,从生态位的角度设定引入企业规则尚不成熟	战略能力评估 生态位分析
发展阶段	需要丰富生态系统中的不同角色的企业,让生态系统的多样性丰富起来	不同角色的分配比例
平衡阶段	生态系统已经基本形成,物种从生态中获得生态资源,开始实现生态共生状态	价值共创的契合度 价值共享的宽度

生态模式不是一种快速变化的模式,而是一种动态的逐步演变的模式。它需要通过生态位、生态角色等生态内的物种不断地进行价值共享共创,才能形成生态系统。当生态系统形成时,系统的稳定和平衡发展就是生态模式的目标。生态模式就是"共生共赢"的模式,从一个整体出发,以共同目标为战略目标,把资源和能力变为生态资源,共同实现价值。在一个健康的、稳定的生态系统内,企业不需要做到最优,只需要把自己的角色做好,就能在生态模式内形成良好的业态结果。

● 数字挖潜专栏 2-3

埃斯顿：自动化行业解决方案

一、企业简介

　　埃斯顿自动化股份有限公司（以下简称埃斯顿）成立于1993年，并于2015年在深圳证券交易所正式挂牌上市。其核心业务包括自动化核心部件及运动控制系统和工业机器人及智能制造系统两大业务板块。随着核心技术的不断研发，自动化核心部件产品线实现了战略转型，业务模式也在逐步实现单轴—单机—单元的全面升华，而工业机器人产品线在公司自主核心部件的支撑下也获得了飞速发展。埃斯顿已经在中国运动控制领域形成了一定的影响力，奠定了其在国产机器人行业的龙头地位。在机器人产品线，埃斯顿实行"ALL Made By ESTUN"的战略，形成从核心部件，工业机器人成形，再到机器人智能系统工程的全产业链竞争力，构建了从技术、成本到服务的全方位竞争优势。埃斯顿还积极推进国际化进程，以并购和入股的形式收购了多家国外科技公司，并在米兰建立了欧洲研发中心，使其在品牌和技术上的国际化布局逐步建立起雏形，为公司后续实现自动化解决方案、智能化协作机器人及工业4.0等方面的发展战略奠定了坚实的基础。

二、生态模式发展分析

1. 构建阶段：聚焦自动化核心零部件，进入机器人领域

　　埃斯顿初期的主要业务是生产金属成形机床的数控系统，该系统一般由数控装置、交流伺服系统、检测装置、电气控制系统等部件组成，用于对金属成形机床工作实施自动控制，在这个业务中数控装置是数控系统的重要组成部分。随后，埃斯顿基于数控装置的关键能力逐步开始研发与工业自动化相关的控制系统以及伺服电机等核心零部件。经过不断研发，伺服电机等核心零部件生产已经在国内居领先地位，同时在收购英国TRIO后，公司的数控系统能力获得了显著的提高，为机器人控制器的自研发打下了基础。从2012年开始，埃斯顿从自动化核心零部件开始研发机器人本体。目前，埃斯顿机器人在国产机器人厂商中已经居于领先地位，多关节

机器人市场占有率居国产机器人的首位。

2. 发展阶段：业务转向工作站和集成业务，进入服务场景化

随着在机器人领域的不断深耕，埃斯顿发现在工业自动化领域内，核心零部件技术的门槛更高和系统集成商的维护能力更强，如果企业仍然聚焦在机器人本体的业务内，会导致企业的盈利能力减弱。因此，埃斯顿开始开发上下链工作站、机器人装备工作站等，利用原有的核心能力逐步走向系统集成领域，并且收购了普莱克斯和南京峰远，以拓展系统集成业务；以超半数股权收购德国 M.A.i. 公司，将 M.A.i. 打造为欧洲智能制造技术研发中心，逐步推进全球化布局。公司还借助 M.A.i. 进军中高端机器人系统集成领域，使埃斯顿的机器人本体逐渐走向了工业的应用场景，并且进一步开拓了企业的高端集成业务。

3. 深化阶段：布局行业解决方案，丰富生态多样性

埃斯顿在为工业企业提供集成系统的过程中，已经逐步针对压铸、冲压、汽车焊接等行业的生产过程与机器人的应用之间的整合提出了完整的解决方案。通过埃斯顿自研的软件平台，使运动控制系统、机器人及视觉系统相结合，以满足不同行业和不同用户对自动化产线的柔性化、自动化、设备模块化、小型化和信息化的需求，让自动化产线的实施和升级改造更便捷、省空间和降本增效。发展至今，埃斯顿的行业解决方案已经拓展至众多领域，包括3C电子、锂电池、印刷包装、木工机械、机器人等。

三、发展与总结

每一次的行业深耕都会为企业带来一次彻底的变革，从初期的金属成形机床数控系统的研发为技术基础，向工业企业销售数控系统为主要业务开始，埃斯顿只是一家普通的数控系统供应商，随着技术的不断聚焦和变更，从研发工业自动化核心零部件到工业机器人本体，核心技术在不断升级。在技术不断的升级过程中，埃斯顿能关注到用户的实际需求，为工业用户解决实际场景的系统集成问题，基于"以用户为中心"，逐步实现了工业机器人的全产业链布局。2019年，埃斯顿在整体工业机器人市场排名中居全球前十位，成为唯一进入前十的国产工业机器人企业。

埃斯顿从产品的生产模式，逐步走向工业机器人应用解决方案，并构建生态模式，从赋能上下链企业开始，拓展到工业领域的更多企业，以整体解决方案赋能工业企业的自动化发展。埃斯顿作为我国工业生态中的一员,是工业自动化生态技术位置的核心企业,引领着行业的发展。

资料来源:

[1] 姜士洁. 埃斯顿跨国技术并购模式及绩效研究 [D]. 山东大学硕士学位论文, 2020.

[2] 高蕊. 埃斯顿: 国产机器人的完美逆袭 [J]. 全球商业经典, 2019 (12): 42-43.

第三节 共创价值

一、变革供需两端

在传统的商业理论和商业模式理论中,供给端和消费端都是必然存在的两端,是构成商业运作流转的重要参与者。在商业模式中,供给端是指价值创造的环节,而消费端是指价值主张的要素,当供给端创造的价值满足消费端的价值主张时,商业的基本流转就开始进行。

但在数字技术的影响下,商业模式发生了本质的改变,即从最基本的创造价值、传递价值和价值主张的环节出现变革。价值链环节的变化如表2-4所示。

因此,在数字化时代下,商业模式的供应端和消费端不再是明确的两端,各自被赋予了新的性质。顾客与用户的差异让参与成为新的价值。企业从产品供给的视角转为寻求合作的视角。价值主张更偏向于用户体验,以场景化的消费打通供应端和消费端之间的鸿沟,让互动变成双方的桥梁。供应端从产品视角转为场景视角,消费端从消费主义转为体验主义。那么,企业不仅要具备做好优质产品的生产能力,同时还能通过产品为消费者提供可持续的优质服务。产品是服务的载体,服务是产品的潜在价值。供应端和消费端之间不再是一次性的买卖接触或者反复回购的多次性接触,而是循环式的互动接触。

表 2-4 价值链环节的变化

价值链环节	内容
顾客与用户	顾客就是商业交易中的对象
	用户是全流程的参与者、利益相关者
需求与场景	顾客需求是顾客愿意为之买单的有价值的行为。同一种产品，不同的顾客有不一样的需求，从而出现不同的消费行为，从而形成了供应端与消费端之间的信息鸿沟
	场景是用户体验的环境。同一场景下，用户可以有不同体验，也会产生不同的需求。供应端对应同一群体，并为其提供产品和服务，消费者更容易找到适合自己的产品和服务，从而避免了供应端和消费端之间出现信息差
产品与服务	产品是有形的，是经过加工制作，用于销售的。产品时代更注重产品的质量
	服务是无形的，是一个互动和体验的过程。数字化时代更注重产品与服务相结合的全场景体验

二、贯连中间链路

商业的本质就是价值的交换。在商业发源之初，货币还未兴起的时候，人们更多的是进行物物交换。后来有了货币作为中间桥梁，等值交换开始取代物物交换。等值是代表相等价值，也就是一瓶牛奶对于我来说价值就等于你的一把刀，虽然各自的物理形态不一样，但是对于使用人的价值是相等的，那它们就可以发生交换。

在价值交换发生之前，首先发生了连接。两个使用人联系上了，牛奶和刀才能进行交换。当加入了货币以后，货币成为中间桥梁，牛奶和刀就不再需要人与人的联系，只要有货币，牛奶和刀就能发生交易。当互联网技术介入商业后，让人与人之间通过信息进行连接，"我想用牛奶换刀"与"我想用刀换牛奶"的两条信息发生连接，价值交换同样可以发生。在数字化时代，牛奶和刀已经变成同一种虚拟形态，虚拟形态与物理世界的连接，让牛奶和刀分别找到对应的使用人。价值交换从物物交换、货币交换、信息交换到虚实交换，都是中间的变量桥梁发生了变化，其价值的本身和交换的动作并没有变。

因此，在商业模式的变化中，我们要认识到商业本质一直是没有变的，它一定是价值交换，但是随着时代的变化，在价值交换的过程中加入了不同的中间变量，让其以时代发展的方式发生了动态的变化，从而形成多种的价值交换方式并存的时代，包括物物交换、货币交换、信息交换、虚实交换。

在数字化时代下，精益化生产、智能化生产、数字化运营重构了价值链的基础环节。物理世界孪生的数字资源形成数据，以数据提高质量和效率，不仅让质量与效率过程可视化，而且能够更准确地、更深刻地洞察研发，实施精准管理。数字化时代让开放协同的体系变成可能，同时加速了实体经济与数字技术的深度融合，推动了产业链各环节的连接，让不同的产业链跨界融合，重构组织和重塑商业模式，从而提供个性化产品、个性化营销和个性化服务。

数字化时代重组了端到端的价值链。借助数字化技术，将消费者、员工、合作伙伴、商品等连接起来，构建全渠道的链接关系，再将软件生命周期的各个环节，如产品规划、开发、测试、交付、运维、营销等连接起来，形成全链路和高度自动化的业务线。最后，将全产业要素与消费者连接起来，构建协同创新关系，促进全场景的发生。例如，药品行业在过去的药品价值链中是一种直线性的模式，药品从工厂生产完毕到落入病人手中，中间要经过药房、医院、批发商等多种渠道增加其价值，这种传统的价值链是一种传统的工业制造模式，增加了药品成本和病人的负担。而在数字技术的帮助下，制药厂和医生形成了良性互动，以智能解决方案直接服务病人，并由机器人安排药物的分发工作，颠覆了传统价值链的单向性，形成以用户为中心的多向性发展模式，实现了全链路价值链重构。

在时代的变革之中，技术是一个影响交换发生的中间变量。它让价值从物体流向货币，再到信息、虚拟数字，产生了新的流通方向。在价值重塑中，组织或人之间一开始只是一个点状的分布，后来以链状的形式让价值点形成连接，产生价值链。在互联网的技术影响下，以点为中心可以发生更多的相连，形成价值网。数字化时代形成虚拟与现实的相连，一切自然匹配，原有的价值交换开始跃出链状和网状的结构，变化出更多维度，形成生态圈层式发展。因此，通过价值交换和价值重塑，我们看到了商业模式的更多方式。在数字化时代下，商业模式也有了更多的可能性。

三、平台型商业模式

平台型商业模式是精准地连接两方的市场或多方市场，为它们提供互动机制，挖掘来自多方数据的多层级需求，并让它们产生归属感，从而推动盈利模式的形成。在技术的推动下，平台型商业模式在互联网和数字技术的支持下发展得更迅速，平台企业能更精准地找到具有特定需求的用户，是构成平台型商业模式的前提。没有了互动的双方，交易和互动都无法发生。平台企业的用户不仅是顾客，也可以是供应商、物流商等利益相关者，通过数字化的分析和对多方数据的挖掘，商业模式的价值主张从单一化走向多层级，平台企业可以满足多方用户更多的需求，互动和交易才能在平台企业提供的服务中产生。最后，当平台企业让用户形成依赖，唤起归属感时，便能为平台企业带来更多的用户。平台型商业模式有别于传统的商业模式，是以价值重塑为核心的创新型商业模式，如图 2-17 所示。

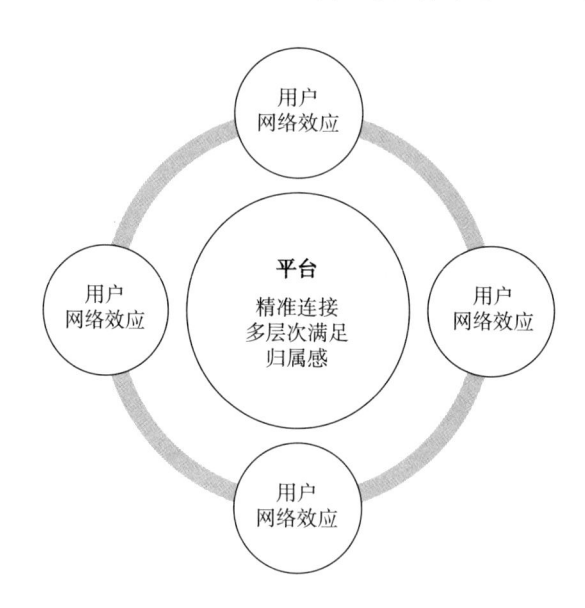

图 2-17 平台型商业模式

1. 平台型商业模式的特点

平台型商业模式有两个最大的特点：一是双边或多边连接，二是连接形成网络效应。

连接是平台型商业模式的发生机制，但不能简单地理解为双边连接就是平台型商业模式，在传统的商业模式中，这一点也是存在的，供应方与消费方相互连接形成价值传递。其根本的区别在于，平台型商业模式的双边市场没有明确意义上的供和需，它们是由特定的需求相连的，并且双方是可以互换互动的，也就是形成产销一体式的用户群。同时，平台模式中的成本和收入，也不仅仅针对任何一方产生，任何一方都有可能同时代表着收入和支出。因此，这种连接互动不限于双边市场，还可以是多方市场，只要有同一需求即可连接互动，连接即产生成本与收入。例如，电商平台连接了货物供应商和消费者，但同时也连接了物流商、广告商，甚至是金融方，共同构建其平台内的正常买卖活动。

网络效应是平台型商业模式的特点，是其能否持续进行的重要标志。用户通过连接，关系变得复杂起来，不再是一对一或者一对多的对应关系，而是当一边的用户增多时，另一边的用户也会随之增加，而每一位用户得到的消费价值会呈现跳跃式的增长，形成网络效应。平台型商业模式需要利用网络效应打造持续的竞争力，才能向盈利模式攀登。在优秀的平台型商业模式中，有的网络效应一直保持着增长，帮助平台企业走向领头地位；有的网络效应却在发展的过程中，出现了停滞不前，最终平台企业也无法突破瓶颈。

因此，在平台型商业模式中，由于网络效应会形成巨大的虹吸效应，对于竞争者是零和博弈的关系，要想在领域中成功胜出，平台企业要尽最大的能力连接用户，形成网络效应，才能推向盈利，成为该领域的"领头羊"，而且只有成为顶层的一两家企业才能追逐盈利，否则将消亡在网络效应之中。

2. 平台型商业模式的策略

从平台型商业模式的特点可知，连接双边和网络效应成为平台型商业模式的重要标志。从成本和收入来看，只要是平台的用户都有可能产生成本和收入。这样的群体特征使平台模式策略发生了很大的变化。

"免费的午餐"变成了现实。平台企业在实现精准连接前，首先要让群体成为平台的用户，让其在平台内发生连接。免费可以简单地理解为不需要支付任何费用即可获得。因此，免费策略在平台模式形成的初期是最有效的策略，它降低了用户做出新尝试的成本，从而产生试错心理，做出尝试的决定。在实体商业中，用户的免费成本也就是平台企业所支付的获客成本，随着免费用户的不断增加，平台企业的成本压力也会增加。但在互联网经济中，"免费"似乎是天然的结合体，由于其一次开发，无限触达的特征，让软件成本无限接近于零，与实体企业相反，当用户不断增加时，平台企业的成本压力得到进一步分摊。因此，在同样的模式、同样的"免费"策略下,不同企业的成本结构是不一样的。只有实体与互联网相结合,才能让"免费"策略更好地为企业服务。

无论使用哪种补贴方式,都是以为平台带来增长、产生网络效应为主要目的。

"付费"才是平台模式的最终目的。商业的本质就是交易,企业从事商业本质就是要获利,从"免费"到"补贴",平台企业已经吸引了大量用户,实现连接双方和网络效应的目标,"免费"和"补贴"都是一种成本结构。如果平台企业还不能成功走向领域内的领头和跟随地位,即会走向消亡,那么收费才能保住生存的机会。从"付费"开始,留住用户成为平台的攻坚任务,以优质的内容打造优质的平台,留住用户,让用户自愿"付费",平台型商业模式才能持续发展。

● 数字挖潜专栏 2-4 ●

快狗打车:亚洲领先的同城物流平台

一、企业简介

快狗打车成立于2014年,前身为58速运,是亚洲领先的同城物流平台。其主要业务是为用户随时随地提供货运服务,以平台化模式集合司机和托运人、托运企业,针对不同用户的需求提供多种服务方式。截至2021年4月,快狗打车平台业务拓展到亚洲五个国家和地区(中国内地、中国香港、新加坡、韩国、印度),服务超过340个城市,注册司机约450万名,注册用户约2480万,累计服务企业超过33000家。快狗打车以"物联网+大数据+物流"的运营系统,把同城服务业务向智能化解决方案方向打造,通过智能运力调配,整合货运供需信息,快速匹配车辆,推动着短途货品运送及交易服务的标准化升级。

二、商业模式分析

1. 平台模式提供大众服务,流量业务

在快狗打车的平台模式中,目标用户是司机和托运人,平台以高效服务和合理匹配连接双方完成短途即时货运的需求。快狗打车在平台模式中采用双边市场模式策略，平台以会员服务收取司机服务佣金和会员费，提升对司机的精准匹配和精准扶持，帮助司机更好地适应平台工作，同时保证司机的服务质量。对于托运人，平台以车型和公里数作为运费收取标准，使运费更公平和透明，改善了货运行业的笼统计价的方式。

随着快狗打车平台服务的进一步普及，在托运人需求的刺激下，越来越多的托运人愿意使用其平台服务，司机获得的承运机会更多，那么加入平台服务的司机会更多，由于平台同步为司机提供会员服务，以算法帮助司机额外获得更多的机会，托运人和司机双方对平台的使用频次都会不断增加。截至2021年，快狗打车的平台服务收入为258.1百万元，约占总业务收入的39.1%，可见快狗打车的平台服务还有很大的增加空间，后续仍能继续发力，扩大平台流量池。

2. 定制模式提供企业服务，增值业务

企业货运用车与普通大众用车不一样，具有稳定和持续的需求特点，同时企业用车的现状存在汽车和司机管理困难且成本高的特点。快狗打车通过平台服务下的灵活车队能解决企业对自建车队的管理问题，同时由于平台有大量的司机会员，降低了用车成本。快狗打车推出的企业服务可按需或按计划提供同城物流服务，解决了企业用车困扰，同时还获得稳定和持续的用户需求，巩固了平台的持续收入。截至2021年，企业服务收入为270.1百万元，约占总业务收入的57.1%，表明增值业务在进一步地发挥作用。

这是快狗打车基于平台服务模式下的服务变体，不仅能为会员制司机提供更多的服务机会，增加司机对平台的黏度，还丰富了平台的收入模式，避免当平台模式大众流量出现下滑时，影响平台的发展前景。

3. 生态模式提供增值服务，优化业务

在物流运输行业，除了司机和托运人是人力资源，货车是整个链路上的重要硬件资源。汽车保养、汽车维修、加油卡服务等都是汽车市场的重要生态。快狗打车积极参与到汽车市场的生态圈中，以推动服务匹配的中介角色，让司机能透过平台获得更优质的汽车服务。通过进入汽车市场生态圈中，快狗打车不仅服务好平台司机，同时增加其在生态圈内的曝光度，为其吸引更多的司机加入，形成良性的互动。截至2021年，增值服务收入为16.8百万元，约占总业务收入的3.6%，虽然在总业务收入中的占比较少，但起到了形成良性互动关系的目的。

以货车为载体拓展出的生态模式，构建起了快狗打车在汽车市场内的生态地位，通过连接司机与服务商，降低了平台维护司机的边际成本和司机的流失率，避免了用费用补贴的方式留住司机；在盈利模式方面，通过平台开放共享，增加了其多元化的盈利能力。

三、发展与总结

快狗打车针对用户群的不同需求，细分出不同的价值主张，以三种不同的商业模式构建其关键业务，让资源能够在三种模式中互相共享。以平台模式聚合平台的用户流量，再以定制业务针对托运人而优化，以增值业务针对司机而优化，使快狗打车实现了量和质的同时提升，一方面避免了单一平台模式下的流量之争导致的企业恶性竞争；另一方面融合多方资源，形成协同合作，做好质量建设，为后续的盈利做好充分的准备。

从短期的财务数据来看，快狗打车由于其市场占有率与行业第一的企业差距很大，而且企业的亏损仍未见收复，所以盈利之路还未形成。但从收入占比来看，平台服务业务在国内占比较高，企业服务和增值服务在国外的增长也非常明显，可见快狗打车的跨国本土化战略已初见成效，通过国内和国外同步发展的战略方式，避免了在国内的竞争，同时开拓了海外市场和多元化业务。从长期来看，快狗打车仍然存在不错的发展潜力和很大的发展空间。

资料来源：

[1] 冉隆楠. 快狗打车拟赴港IPO 同城货运有哪些成长密码 [N]. 中国商报, 2022-06-15（007）.

[2] 石悦. "互联网+"时代下我国同城货运中间层职能演变的经济分析 [D]. 北京：北京交通大学, 2019.

四、生态型商业模式

在产品多样化和市场复杂化的商业环境中，以用户为中心，以企业能力和资源为前提，为达到极致的经营效率，协同合作一切能合作的力量，以价值分配重塑成本结构，实现多元化的盈利模式。在生态型的商业模式中，由于企业是融合到生态圈中去发展，所以很难定义单一个体的做法，其价值分配的方式是基于用户洞察之下的产业的资源整合，因此，每一个生态型的企业都是独立的，它是为了产业生态圈的发展而定位的，只有生态的稳定发展，才能让企业得以实现价值获取。

1. 生态型商业模式的特点

生态型商业模式的形成，通过资源能力的重新组合降低成本压力，从而增强盈利能力。生态型商业模式的特点如图2-18所示。

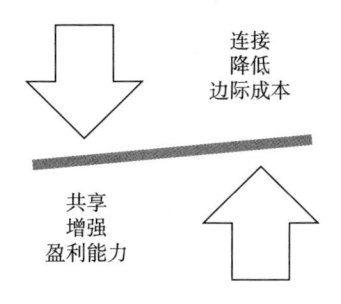

图2-18 生态型商业模式的特点

合作伙伴、核心资源和关键业务，任何一个要素的增加都有可能导致成本的增加。但在互联网技术和数字化技术的加持下，生态企业更容易实现连接和共享，企业的业务不再单一指向用户，它有可能为合作伙伴服务，与合作伙伴共同使用核心资源，那么，连接改变了原有的分工体系，降低了企业的成本，商业模式的成本结构发生了改变。随着连接的多层级发生，企业的边际成本进一步降低。长尾理论的发明者克里斯·安德森在《免费：商业的未来》一书中认为，"免费"是一种将货物和服务的成本降到零的卓越能力，这正好与生态型商业模式的成本结构非常接近。因此，连接降低边际成本，在生态型商业模式中成为其独特的成本结构特点。

商业的目的是盈利，商业模式的核心也必然是盈利模式。在商业模式要素中，收入从细分用户的关系和互动中获取。在商业生态时代，企业的盈利模式迸发出了新的活力，这是由用户共享的价值主张引起的。生态时代是用户的时代，用户不再希望占有更多的产品，而是希望尝试更多的产品，因此，产品的使用权比所有权更重要，共享成为产品与用户的新关系。当产品所有权对于用户不再重要时，服务的地位得到提升，企业与用户之间无限互动成为新的渠道。

共享和服务让生态企业的盈利方式有了多种变化，改变了原来的单一盈利方式，多元化和复合化成为主要方式。因此，共享增强企业的盈利能力，构成了生态商业模式的多元化盈利模式。

2. 构建模式：从价值定义到价值定位，最终实现价值分配

在生态型商业模式中，竞争已经不再适合其发展，协同合作才是长久发展的方向。要在生态圈中实现协同，企业要找到自己所在的位置，并做好价值的分配，才能融合到生态中发展。因此，构建生态型商业模式需要经过以下三步：

第一，以用户为中心，定义价值主张。在生态型商业模式中，企业所要了解的已经不是单一的消费者，而是整个市场的用户，用户的定义很广泛，是一个整体出发的概念，既有消费者，也有所有参与到商业中的各方，如员工、供应商、渠道商等。因此，生态型商业模式的价值主张是生态全体用户的总价值，也就是不同用户的不同需求和痛点，都是生态企业追求的方向。

第二，占领用户心智，定位产品价值。心智模式是用户行为模式，用户的心智是一个一直不断开发的命题，用户群体多样化和用户需求多元化构成了用户心智的复杂性。要多维度地占领用户心智，生态企业要做好产品价值的定位，同时还要做多种品牌定位。产品的功能不再是产品的技术功能，从心智模式出发，还要定位好产品的商业功能，如低端品牌引流、高端品牌盈利、热销产品冲销量等，产品价值的定义更广泛，但都要从用户的心智模式出发。

第三，跨界整合资源，极致构建能力，分配资源价值。从产品价值传递到用户，价值链是重要的桥梁。传统模式是基于竞争模式的思考，无论是垂直一体化设计还是横向一体化设计，都是为了单独占用资源而形成低成本生产和占领市场通道。但生态型商业模式中的价值链是要基于协同模式的思考，创造的目的是要发挥资源的最大效用以实现低成本，高效率的生产能力和运营能力实现对市场的占领，资源的价值不再是独占，而是有效分配。

改造自我、适应外部、应对竞争是生态型商业模式的核心。与其他商业模式不同，生态型商业模式具有内部修复力和强适应力，因此，构建模式是生态型商业模式的重要环节。

第四节 创新发展

从本质上来讲，数字化管理也是管理的一种形式，但数字化管理不能简单地认为是将数字化技术融入管理中，这只是数字化管理的表象。管理是基于应对外部环境的变化和内部环境的架构而来的，那么数字化时代是数字化管理重要的外部环境。

数字化管理是重塑企业管理的一种方式，是要素与模式之间重新贯通的一种方式。在数字化时代，数据是驱动经济增长的动力，数字经济也因此而生，挖掘数据力量，创造新的生产关系，共同创造未来，重塑了企业管理的外部经济格局。随着数字化技术的发展，企业内部会产生大量的信息，信息为企业内部流程服务并产生效率，成为企业内部的管理需求。在内外部环境的变化下，数字化管理通过数字化技术的运用，重塑企业内部的管理机制，让企业能以更开放、更包容的方式适应外部的环境。以数字化技术改革企业的内部结构与流程，降低企业决策主体的集中性、单一性，同时为企业的决策提供依据，最终提高企业的创新能力和创造力，以应对外部复杂多变的环境。

数字化管理区别于工业时代的管理，不再单纯地追求企业的最大效率，让企业能保持稳定状态，其根本目的是要求企业能适应动态化的外部环境，灵活调整内部的管理活动，实现企业创新发展。

一、人才创新拓展

随着时代的发展，人力资源的位置越来越重要，人在组织中的地位不断提高，人才成为企业的发展之基、创新之本和竞争关键，对人才资源的管理也进入了新的高度，是人力资源管理的升级版。企业拥有人才战略，把人才作为组织的核心竞争力，使人才成为重要的战略要素。同时，把人才战略上升为企业战略的一部分，为企业的战略发展服务。

人才战略是组织应对不确定环境的重要管理模式。数字化时代是一个充满不确定因素的时代，环境的变化让人难以预测。在数字化时代，人才拥有较高的技能和知识水平，能把相关的技能和知识应用到组织的工作之中，是组织适应时代的变化发展的重要力量。

人才战略的意义十分重要，但要实实在在地落地，仍然存在很多挑战。例如，识人难，怎样的个体才是组织需要的人才？配置难，组织如何找到适合组织发展的人才？塑造难，从组织现有的资源库中如何对人才进行塑造？一系列问题都需要得到解答。组织要实施人才战略，除了解决人才的质量问题，还需要解决数量问题，本来人才就是稀缺资源，稀缺资源的拥有量也直接决定了组织的竞争力。

人才通，既要做到"好刀要用在刀刃上"的合理分配，也要做到"集中火力干大事"的众志成城。其根本目的是解决人才的质量问题和数量问题，需通过以下三个步骤实现：

第一，多模式构建人才池。内部建立培养机制，组建内部的人才存量池，外部以多元创新用工模式开拓外部流量池。

第二，数据赋能人才规划。以数据化、信息化做好人才储备，以多维度、多元化做好人才识别。

第三，创新拓展人才管理。以跨领域、多样化进行人才培训打造，对于人才晋升要有空间、有通道，并且在人才激励方面做到保障和超预期结合。

总之，要把人才战略作为企业的重要发展战略，让人才流贯通企业的发展，依据人才资源的特点与组织自身的发展，形成组织的核心竞争力，让组织在商业活动竞争中形成更强的差异化。

二、组织与时俱进

组织结构是组织的内部架构，不同的组织有不同的内部架构，组织架构就像组织的骨骼结构一样支撑着整个组织的运作。流程管理是组织的决策流程，决策流程决定了组织的应变能力。贯通组织流就是要让组织结构和决策流程能配合组织的战略发展，从管理上保证组织的战略落地。

打造数字化组织是组织应对复杂的商业环境和商业竞争的重要方式。数字化技术引导的商业环境变革，让整个商业环境都受到了数字化的影响，从消费者的需求到产品服务的提供，都被数字化浪潮冲击着。组织从内部到外部都感受到了数字化的力量，因此，从组织的结构和流程落地贯通组织，是数字化管理的重要手段。

传统的企业管理组织仅适应集中决策，对于经济环境稳定、外部影响因素较少、企业层级较少的企业来说，这无疑是一个好的组织模式。但是，在数字化时代，全体员工可以对同一个信息进行参与和处理，传统的组织模式难以适应时代的发展，开始采用更多样化、更扁平化的组织模式来缓解管理层的决策压力，并调动企业一线员工的主动性和积极性。

组织通不是要组织适应一时之变，而是要做到与时俱进；既要尽职尽责，也要灵活应变。其根本目的是将组织的稳固管理改为敏捷管理，需通过以下三个步骤实现：

第一，从上至下的变革推动。领导层要抓好大同文化，拥有稳住变革的定力。

第二，从里到外的变革结构。数字化技术打造中台架构，还需要配合小而美的创客式敏捷团队。

第三，从下到上的变革流程。让基层员工参与决策，让决策信息快速传输。

总之，要从组织结构到流程管理实现变革，做好组织的骨骼结构，打通整个组织的"任督二脉"，在数字化技术的改造之下，形成"以动制动，以快打快"的业务发展模式，应对数字化时代的市场竞争。

三、信息互联互通

信息通是指企业中的文化信息、知识信息和数据信息能形成有效的联通。文化信息是指企业使命、愿景等企业文化，其共同的文化信息让企业的每一个部门的每一个员工，甚至每一个合作伙伴都知道，并愿意为之共同努力；专利、技术等知识信息是企业的核心竞争力，共享的知识信息能为行业标准和企业标准提供支撑，让行业和企业的发展更平衡；数据信息是企业的核心资源，如客户信息、产品信息等，数据有多种表现形式，如数字、图片、视频等，信息规模量大、形式繁多成为它的显著特征。只有流动的数据信息才能让信息贯通到每一个员工和部门，使决策更有依据和更迅速。

现代化经济发展既是一个需求创新的体系，也是一个协同发展的经济体系，技术、人才、知识都成为这个时代的重要资源。协同发展需要的是资源整合、共同发展的能力。在这样的需求下，信息通成为企业发展的重要基础。中国是制造业大国，有完整的工业体系，是全世界唯一拥有联合国产业分类当中全部工业门类的国家。在这样得天独厚的产业环境下，打开组织的信息通，与产业链的上下游协同合作，能让企业更好地适应变化和不确定的环境。

信息通不仅要打通企业的内部信息，还要联通企业的外部产业链，使企业实现互联互通。其根本目的是将组织的封闭式管理改为协同式创新，需通过以下三个步骤实现：

第一，少冲突协同管理。同心合力的无边界协同、一拍即合的项目式协同。

第二，多维度协同发展。纵向一体化、横向一体化、跨界共享化。

第三，数字化协同应用。数据化赋能信息互通、协同化赋能管理互通。

总之，信息是企业的核心资源，整合和利用信息使信息通达整体和外部，促进了企业核心竞争力的提升。只有有效提升信息通，才能让企业的数字化管理发挥重要的作用，协同促进合作共赢。

章末案例

小米：技术重塑制造业

一、企业简介

小米科技有限公司（以下简称小米）成立于 2010 年 4 月，其创业初期是由谷歌、微软、金山公司的顶尖高手组建的一家以研发智能手机为主的公司，经过多年的发展和技术升级，成长为一家以智能手机、智能硬件和 IoT 平台为核心的消费电子及智能制造公司，并获得了数轮融资，公司估值超 2.5 亿美元。小米的米聊社区为其积累了大量的注册会员，成为企业的头部粉丝，其手机操作系统 MIUI 深得用户的喜爱，社区活跃度非常高。小米手机、米聊、MIUI 是小米科技初代的三大核心产品。

小米以"感动人心、价格厚道"的使命，坚持"和用户交朋友、做用户心中最酷的公司"的愿景，不断创新，不断追求，成就了极致的产品和效率。发展至今，小米已经是全球第四大智能手机制造商，销售遍布全球 30 多个国家和地区，尤其是在印度市场，甚至获得了连续 5 个季度保持手机出货量第一的成绩。2018年7月9日,小米在中国香港主板上市,创下了中国香港史上最大规模科技股IPO的纪录,成为当年全球第三大科技股IPO,其同股不同权的治理方式也首度出现在香港交易所。

小米的创立一直在颠覆着一个非常传统和普通的行业——制造业,从第一台手机开始,就开创了其定制系统的先河,以系统开发来开发手机,以互联网思维去改造制造业,不仅让其走上了高速增长的"快车道",还让其逐步壮大发展。

二、互联网阶段的商业模式分析

由于经济的快速发展,制造业更多的是以产量换时间的心态去拼命生产,大量的工厂热火朝天地生产,质量为费时费力费钱的事情。在以生产为王的时代,要么生产大量低价格的、质量较次的产品,要么生产价格非常高、质量相对好一些的产品,性价比产品在当时是一个比较空白的市场。也正是那个时候,互联网和电商正在大众的生活中逐步成为必需品。小米也正是利用了这样的一个契机进入了一个空档的市场,让其快速启航。

1. 用户思维,打造性价比产品

与传统4P不一样,用户思维是一种基于市场需求和用户需求而进行的思维方式,更多的是从4C出发,以消费者为中心,满足消费者欲望,从而打造消费者满意度。小米用"用户思维"把产品打造到极致的性价比,得益于其从最初创业就开始坚持的做法:让用户参与到产品的研发阶段。小米坚持邀请真实客户参与到产品的开发中,这一做法增强了品牌与用户之间的情感关联,从参与感中提升了产品的感知价值。在小米产品硬件的开发上,坚持控制利润率不超过5%,保证硬件高性价比的特点,让利给消费者,让产品价格在同行中更有竞争力,对于产品的质量则体现在对供应商的严格把关上。

小米以"大众产品标准化和高质化,让所有用户都有权享受更高品质的产品"的目标,在看不见的地方下功夫,以用户为中心,为用户打造性价比产品。

2. 线上渠道,节省渠道成本

在产品时代,"渠道为王"的理念让大品牌产品占据了大部分的线下渠道。小米作为新晋品牌,线下分销渠道是其较难攻克的难关。在电商行业正在如火如荼地推进之际，小米坚定地采用纯线上的销售模式，开创了互联网销售的先河。2011年，小米的第一款智能手机诞生，在早已与首批用户深度互动的基础上，以极高的性价比创造了3小时销售10万台的骄人业绩。采用互联网的O2O模式，让小米节省了大量的中间渠道费用，把渠道成本降到了最低，同时还避开了线下渠道的激烈竞争，为小米赢得"性价比之王"的美誉贡献了一分力量。

3. 性价比产品，以量制胜创造盈利模式

在刚创立的两年间，小米的销售量便超过了500万台，销售额超过100亿元，瞬间就进入百亿元销售俱乐部，同为手机制造商的华为和酷派花了6年时间才让销售收入达到百亿元；京东商城用了6年时间才达到过百亿元的销售额；百度达到这个量级则用了10年。以100%、200%的速度飞速增长，形成了特有的"小米速度"。

三、生态战略阶段的商业模式分析

小米的崛起是抓住了智能机刚开始普及的红利风口，在这样的风口下，小米一路高歌猛进，到2015年，市场上智能机的数量已经达到峰点，需求开始出现明显的下滑，加上同类型竞争者纷纷入局，智能手机的市场被不断地分化和侵蚀。小米原来的纯线上渠道销售方式，由于平台流量增长受压，销售进入了瓶颈期。小米的整个管理团队开始思考销量快速增长的背后欠缺了什么？快速滑落的状态应该如何扭转？2016年，手机销量急速下降，小米开始构建其生态战略模式。

1. 以圈层逻辑开发手机周边产品

开发的产品分为核心产品、增值产品、附加产品和潜在产品，它们是一种层层推进的关系，基于这样的产品圈的发展理论，小米以智能手机为核心产品，相继开发了其周边的智能硬件产品、相关的生活耗材产品。这样，小米一步步地从里层逐步把产品线扩到潜在产品层。以可穿戴设备为例，小米手环就是成功之作，当时市场上手环的售价上千元，但小米以满足用户的高频使用习惯为导向，让产品能以99元的价格冲击市场，收获了第一批粉丝，然后快速迭代，以169元推出了升级版，实现了扭亏为盈。

在以智能手机为中心，丰富基本自有电子产品的类型的基础上，从智能硬件到生活消费，一层层地往外拓展其产品线，形成了新一轮产品的核心竞争力。

2. 以竹林理论和航母舰队理论构建生态战略

小米的生态链就是小米与产品制造商构成的链条，小米以投资的方式实现与生态链企业的合作，以资本的投资实现对生态链企业的控制或者获取它们的增长收益，同时采取"参股不控股"的方式进行合纵连横。在小米的生态链中，智能硬件的核心控制产品均由自己把控，周边的产品则交给生态链企业来进一步丰富，形成从中心点不断向外扩散的同心圆圈层结构。

竹林理论是小米打造的生态商业模式。科技的发展日新月异，科技型企业的平均寿命也在逐渐缩短，传统"百年老店"在互联网领域是不可想象的。而且企业即使再大也很难独自存活，与之相比，生态链形态的发展反而可以使企业走得更远。生态链内部公司如竹林中的竹子，互相连接、互相给予营养，内部又推陈出新。在竹林生产模式下，小米对生态链的投资并不是以增长性、销售额等为参考依据，而是以产品和技术为参考依据。小米的生态链投资人多是工程师，从工程师的视角去挖掘生态链企业能给予核心产品支持和补给，从而使竹林生态得以健康发展。

航母理论是小米打造的生态管理模式。小米从品牌、供应链、渠道、投融资、产品定义、品质要求、工业设备七个方面为生态链企业提供航母级的支持。在品牌方面，对于生态链内公司符合要求的产品实行品牌赋能战略；在供应链方面，为生态链公司提供供应链背书；在渠道方面，被授权小米品牌的产品，开放PC端小米网、小米商城App等线上渠道；在投融资方面，通过小米领投为生态链公司组织分批次的集体路演，为其邀请一线投资机构和投资人；在产品定义、品质要求和工业设备方面，小米提供了深度的设计师团队进行支援。借鉴小米已经成熟的产品孵化路径，生态链公司也能通过不断赋能快速占领细分市场。随着小米对生态链企业的孵化和助推，生态链企业越来越多，小米创立了专门的培训部门，以价值观对生态链企业进行培训，使大家的步伐在同一个节奏上，从而走得又快又远。

3. 线上线下开创全新销售模式

与传统的电商与物流方式不同，小米的线上线下模式开启了一个全新的销售模式。它不像传统的线上模式，需要在线上商城下单，然后还需要等物流信息,现在直接在线下单同城的小米之家,然后在短时间内就可以收到你想购买的小米产品了。这种模式可以充分发挥小米之家线下的存货功能,以特定 App 为线下小米之家搭配了线上的端口,避免了线下门店出现销量库存压力。同时,线下小米之家还可以让线上的产品以场景化的形式呈现给消费者,让消费者更直观地了解到小米的产品,既起到了宣传作用,也起到了线上线下互联作用。

四、未来的商业模式布局——物联网 AIoT 生态平台模式

随着人工智能时代的到来,小米已经感受到了"数字化平台+硬件"的物联网商机,将采取以"手机或智能硬件+IoT 平台"为核心的人工智能平台战略模式,并在这个领域内探索未来巨大的发展空间。因此,小米下个阶段的发力重点将是物联网,从战略定位出发,成为小米的第五大核心业务。

1. 以"硬件+多场景+安全管理"为核心功能构建小米 IoT 平台

设立 IoT 平台的初衷是解决小米生态链中的部分公司对智能、联网、软件端等技术方面的支持,这些支持必须通过小米 IoT 平台团队提供,也就是现在 IoT 平台部的前身。现在,IoT 平台已经成为小米物联网战略的重要组成部分,背靠小米生态链,借助技术积累和先发优势,打造出一个更完善的 IoT 平台。

2. 开放第三方智能硬件和第三方智能云对小米 IoT 平台的接入端口

一直以来,小米都是为终端用户打造产品,在生态链战略下,小米在面向终端消费者的 IoT 领域已经逐渐成熟,开启了对 B 端的服务业务。让 B 端的硬件产品接入小米 IoT 平台,手机通过米家 App 或"小爱同学"对硬件产品实施操控,如 2018 年小米与宜家合作,对宜家的照明类产品进行了智能化改造。另外,还与 B 端的服务进行合作,共同开发新的智能家居服务系统,为其服务提供了全套的解决方案。例如,小米与全季酒店合作,开发了智慧酒店系统,酒店套房中可以用"小爱同学"调解灯光、温度等。

通过对第三方开放 IoT 平台接口,第三方的所有需求、服务都能通过平台让小米生态链的服务商实现链接,让小米在消费领域利用 IoT 平台向前迈进了一步。

3. 打造物联网入口

物联网是"产品硬件+系统软件+用户"的平台模式,平台的系统中心

需要有一个硬件的连接口，才能打开小米的生态链产品与用户之间联系的通道。小米选择在智能家居生态中使用智能音箱和手机作为物联网入口，把 IoT 新入口 AI 智能音箱——"小爱同学"作为战略制高点给予重点突破。目前，小爱开放平台已聚集了 1000 多家企业开发者，吸引了 7000 多名个人开发者，"小爱同学"的技能已经超过 1300 项，平台战略的网络效应还在进一步攀升中。

4. 大力投入研发基金，鼓励开发者共同构建 AI 新生态

为了对 AI 技能开发者、硬件设备厂商和 AI 技术公司进行激励，小米以 1 亿元的投入打造了"小米 AIoT 开发者基金"，鼓励共同构建 AI 新生态。在生态战略的推动下，小米借助生态链的先发优势，快速构建了全球最大的物联网平台。在产品生态链和物联网平台的组合下，小米逐步走上了新的征程。

五、总结与发展

小米坚持轻资产的商业模式，坚持从用户角度出发，让消费者深度参与小米的整个过程，把粉丝经济发挥到了极致。小米把互联网思维应用到硬件的生产中，快速设计、快速迭代，按照摩尔定律的速度呈指数增长，让硬件尽可能地以最高的性价比传递给消费者，收获消费者更高的期待值。随着小米规模的不断壮大，其商业模式不断变化，以数字化物联网的科技力量引领企业进入平台战略模式阶段。

资料来源：

[1] 曹鑫，欧阳桃花，黄江明. 智能互联产品重塑企业边界研究：小米案例 [J]. 管理世界，2022，38（4）：125-142.

[2] 张化尧，薛珂，徐敏赛. 商业孵化型平台生态系统的价值共创机制：小米案例 [J]. 科研管理，2021，42（3）：71-79.

[3] 宋立丰，宋远方，冯绍雯. 平台-社群商业模式构建及其动态演变路径——基于海尔、小米和猪八戒网平台组织的案例研究 [J]. 经济管理，2020，42（3）：117-132.

本章小结

在数字化时代，互联网技术改造了运营的法则，信息技术开拓了运营的空间，数字技术的应用重塑了企业运营的逻辑，数据要素的融合重构了企业发展的方向。数字化战略模式让竞争不再是互相排挤，而是协同共生；数字化商业模式改造了供应端和消费端，让价值创造有更多的形式，使企业处于一种复杂多变的环境中，灵活敏捷的组织形式被时代所塑造；数字化管理模式从传统的管控型走向服务型，再走向赋能型，从人员、组织和信息方面为企业疏通道路。数字化管理不能单单看作对技术的管理，它还是数字化对企业整体运营模式的改造。

第三章
数字支撑：让组织塑造韧性

在快速变化的时代，不确定性的外部环境使企业的运营已经不再如从前一般简单，从战略到商业模式都在发生着根本的改变。从商业环境来看，组织是一个个独立的个体；从商业生态来看，组织是一个个相关联的物种。在不同的视角，组织有不同的定义。随着互联网和人工智能技术的飞速发展，人类正快速进入以数据为驱动的数字化时代，数据不再是一个虚无缥缈的字串，它改变了商业，让市场的需求高度复杂化；它改变了环境，让外部的竞争更加激烈。数据也在改变着组织，应对着种种的变化，数字化组织成为一种新的物种诞生于这个商业生态中。

管理就像长江一样，我们修好堤坝，让水在里面自由流，管它晚上流，白天流，晚上我睡觉，但水还自动流。

——华为集团CEO 任正非

资料来源：https://new.qq.com/rain/a/20210506A01N4L00。

学习要点

* 认识数字组织。
* 认识平台组织。
* 认识生态组织。

开篇案例

海尔智家：从"共创共享"实现"共赢共荣"

一、企业简介

海尔智家是海尔集团旗下的子公司，也是海尔集团旗下最大的战略业务集团，承接着海尔集团旗下的全球家电业务，公司业务拓展为以场景化体验提供智慧家庭生态、智慧生活空间的解决方案，传统的家电家装业务则提供全流程一站式服务。将海尔智家的自有工厂打造成互联式工厂，打通生产流程的信息通道，实现全流程可视，让用户的信息实时直达、实时互联。同时，构建"U+智慧生活"开放平台，对接更多合作伙伴与用户，让用户的安装、使用和售后信息能快速触达对应的伙伴服务商，实时交互，保证了用户在家电家装服务上的"一站式"流畅感。海尔智家的家电产品也运用了物联网技术，在家电行业内率先推出物联网空调、洗衣机、冰箱，引领产品走向智能化发展趋势。

从"青岛海尔智家"更名为"海尔智家"，海尔智家的品牌知名度也在不断地提升，智慧场景服务和物联网产品的完美结合，使其频繁地在各大评级机构的评选中上榜。海尔智家旗下 Hoover 荣获 2022 年意大利"最佳质量品牌奖"，成为唯一获奖的中国品牌。国际上获得的美誉，国内业界的认可，证明海尔智家所走的数字化转型道路是正确且光明的康庄大道。

二、"人单合一"模式的进阶

"人单合一"是由海尔集团创始人张瑞敏提出的，"人单合一"模式的起源是精益生产的新探索，拥有精益生产的零库存、低成本和快速反应的特征。在库存方面，消除原材料库存和产成品库存，同时有助于降低废品成本。

"人单合一"模式 1.0 时代，在"以人为本"的管理理念下，"人单合一"把员工和用户结合在一起，让员工直接为用户创造价值，同时实现自我价值，这是对传统管理模式的颠覆性变革。以用户个性化需求为中心，以服务用户为终身目标，一切围绕用户创造价值。

"人单合一"模式 2.0 时代，在数字化技术的冲击下，"人单合一"模式也要跟上数字经济的步伐。从员工和用户的双赢价值走向利益相关者共创价值的"人单合一"模式。首先，以用户价值为首位，以用户需求为核心，开启"零距离"的用户互动，深度挖掘用户的个性化需求，以"个性化"创造用户价值。其次，"去中心式"打造员工自我价值平台，以"价值共创"为目标，让员工成为创客，打造开放式的创业平台，激发员工的积极性和活力。最后，"分布式"形成多边共享平台，引入企业、供应商和用户等利益相关者聚合在同一平台上，形成"共创共享"的生态平台系统。

综上所述，"人单合一"模式创于海尔、升级于海尔，利用数字化技术，实现了员工价值、用户价值和利益相关方价值大融合，"共创共享"实现"共赢共荣"是海尔智家"人单合一"2.0 模式数字化进阶的重要标志。

三、网络组织的结构创新

优秀的商业模式需要匹配适合的管理模式才能发挥其价值，每一个管理模式都需要相应的组织结构进行支撑，才能让管理模式实施得更顺畅。传统的金字塔模式已经无法适应海尔智家"人单合一"管理模式，双赢价值驱动是要发挥员工更大的作用，金字塔开始逐步走向"倒金字塔"，让员工的信息更快速地往上渗透，同时打破公司各方面的边界，让信息之间的传递实现零距离。"人单合一"1.0 模式下的"倒金字塔"模式结构改善后，公司能够快速地接收来自市场的反馈信息，快速捕获市场的发展需求，从而做出快速的反应。

进入"人单合一"2.0 模式后，"倒金字塔"中的中层将会影响信息的快速传递，去除原有的中层架构形成"网状结构"成为组织结构的创新。当"人单合一"2.0 模式走向生态平台后，"网络组织"就已经需要被引入海尔智家的组织结构之中，否则，组织结构的架构只会影响其平台的运作和信息的传递速度。因此，"网络组织"成为海尔智家的"人单合一"的结构创新，颠覆了传统的封闭科层制组织架构，是以各小微团体为网络节点的扁平化网状分布结构。从此，海尔智家走向了平台型组织结构，成为各类企业进行资源配置的市场互动平台。通过这个平台，海尔智家可以实现三个重要资源模块的连接：第一个是投资项目，为公司的投资项目提供技术支撑；第二个是小微公司，这类组织具有非常明显的个体户特点，数量多而散，能够提供灵活的、快速响应的服务资源；第三个是创客类组织，这些组织具有小而美的特征，能够提供灵活的、具有创新意义的资源。员工一直是海尔重要的资源，为其提供一切可提供的资源，让员工实现自主创新，提升自我价值，从而反哺公司，是海尔"人单合一"理念的初心。随着海尔智家数字化转型的不断深入，消费者从纯消费者转变为生产消费者，参与全流程的价值创造；员工从服务提供者转变为价值创造者，在这个网状结构中不断交互和参与，给"人单合一"管理理念更好的支撑。

四、"三店合一"的创客平台

电子商务的发展，变革了各行业原有的销售渠道。海尔智家作为家电行业的领军企业，积极拥抱线上渠道是其一直探索的方向。在刚开始试水"双十一"活动的过程中，虽然出现了很多问题，但也无法阻挡海尔智家探索线上渠道的决心。2012年，海尔智家开始建设生态系统交易平台"海尔智家商城"，同时积极开展与第三方交易平台的合作，在天猫平台上开设了官方旗舰店。线上渠道的铺设，为产品的销售拓展了更广阔的空间。

海尔智家商城不断研发迭代，从单一的线上店发展为官方社群的交互平台。商城主要用于打造线上店、线下店、微店"三店合一"的联网平台，以个性化小数据集合提供智慧家庭解决方案。"三店合一"模式使各自为战的线上店、线下店、微店联动起来，共享资源和利益，实现"共创共赢"。海尔智家在全国拥有3万多家线下专卖店，将线上和线下进行打通，有助于提升用户体验。另外，为线下店提供了社群式交互，搭建了小微企业专属的"0成本创业平台"。同时，将研发、销售、生产、物流全链路并线打通，以平台为中心，为全渠道用户提供更大的价值。"三店合一"惠及全网，同时让全网共同服务用户，给用户带来场景化的智慧家庭最佳体验，是海尔智家走向场景化服务的重要支撑。

五、总结与发展

现代化市场已经不是产品为王的时代，而是打造高质量发展的时代，是消费者为王的时代。海尔智家的"人单合一"管理模式，使其踏准了时代的节拍，这也是由其超前的战略意识所决定的。以人为本，以用户为中心，让两者结合，推动企业发展，这是时代发展的需求。在这种超前的管理模式下，进入数字化时代犹如锦上添花。打造数字化组织不仅是数字技术的投入或者数字平台的建设，更重要的是要有组织业务流程的再造，以决策结构的优化等一系列组织转型为前提。海尔智家从"人单合一"1.0双赢模式升级到"人单合一"2.0共创模式，体现了其对数字化运用的深入了解，展望其进一步加强大数据和云存储的建设，保证信息的安全和信息使用效率。不断强化企业决策层面领导数字化转型的意识，实施人才培养计划提升员工整体数字化素质，为组织的下一步跳跃提供更有力的保障。

资料来源：

[1] 智雅凡. 海尔智家轻资产运营及绩效研究 [D]. 石家庄：河北经贸大学，2022.

[2] 连冰华. 家电制造业数字化转型的现状与策略研究——以海尔智家为例 [J]. 投资与创业，2022，33（12）：152-154.

第一节　数字时代冲击传统组织

"时代造英雄"，一个时代有一个时代的使命，时代变革的进程必然对过往造成冲击。数字化时代给传统组织带来的冲击，既有对外部环境的冲击，也有对内部发展需求的冲击。

一、商业环境复杂化

数字化时代是技术的时代，也是数据的时代，技术与数据的融合改造着社会的方方面面，让人开始不断地适应由技术和数据所带来的信息公平、信息透明、信息高效，人与人之间的互动也发生着改变，让商业环境发生了四个方面的变化，如图 3-1 所示。

图 3-1 商业环境的变化

第一，商品形态数字化。商品是商业环境的重要交换品，一直以来商品的形态都是一种物理形态，例如，音乐以碟片形式的物理形态表达，作品以书本的物理形态表达，在数字化技术的应用下，音乐的数字化表达为音乐下载，作品的数字化表达为知识流转。商品物理形态的改变，重塑了商品的生产结构，生产成本、销售成本等不再一加一地叠加，可以实现边际成本无限趋向零，这对于企业来说是一个极大的改变。

第二，场景形态数字化。场景是各种服务的空间，如商场、银行、办公室，甚至各种大学讲堂都从实体搬到了线上。这是传统渠道所依赖的场景，场景被颠覆了，企业的渠道也就被颠覆了。数字空间、数字场景成为企业所要达到的与客户接触的渠道和方式。

第三，消费个性数字化。在数字化时代，消费的个体不再是纯粹的消费者，他们也可以成为创造者，他们的意见可以改造整个消费活动，消费的个性开始越来越明显，衍生出了更多的数字化组合，如个人定制、社团团购、众筹金融等，都使消费者的话语权进一步加大。消费个性反哺行业的走向，数字化的消费行为成为企业生产、研发和销售的重要信息资源。公众的喜好和文化偏好，让企业变得越来越敏感。

第四，产品服务数字化。数字化重塑了生产的链路，缩短了消费的链路，企业为消费者提供的产品加快，消费者向企业的反馈也加快，一切变得即时。服务高效和即时成为刚需，产品和服务数字化，让产品和服务产生了新的融合，产品即服务，如共享单车等。

总之，从产品到服务，从生产到消费，从物体到实体，无不被数字化的浪潮改造着，技术的变革加速着企业效率的提高，加速着社会人与人之间的沟通，商业环境的变化越来越复杂，企业面临的挑战也将越来越大。

二、商业竞争被颠覆

商业环境的改变，使商业变体的种类越来越多，竞争的来源更加复杂，市场竞争更加激烈。由于传统的商业竞争是一个资源掠夺的竞争，资源的稀缺形成信息不对等，获得资源就能获得参与市场竞争的机会，这是传统商业竞争的本质。

在资源相对稳定的情况下，争夺资源的商业竞争发展会相对较慢，因为抢夺资源需要付出巨大的努力，很难瞬间改变竞争格局，而且信息掌握在少数企业手中的局面很难被撼动。在这样缓慢的变化中，在行业领域内的"领头羊"或第二排位的市场占有者都能维持稳定的局面。

在数字化时代，首先改造的是资源稀缺、信息不对等的局面，信息遍布于互联网，信息的来源已经不是在点对点之间发生，而是呈网状式传递；信息的获得已经不再跟资源画等号，信息已经随手可得。其次，数字化改造导致商业的参与者开始增多，利用信息的能力开始不断地提高，创新随时随刻发生，企业的竞争者也随之增加，各种各样的形式出现，竞争的局面被彻底颠覆。最后，资源开放打破信息差，"谁是竞争者"成为企业一时间难以对标的事情，如图3-2所示。

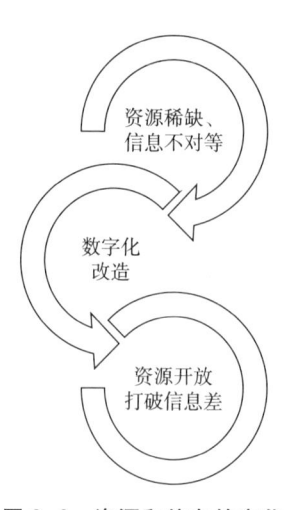

图3-2 资源和信息的变化

信息被打破，资源不再唯一，数据成为市场抢夺的重要资源。企业拥有高市场占有率所依靠的资源，一时间成为竞争的负担，曾经的核心竞争力成为发展的绊脚石。商业竞争的局面被彻底颠覆，轻资产企业走上了时代的舞台。销售不再依靠库存，沟通服务不再受限于基础设施。

总之，在数字化时代，传统的商业竞争被颠覆，寻求与时代的合作，成为企业的第二增长曲线。

三、管理惯性被取代

在传统的金字塔式组织管理模式下，领导层是决策的中心。自上而下式的信息传递容易出现信息误差，同时也让自下而上的一线信息难以传递到决策中心。领导层容易依靠自己多年的市场经验、直觉和规律形成管理惯性。

管理惯性与惯性管理不同。惯性管理是内部各成员形成的惯性，让企业的内部运作保持在一个稳定的状态，能为工作的顺利开展提供积极的保障。管理惯性是领导层依靠经验进行决定，这种情况较多出现在中小企业。管理惯性容易出现的情况如图 3-3 所示。

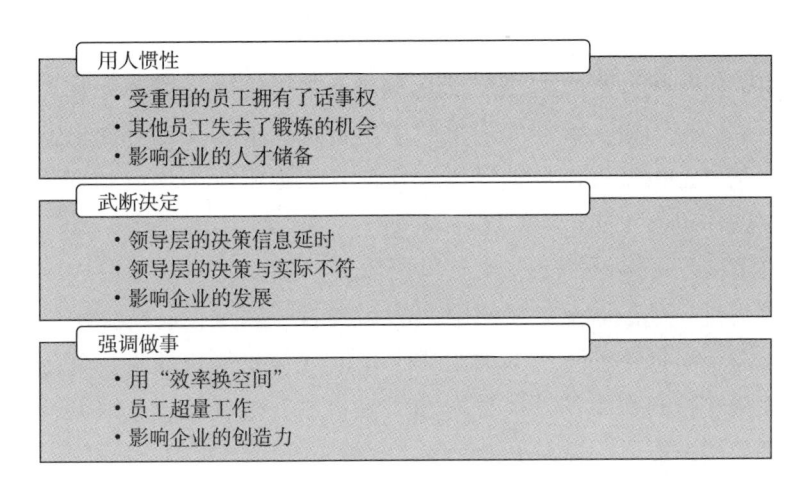

```
用人惯性
 • 受重用的员工拥有了话事权
 • 其他员工失去了锻炼的机会
 • 影响企业的人才储备

武断决定
 • 领导层的决策信息延时
 • 领导层的决策与实际不符
 • 影响企业的发展

强调做事
 • 用"效率换空间"
 • 员工超量工作
 • 影响企业的创造力
```

图 3-3 管理惯性容易出现的情况

在数字化时代，数据成为时代的要素，是市场行为的数字化写照，用数据来告诉企业市场的真实情况，会比依靠领导层自身的经验更有效。

因此，拥抱数据，基于大数据所呈现的信息，结合领导层对时代发展模式的判断进行重新调整，比经验主义式的惯性管理更能面对复杂多变的动态环境。

四、流程结构被重塑

一般企业的决策流程都是以权责区分，基于科层制结构而进行的流程设计。顶层制定决策、中层管理决策、基层执行决策，同时在各层级中根据不同的职能区分开各种科室，这是一种稳定单一和信息既定流向的决策模式。在这样的设置下，对三层都有不同层级的压力，如图3-4所示。

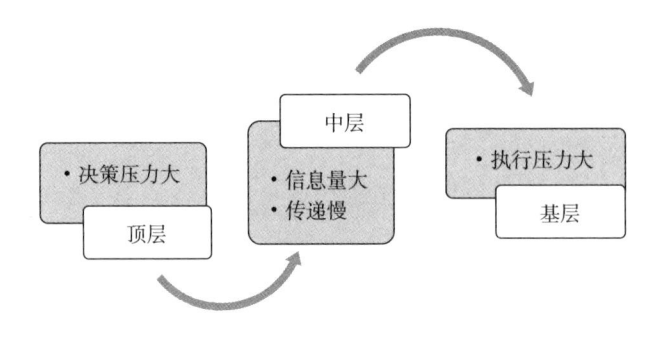

图3-4 稳固式流程的各层压力

在数字化时代，环境的变化已是常态，为了适应环境的变化，企业需要有敏捷的操控能力。流程的决策顺序由自上而下变为自下而上。在组织结构中，基层是最贴近市场的层级，其最先知道市场的反应和变化，只有重视基层的作用，才能让组织灵动起来。

让决策信息更接地气、决策流程更敏捷，就要让前线基层成为组织的重要决策力量，过于厚重的层级会失去敏捷性，因此，应减少中间管理层的数量，避免信息流产生更多的阻碍，让前线信息能快速直达领导层。领导掌握大局，控制组织的总体方向和决策机制，把决策权下放到前线，配合前线基层快速响应，提高决策速度。

因此，拥抱数字化技术，做好企业中台的设计，让中间管理层成为快速、科学且智能的中台架构，帮助组织更加快速、准确地决策，以适应瞬息万变的环境。

第二节　数字化组织的特点

随着互联网企业的发展，被数字化改造的创新商业模式开始吸引众多企业仿效，数字化技术开始成为企业关注的焦点。然而，人们更多地关注数字化技术的应用，即更多关注组织的数字化改造，而忽略了过度重视数字化技术会导致企业在进行数字化改造时出现很多问题。我们应该将组织作为一个整体去关注数字化的应用，打造数字化组织。数字化组织是一个"有血、有肉、有灵魂"的组织，而非冷冰的技术型组织，始于技术而非终于技术，数字化组织有以下六个特点：

一、共同文化观

人是有意识、有精神的个体，组织也是如此。组织要有一些精神性的东西，是高于规章制度、战略发展的存在，这就是企业文化，是一个企业的灵魂。企业文化在组织中有重要的作用，是高效的协同，是管控与企业活力之间的微妙平衡，是"不管而管"的重要平衡手段。企业文化是组织内形成的对全体有效的价值体系和行为意识，其核心构成有使命感、价值观、企业愿景和企业精神。在组织中，领导者是企业文化的缔造者、倡导者和推行者。因此，从以下两个方面概括企业文化组织的特点。

1. 学习型成长是企业文化的代名词

企业文化是组织的行为定调，在组织中是落实到每一个人精神和意识上的最高指引，引导员工形成与组织一致的观念，从而形成其行为准则。企业文化不是空想而来的，它必须贴合企业所在的环境。数字化的技术环境影响着组织的方方面面。技术是一个推动时代发展的动态要素，更新迭代是技术的主要特征，能创造新的技术就能屹立于时代之中，能适应技术就能随时代前进，离开技术将会被时代唾弃，这是技术时代发展的特点。

数字化组织是数字化时代的产物，深受数字化技术的影响，技术更新迭代的特征也促使数字化组织不断学习，吸收技术的最新知识。无论是推动技术的领跑型组织，还是适应技术的追随型组织，学习都是必须达成的共识，只有全体员工不断地学习，才能推动数字化组织的发展。人是时代技术的重要载体，数字化组织是一个人才推动的组织，只有人才成长，才会推动组织不断向前。

因此，在数字化组织中，构建学习型组织、促进人才成长是重要的企业文化特点。

2. 领导层是企业文化的坚定拥护者

灵魂的载体是人的身体，企业文化的载体是领导层，领导层是组织的最高层次，无论是传统的组织还是新兴的组织，领导层作为企业文化的缔造者，其地位都是不能撼动的。在数字化组织中，领导层比过去所有的组织都更加重视企业文化的缔造。由于领导层把决策下放，让基层负责和执行决策，治理成为领导层的重点，激励和赋能成为数字化组织领导层的重要任务。没有了企业文化，数字化组织就失去了指挥棒。

因此，领导层不仅是数字化组织企业文化的缔造者，还是重要的推动者，以隐形的指挥棒对组织实行无为而治。

总之，数字化组织要求组织保持学习进步的行为，需要领导层以学习成长形成一种共创的企业文化。共创的企业文化观成为数字化组织的灵魂特点。

二、中心技术化

在过去的组织中，以领导对环境和行业的预判和分析，对组织进行管理和控制。在数字化组织中，技术成为重要的要素，互联网技术、信息技术、数字化技术、大数据技术等形成了组织强大的技术大脑。

1. 数字化部门是组织技术的载体

在数字化组织中，技术是一项重要的生产要素，它不仅是单一的要素，还是综合的能力。它需要多方合作，综合运用不同的技术，建立起数字化组织的技术大脑。因此，组织需要成立单独的数字化部门，连接全组织的各个职能部门、辅助组织的各项任务活动。数字化部门始于技术管理，更重要的是要有一个与组织高度密切联系的技术部门，组织技术的发展是数字化组织的重要技术指标。因此，数字化技术部门要由最高领导统领，才能将组织的战略模式、商业模式和管理模式有机结合，从组织的高度为组织成员进行技术赋能。

2. 智能化是组织技术的关键

互联网技术让万物产生互联，信息化技术基于互联网而快速产生，数字化技术是物理世界的孪生虚拟化技术，在多种技术的综合运用下，智能化成为技术的未来发展方向。大数据是智能化的基础，与传统数据的区别在于数据量大，从搜索到建模再到分析的速度决定了智能化的可行性，数据分析成为智能化的重要技术。相同的数据进行不同的数据分析，会出现不一样的分析结果，因此，要让智能化成为适合组织使用的技术，不仅要有大数据库、数据分析，还要结合真实场景的需求，让组织数字技术得到迭代升级，最终真正成为技术大脑，为组织决策提供有效的依据，为组织管理结构走向扁平化提供有力的技术支撑。

数字化组织的技术大脑，需要技术的不断发展和组织各方的配合，才能让数字化组织不断发育，从而形成智能化大脑。高技术的中心大脑是数字化组织必要的技术特点。

三、结构平台化

组织结构是组织的总体框架，不同的组织结构形成不同的组织形态。在横向组织结构中，部门是重要模块，以职能区分工作，部门与部门之间进行合作与分工。在垂直组织结构中，最高层是领导层，中间管理层有一个或多个层级，最后一层是基层员工，这样的结构使组织保持在稳定的状态中。受技术创新的影响，复杂多变是数字化时代的重要特征，要应对这样的环境变化，数字化组织的组织结构也要进行重大的变革。

1. 扁平化是组织结构的特点

扁平化组织结构的特点是组织的管理幅度宽，垂直的管理层次少，也就是传统的金字塔模式的压缩模式。从平台组织和生态组织都可以看到组织需要发展，规模的扩大是必须伴随而来的。扩大的规模难以适应多层次的组织结构，这会降低决策的效率，从而影响组织的发展。扁平化模式把管理层的中间层缩减，让决策层信息快速送达基层，对于数字化组织来说，这种传送是重要的效率来源。

因此，中台技术的优化，是为了减少信息的错误，同时做好信息的智能化传递。在智能化决策信息的指引下，把决策权下放到基层，从而让数字化组织的敏捷性得到有效的发挥。

2. 敏捷团队是组织结构的重要模块

当组织结构扁平化时，前线基层端的权力就会被扩大，扩大了的权力也相应地需要增加责任，一个人承担的责任是有限的。权力的下放，不代表一个人要超出自己的能力去承担责任。每个人都有自己的优缺点，只有进行优势互补，组建起团队式的前线基层端，才能避免基层的职责过大，反而促进个人尝试超越自我去为团队做出牺牲和贡献，促使团队完成任务。这就是数字化组织最重要的敏捷团队，是组织结构中重要的模块。

因此，以技术的赋能、人员的互补，以完成任务为导向组建的敏捷团队，是组织结构中小而美的业务单元，是组织结构的重要模块。

总之，组织结构的优化是数字化组织的重要部分。技术大脑的更新迭代，需要基层去执行，要有能力支撑起庞大规模的组织结构，才能让组织健康地发展下去。敏捷组织是数字化组织结构的重要特点。

四、流程网络化

流程管理就是组织的经络，通畅的流程不仅能使组织良好地运行，而且还能提高组织的效率。堵点是流程的障碍，每一个堵点都会阻碍组织的运作和效率。组织流程的设计是要让组织形成惯性管理，加快效率。但是，在数字化组织中，固定的决策流程、固定的信息流程，反而会造成组织的僵化，失去其灵活性。在数字化组织中，流程的管理要随机应变。

1. 专线运作是流程的主要方式

在传统的组织结构中，以职能规划部门，部门与部门之间的合作承接组织所赋予的任务，组织要对项目任务进行拆解，才能对各部门进行工作的传达和安排。这样的流程作业是基于传统的组织结构而形成的。在数字化组织的"平台技术+扁平化结构+敏捷团队"的灵活组织中，其经络不能过于复杂，流程目标只有形成专项，才能集中力量形成攻坚之势。

因此，数字化组织不适用于固定流程的惯性管理，而是需要基于项目完成最优解而形成的专线管理，组织流程只为从项目端到客户端的"端对端"服务。

2. 关键任务成为流程绩效指标

传统的流程管理按照常规流程进行，每一个流程都有制定的任务，就像职责说明书一样，要完成相关的流程绩效，这样的绩效管理，与数字化组织的流程设置是相反的,数字化组织的流程设置也是从项目完成开始的倒推工作流程。因此,传统的流程绩效指标已经不适合数字化组织。数字化组织需要以项目完成的最终时间来设定目标和关键任务,并对每一个关键任务进行进度跟踪,监督关键任务的完成情况,目标和关键任务完成后,项目也随之完成。

总之,流程是组织运作的基础,把信息数据从一端传到另一端。数字化组织由于有技术中台的赋能,管理的流程嵌入系统中台,减少了流程中的各种信息传递。专心做好项目,服务好客户,成为数字化组织最重要的工作。

五、资源共享化

在过往的组织结构中,资源容易倾斜在某一个部门或掌控在管理层的手中,导致资源的垄断。数字化组织的组织结构已经扁平化,从内到外打破了结构,资源也不能再集中于某一个领域内。平等分配资源,人人共享资源,成为数字化组织的重要资源分布方式。

1. 资源分配是组织的重要任务

在商业模式中,关键资源是企业的核心竞争力。资源过多,容易造成组织的成本过高;资源匮乏,难以形成有价值的竞争力。资源是以多种形式存在的,有人力资源、财务资源、土地资源等。每一个组织都拥有不一样的资源结构,资源是实现业务目的的硬实力,也是有限实力。只有合理地分配到组织的各个模块中,才能使资源发挥出最优的效果;否则,资源的泛滥和浪费,都会形成组织的负担。

因此,资源分配是组织的一项重要任务,基于项目完成而合理地配备资源,才能协助敏捷团队更有效地为任务服务,杜绝资源浪费。

2. 平等和共享是资源分配的重点

资源是有限的,资源需要合理配置。但是,对于组织的团队和成员来说,获取资源的渠道是平等的,资源的信息是共享的,每个团队和成员都能获得组织的资源信息,而非像过去一样,资源是一个秘密宝藏,只有领导和高级管理人员才能获知。共享的资源信息,能够让团队和成员根据自己负责的任务进行资源配置,由使用资源的人去申请资源,避免资源的浪费。平等地获取资源是组织开放性的表现,让每一个团队和成员都能使用组织的资源进行整合,而非必须由领导配置资源。

因此,数字化组织要做到开放性,同时也要做好资源合理配置。平等的资源获取渠道和共享的资源信息,是数字化组织资源分配的特点。

总之,在数字化组织中,资源就像肌肉,肌肉支撑起人的活动,资源支撑起组织的运作。资源要在整个组织中均等分布,但针对重要领域也会需要更多的资源倾斜。因此,合理分配资源,做到平等和共享,也是数字化组织的特点之一。

数字支撑专栏 3-1

温氏股份:数字化转型下的现代化畜牧业

一、企业简介

温氏食品集团股份有限公司(以下简称温氏股份)创立于1983年,由七户农户集资起步的养殖作坊发展至今,已经成为一家以畜禽养殖为主业,同时配套有相关上下游业务的现代化农牧企业集团,在全国20多个省(市、自治区)拥有控股公司402家、合作农户(家庭农场)约4.54万户、员工约4.4万名,是我国农业产业化国家重点龙头企业。2021年,温氏股份上市肉猪1321.74万头、肉鸡11.01亿只,实现营业收入649.54亿元。温氏股份坚持创新,作为业内开创"公司+农户"新型生产模式的龙头,以公司的综合实力赋能小农户发展,立足于农业之基,为我国的"三农"经济和乡村振兴做出了重要的贡献。同时,温氏股份坚持科学养殖,与多所大学建立了"产学研"合作关系,组建了国家生猪种业工程技术研究中心、国家企业技术中心、博士后科研工作站、农业农村部重点实验室等科研平台,使公司拥有一支以行业专家和博士为研发带头人的高素质科技人才队伍,成为温氏食品重要的研发和技术力量。

二、数字化组织结构分析

1. 共创成就"千亿企业,百年温氏"的愿景

温氏股份的董事长温志芬是温氏集团的早期创业者,将温氏首创的"公司+农户"的生产模式优化升级为"公司+养殖小区+农户"等现代产业化发展模式，坚持以新理念、新机制跟随新时代发展的管理思想，善用信息化技术、数字化技术提升温氏的核心竞争力，同时积极主动推行企业组织和机制创新，鼓励年轻人走上关键岗位，成就"千亿企业，百年温氏"的愿景。

2. 以数字化技术全面升级集团管理

温氏股份的管理优势体现在信息化技术的运用上。在管理方面，建有生产经营大数据管理中心和大数据辅助经营决策系统，这两个数字化系统能有效管控分布于全国各地的经营单元，使生产和业务实现充分授权和有效监督，极大地提高了管理效率。同时，集团设有数字流程部，运用物联网技术和 ERP 信息管理技术开发出具有行业特色和企业个性化的信息管理系统。针对生鲜类项目的线上销售模块，温氏股份还开发了温氏商城畜禽交易以及各销售电商等平台。温氏股份的数字化技术已经全面应用于企业的上中下游环节，为企业向数字化管理转型提供了强大的技术支撑。

3. "整合职能部门+业务事业部"建设价值创造型总部

为提升专业化管理水平和工作效率，温氏股份从 2016 年开始以实现现代农业为核心，组合多元化业务的发展战略，不断调整其内部组织架构。先以公司内部管理型机构的形式设立战略投资部、养禽事业部、养猪事业部、大华农事业部，后来经过多年的运作，以事业部形式进一步优化出投资管理事业部、水禽事业部、猪业一部、猪业二部、猪业三部，提高管理水平和管理效率。同时，还对职能部门进行优化，将财务部与运营部整合成财务运营部，将信息中心和创新中心整合成数字流程部。持续的组织结构优化，体现了温氏股份不断追求组织高效化的决心，以建设价值创造型总部，推进集团的整体发展。

4. 健全的制度保障和大数据管理促进流程管理清晰且及时

温氏股份的管理流程以业务板块和业务条线划分，有健全的管理制度，针对各业务板块和业务条线能够实现独立且互相衔接的、健全的制度体系，促使温氏股份的决策流程能够有章可循。集团利用大数据建立起公司管理的"慧眼平台"，使各流程之间的关系清晰可见，有效推进了企业业务、财务一体化的发展。

5. 大数据红利加持和科研技术投入促使资源最优化分配

温氏股份运用数字化理念，大力推行数字化技术，为 5 万多家合作农户注入养殖场智能化因子，实时查看猪群的健康情况、栏舍生产情况，监测日常耗料、耗水、耗电和实时料量库存情况，做到及时反应、高效生产、优化配置。同时，加大科研投入，自主研发有自主知识产权的种苗，运用科技手段为农户赋能进行智能养殖。温氏股份使用数字化技术，使集团的资源能够及时有效地赋能到每一农户，提高了农户的生产效益。

三、总结与发展

温氏股份作为我国现代化农牧业发展的牵头人，坚持数字化转型，不断深耕数字化技术与农牧业之间的技术应用，以智能化、数字化的理念，带动企业一次次改革。在数字化时代，温氏股份通过自身的探索和发展，带动了整个行业生态的不断优化；通过技术和科研赋能产业链上下游企业，实现效率协同，为打造智慧生态养殖业做出重要的贡献。

资料来源：

［1］贾瑞，江康. 大数据背景下畜牧行业内部控制——以温氏股份为例［J］. 中国经贸导刊，2022（1）：76-77.

［2］陈岚. 温氏股份：打造"物联网+"现代畜牧业智慧生态龙头［J］. 广东科技，2020，29（10）：36-38.

六、万物互联化

数字组织的感知能力来源于它的"器官"。数字组织的"器官"就是它接收外界数据的技术能力，如果数据无法进入组织当中，一切数字化设置都是空谈。数据来源于信息，信息贯穿于商业活动的多个环节，也就是对数据接收能力也要贯穿到组织的内部和外部的所有商业活动之中。

1. 数据感知是万物互联的数据入口

数据感知是利用装置或设备收集数据的能力。这些数据来源于物理世界中的实体，是物理世界实体进行数字孪生的重要基础。基于当前的技术水平和不同的应用场景，数据感知具有多种采集数据的方式，每一种采集方式都有自身的特点，构成实体的数据入口。如表3-1所示。

表 3-1 数据感知的多方采集方式

采集方式	内容	优缺点
二维码识别	以特定的图形表示文字信息,通过设备的自动识别实现信息自动处理	数据携带量大,仅限一码一内容
条形码识别	以宽度不等的多个黑条和空白表达信息的图像标识符,通过设备的自动识别实现信息自动处理	数据携带量大,仅限一码一内容
磁卡识别	利用磁性卡片记录字符与数字信息,通过读卡器完成信息识别和提取	信息稳定,保密性和安全性较低
无线射频识别	一种非接触式的自动识别技术,利用无线射频的方式对特定的标签或射频卡进行读写,完成数据识别和交换	快速感应和识别,受射频距离限制
字符识别	通过检查纸上打印的字符内容,将其翻译成计算机文字的过程。在人工智能技术的支持下,技术已经从纯翻译到可进行语义推理和分析的相关智能操作	采集技术较成熟,但信息内容存在误差率,需人工审核
图像识别	通过对图像进行采集、处理、分析等流程识别出不同的模式和对象	是深度算法的实践应用,但技术仍有待开发
音频识别	通过将语音信息中的内容转换成计算机语言,从而完成对声音的信息采集	声音采集技术较成熟,但安全性较低
视频识别	通过对多种集成影像、声音等信息进行动态数据转换,完成音像类别的信息采集	信息多样,但信息体积较大
传感器识别	通过检测装置对被检测的实体进行多维数据感应,将检测到的信息变换成信号或其他形式信息	数据来源多,数量大,但价值密度低,处理难度大
工业设备识别	通过工业机器上特定功能的元器件接收系统的指令,传输数据到集成系统中完成信息采集过程	应用于多个行业领域,但系统分析技术仍有待开发

综上所述,数据感知的技术开发已经不断拓展和完善,通过相关技术对终端的实体信息内容进行数据化,完成对数据平台系统的信息采集和转换,使企业的信息系统能够进行精准的分析。数据感知技术的可追溯性,使企业组织结构中的执行层直接与"物"相关,进而完成企业相关数据智能化的设置改革。

2. 物联平台系统是信息融合和协同的基础

物联平台系统是一个信息融合系统,利用相关技术,让组织内外形成高集成性的一体化平台系统,如表 3-2 所示。

表 3-2　物联平台系统的基础技术

技术方式	内容
SOA 架构技术	通过接口和协议将应用程序的不同功能单元（服务）联系起来
Web Service 技术	通过 Web 描述、发布、定位和调用的模块化应用，兼容任何操作系统
EAI 技术	通过整合企业涉及的各类异构系统、应用和数据源，实现企业系统间的无缝联结，使整个系统框架成为有机的整体
中间件技术	通过建立操作系统为各类应用提供服务

总之，物联网平台系统在组织内打通各类信息系统、制造系统、资源系统的边界，实行大规模的联合，从而实现企业内多部门、企业外跨行业的超级链接。企业只有借助物联网平台，才能为其提供源源不断的数据供应，万物互联更好地实现了智能计算，使企业的内部管理与外部供应链、联盟企业等实现了一体化管理。物联网系统的不断进步，促使企业的组织结构发生变革，使组织结构走向平台化，因此，物联网系统是数字化管理组织重要的中心系统。

第三节　数字组织韧性软实力
—— 学习能力

学习能力是一种组织内部实现快速更新的重要方式。在数字化情境下，大量的数据在企业的内部环境和外部环境中成为企业重要的学习资源。外部环境的变化，刺激组织内部进行数字化更新的活动，需要组织进行数字韧性的塑造，也就是塑造其学习能力。在数字组织中，对数据的理解、领导对数字的重视，以及组织对数字战略实现的能力和理解，都成为数字组织塑造韧性的重要软实力；各方面的学习能力成为数字组织塑造韧性的内核。

一、数据价值学习

数据作为数字化时代的重要生产要素，是数字组织不可或缺的组成部分。企业对数据的培育能力，是企业数字化转型的关键，也是数字组织实现商业模式创新的重要来源。企业通过对数据价值的充分学习，可以大力提高企业在数据各方面的能力，促使数据生产要素与企业的传统要素相结合，释放出数据的强大生产力，并推进企业商业模式的变革与创新，这是塑造数字组织韧性的重要软实力。

生产力的提高离不开生产要素的配合，数据要素在数字组织中有着无法取代的地位。数据要素区别于传统的产生要素，从其获取方面到应用方面，都具有难以取代的地位。

第一，在获取方面，数据从物理世界中来，存于虚拟空间之中。它可以对土地要素实现虚拟化，解决土地空间资源的局限性问题；可以对劳动要素实现虚拟化，使生产流程从人工化走向自动化；可以对管理要素实现虚拟化，使组织的决策性避免受人为因素局限性的影响。

第二，在权属方面，数据从单一主体中来，每一个数据的生产主体都具有对数据的控制权和所有权，这时候的数据呈碎片性，数据价值相对低。当数据通过流动和传输聚集到共享型的数据池中时，数据的使用权就被进一步释放。通过对数据的整理，让数据产生更多的关系，数据价值也实现增值。

第三，在应用方面，数据具有即时性和融合性。数据的即时性让数据能在最短的时间内被获取、分析和反馈，为实际的物理场景实现智能化应用提供了重要的保证。数据的融合性让数据既能在不同种类的数据之间进行融合，也能在不同的生产要素之间实现跨界融合，从而为商业模式创新提供重要的基础。

总之，数据区别于传统的生产要素，其海量的规模和低廉的价格，也让其成为数字组织的关键生产要素。对于数据的价值，组织要从创造过程和倍增过程两个方面提升其学习能力，如图3-5所示。

图3-5　数据价值学习的两个过程

1. 数据价值的创造过程

数据的价值是潜在的，只有通过数据采集、储存和挖掘，才能发现数据的价值。数据的价值创造，即将数据应用于企业的各领域之中成为企业拥有的、可控制的数据资产，为企业带来经济效益的过程。具有韧性的数字组织，最终要把组织的决策建立在数据驱动的决策之上。组织的数据价值创业也就不能再局限于产品的生产过程，需要向更多的商务领域延伸。

在研发方面，要利用"人工智能+数据"的数据处理和分析方案，捕捉用户使用和反馈的数据，以解决用户在使用过程中的痛点问题，优化产品的研发环节，创新更多的"以用户为导向"的产品和服务。

在生产方面，数据能实现模块化数据组合生产，就是把数据进行模块化后，为生产建立起生产通用型模块和个性化模块。生产通用型模块能满足企业标准化、大众化的产生，满足大众化的需求；个性化模块能让企业在生产环节实现个性化生产，满足小众市场的需求。通过数据模块化组合生产，企业的产品更多样化，更切合消费者的需求，实现生产者与消费者的共赢。

在营销方面，通过数据分析，企业能满足消费者更多样化的需求。在优化营销组合方面，在定制化和个性化的增值业务上具有更强的优势。同时，建立起线上线下的营销渠道，既能通过数据精准分析消费者偏好，优化线上营销流程，还能通过线下实体店的"体验式展厅"服务，为用户提供独特的用户体验，实现线上线下全渠道一体化布局。

总之，对于数据价值创造的学习能力，就是企业要升级数据获取能力，并持续优化和更新产品，从研发、生产、营销等环节实现精准研发、精准生产、精准营销，为企业的全生产过程赋能，实现数据价值创造。

2. 数据价值的倍增过程

数据价值的倍增过程是一个跳跃式发展的过程。数据价值产生于组织内部，应用于企业的业务，能为组织带来创新的发展。但数据价值要实现价值倍增的跨越，还需要创造其数据的交换价值，让数据价值在交换的过程中得到更充分的挖掘和放大。数据价值的产生能无限次重复使用，数据价值就能实现数据资本的飞跃，从而实现数据倍增。

综上所述，在数字化时代中，数据要素已经成为重要的生产要素，而数据的来源具有多元的特点，也决定了数据难以从属于任何组织，而取决于组织的数据获取技术。组织提高数据的获取技术和数据的分析技术，能为更多的应用场景提供决策资源，从而带来更多的商业模式创新，避免企业陷入市场竞争，成为企业应对不确定关系的抓手，更好地塑造出企业的组织韧性。

二、组织战略学习

组织韧性是组织应对多种环境的能力。在高压环境下，能跳出固有的能力范围，积极挖掘机遇的能力，拓展资源的能力；在突发情况下，能及时调整内部资源的快速响应能力；在危机发生的情况下，能迅速修复的能力等，都体现了组织能伸缩自如的潜力和张力。这些都不是在短时间内可以形成的，是组织持续地进行战略学习强化而来的。

战略学习是组织从战略的高度所进行的知识管理和应用，是知识资源的输入和输出路径，能提高企业应对特殊情况的能力，为组织韧性所需要的知识资源提供有力的支撑，助力企业面向未来、预判未来、规划未来。组织通过战略学习达到主动预判和快速反应，提高了面对不确定性的能力，从而调整企业战略，适应复杂的环境变化，最终更新和完善战略布局，同时应用于企业实践，让企业在动荡、复杂的环境下保持高速成长，使组织韧性更具张力。

战略学习是以战略层的知识管理与应用推动组织学习，以强化组织韧性的路径，其涵盖了组织学习和知识管理两个维度的内容（见图3-6）。同时又区别于传统的组织学习和知识管理，战略学习所面向的挑战是战略变化和对未来的探索。在数字化时代，数字化技术能提高企业获得信息的速度，从而转化成对决策有支撑的知识，因此，数字化技术支撑下的组织学习和知识管理，能更好地为组织战略学习提供有力的支持。

图3-6 战略学习的两个维度

1. 战略学习下的组织学习

组织学习就是组织把经验和知识传播到组织的管理之中，让组织形成学习型组织的氛围。战略学习下的组织学习，就是从战略层开始自上而下地优化整个知识传播流程，帮助企业形成逆袭反弹的作用力。为避免陷入"经验主义"的旋涡，要进行两步走：

第一步，要进行组织忘却。组织忘却是一种特殊的学习机制。每一个企业在创立的时候，都会建立企业自有的"经验库"，积累"经验值"，在这个过程中，会形成企业初创时期的主导逻辑，基于初创条件下的"管理模式"和"思维模式"，对企业塑造新的认知模式形成隐形的屏障。因此，组织要通过学习先进的数字知识，迭代企业内部的思维，冲破企业的惯性思维屏障，实现组织忘却的主动学习机制。

第二步，要嵌入数字技术氛围。数字技术氛围是让新认知模式成长起来的土壤，企业要重视大数据技术的学习和引进，提高组织内部对数字感知、数据整合、数据深度分析和数据洞察的能力，以数据的力量结合企业的实际情况，推动企业进行组织创新。

总之，组织学习是组织的一种积极和进取的行为模式，通过对过往惯性模式的突破和数字技术的迭代，提高组织学习的能力。

2. 战略学习下的知识管理

知识管理是一个组织主动扩充知识和利用知识的途径。战略学习下的知识管理是把知识管理融入企业战略学习层面，从战略层面出发，以提升组织学习和实现组织创新为主要方面，不断搜寻和创造知识，管理知识流，促进知识共享、推动知识高效应用的过程。在组织的内外部都有多元化的知识来源、经验知识、技能知识等，要让知识管理发挥作用，助力企业的战略学习，提升核心竞争力，知识管理要进行两步走：

第一步，搭建知识获取网络。组织与外部价值链企业、集群企业等都有难以割舍的关系，这些企业拥有的丰富的异质知识或关键技术知识，都是组织外部网络中的重要知识来源；组织内部进行的研发、创新或经验积累等都是组织内部网络的重要知识来源。这些知识构成了组织知识管理的知识网络，为企业进行探索性和利用性组织学习提供了重要的营养。因此，企业要搭建起组织内部和外部的知识网络，对获取的知识进行学习、吸收、整合等，更好地助力组织学习。

第二步，利用数字化技术赋能知识管理系统。从信息化技术发展开始，企业知识管理已经可以从知识的内容建设，转向搭建知识管理体系和知识管理信息系统，进而提高企业知识管理能力。进入数字化时代，数字化的技术使知识管理逐步走向平台化和智能化的发展趋势，使知识管理能与组织结构、业务流程等深度融合，实现知识管理的再创新，更好地赋能组织战略学习能力的提高。

总之，知识作为组织竞争力的重要来源，具有难以模仿的特点。组织要进行数字化管理，就必须建立起组织内的知识管理系统，把企业从组织内外所获得的知识从创造到应用实现综合的流程管理，提高企业战略决策的科学性和准确性，同时提高战略学习的创新能力。

综上所述，在复杂多变的外部环境下，企业必须从战略层面自上而下地组织学习，同时以数字化技术赋能整个战略学习，打造高阶的"智库"型组织。同时，在数字化的环境下重塑企业的结构，从对下游企业进行单向的价值输出转变为强化自身价值而形成的韧性能力，不断营造良好的学习氛围，持续吸收、利用和更新战略知识以塑造组织韧性。

● 数字支撑专栏 3-2 ●

芒果超媒：数字化战略构建 IP 内容的二次爆发

一、企业简介

芒果超媒于 2018 年 7 月正式由快乐购更名而成，重组后的芒果超媒一直在传媒产业链上勇往直前。其主营业务也从单一的媒体零售业务转向以新媒体为主的平台运营、内容创作、媒体零售三大业务模块，成为湖南广电旗下的新媒体平台，正式进入互联网媒体行业。芒果超媒从媒体平台和内容创作出发，在创立的早年制作出了大量优秀的综艺节目，吸引了观众的眼球，刷新了收视纪录。目前，芒果超媒已经拥有了芒果 TV、IPTV、节目及剧集制作、艺人经纪、音乐版权、游戏 IP、电视购物和网红孵化等全产业链。截至 2021 年，新媒体平台运营作为主营业务营收增长的主力，广告收入和会员收入是该业务的主要构成，而新媒体互动娱乐内容实现稳健发展，内容电商和内容制作也在不断发力，支撑公司发展。

芒果超媒一直是一家积极创新向前的传媒企业，当文娱行业遇上政策趋严，综艺节目遭到打击的时候，仍然有多款优秀综艺节目成为爆款产品。芒果超媒将继续发力，向创新性优质内容的平台之路进发。

二、组织学习，积极拥抱数字化

在移动互联网高速发展的新时代，芒果超媒积极布局数字化媒介平台，引进5G技术、大数据技术、虚拟仿真技术、人工智能App技术等多方面数字化领域人才打造一个服务齐全的用户平台，其中，芒果TV涵盖新闻、电影、电视金融、游戏等，让用户通过App可以实现一站式服务。芒果超媒还积极推进元宇宙的尝试，于2022年6月发布的《芒果幻城》深受用户欢迎，同时还尝试进入数字藏品领域，搭建数字藏品平台——"芒果崽"，推出了多款数字藏品，上线即被抢购一空。

虽然芒果超媒诞生于互联网媒体行业，但并没有沉醉在互联网媒体的光环之中，而是积极挺进数字化媒体领域，在原有的互联网媒体平台基础上引进数字化技术和相关领域人才，大力推行数字化技术在组织中的应用，大胆尝试，积极在数字化娱乐方面进行全方位的探索。

经过数字化战略下的组织学习，大胆创新，冲破过往互联网媒体的思维枷锁，芒果超媒已经逐步向数字化新媒体领域迈进。

三、知识管理，积极布局IP内容

芒果超媒作为一家拥有视频平台、影视制作、游戏开发、电商业务、艺人经纪、衍生文创六大模块的新媒体，具备了打造优质内容、深挖IP价值的能力，实现综艺和电影开发的媒体布局，芒果超媒就一直向全媒体布局，开发多维的IP产品，从剧集到游戏，再到创意产品和电商，打造具有黏性的IP。芒果超媒对IP战略进行了全面的布局，以全运营全媒体的格局，从以下两个方面为IP战略保驾护航：

第一，为IP打造搭建完善的获取网络。芒果超媒以湖南卫视和芒果TV两大平台带动，进行全媒体发展的新格局，让旗下所有媒体和内容公司持续产出大量的知识内容，做强IP新内容的优势。新格局配上新内容，放大"马栏山智造"的生产力，内外结合整合多方资源，发挥互联网平台和地面平台结合的全平台力量，构建起优质IP的完整播出网络系统。

第二，利用数字化技术赋能IP内容的多维创作。把IP内容进行统一管理，实行"一次开发+多次使用"的内容使用模式，提高IP内容的利用价值，同时利用了芒果超媒的各种媒介平台，实现从卫视到地面、从电视到广播的多主体创作。在IP内容的二次创新开发创作中，探索从综艺到卡通、从电影到电视剧、从音频到游戏、从纪录片到新闻等多层次、多形式的内容。在"内容管理平台+利益共享机制"的激励下，让原创团队实现更多的IP内容开发。对节目IP的衍生开发则由大会员中心和节目中心共同推进，让IP在更有互动性的环节下进行创意创新。

芒果超媒的IP内容知识管理，拥抱新技术，通过"云数据"技术布局全媒体的内容云体系，打通新老媒体的底层架构，让IP内容实现了多媒体、多主体、全运营的内部协同开发，并且积极探索IP的二次开发创新，使IP内容更多维更立体。随着芒果超媒的IP内容不断开发，大量的优势产品和强强联合已经逐步显现，成为芒果超媒的核心竞争力。

四、总结与发展

芒果超媒基于IP内容的持续产出，以用户为导向，用数字化的技术力量，为用户进行全方位自画像。同时，积极拥抱数字化，在媒体媒介创新方面持续进行组织学习，推进IP内容的知识管理，使优质的IP内容逐渐成为芒果超媒的核心竞争力。以IP内容为中心，辐射影响上下游，构建新媒介平台商业模式，持续吸引上游创作者和下游使用者，同时提高用户黏度。目前，芒果超媒的新媒体平台模式已经进入创新阶段，把其IP内容的自有优势逐步开放对接给更多的平台，向生态系统进发。

展望未来，芒果超媒能在IP领域创造出更多元化的协作模式，释放更大的平台效应。

资料来源：

［1］于玉金. 芒果超媒再回"高光时刻"［N］. 华夏时报，2022-08-22（012）.

［2］杜亦敏. 新业态下传媒企业盈利模式创新与经济效果研究［D］. 郑州：河南财经政法大学，2022.

［3］郑华平. IP生态的"芒果式"破圈［J］. 中国广播影视，2021（18）：65-67.

三、数字领导力学习

在组织中，领导层作为组织的一把手，对于组织的战略制定、团队组建，其至对人才培养都具有重要的意义。同时，面对不同的环境变化，带领组织"迎难而上""乘风破浪"都彰显出领导层对塑造组织韧性的重要作用。随着数字化时代的来临，在大数据、人工智能、5G等数字技术的应用下，新经济环境逐渐形成，新颖的具有挑战的环境给组织韧性带来了考验，同时也给领导者的领导力提出了新的要求。

在数字化时代，敏捷的组织结构在完成各种客户的工作，为组织贡献价值的过程中，已经不再是由一个领导者自上而下地传达操作指令，而是统一于共同的企业愿景，运用数字科学技术快速且灵活地响应和完成工作。在这样的过程中，组织需要的领导者应能扮演创新文化的建设者、开放平台的搭建者、团队赋能的教练员、数字技术的探险家等重要角色。

在组织的数字化转型中，领导者要构建起这些重要的角色，需要有适应时代发展的素质和能力与之匹配，不能简单地理解成是领导力与数字技术的综合运用。有些观点认为，推进数字化转型的领导者要学会看数字化的财务报表，学会读懂数字背后的含义，学会掌握和使用数字化工具，学会利用数据来做客户分析等这些关键行为就是领导力重要的方面，这是一种片面的见解。数字技术是一种生产力，数据是重要的生产要素，但是能让数据产生价值的，是使数据应用于各种场景之中和技术的放大作用，也就是说，基于应用场景的技术驱动和创新才是领导者需要重新培养的学习能力。因此，领导层的数字领导力的提升体现在以下三个方面：

1. 数字敏感能力

数字敏感并不是对数字本身敏感，而是对数字的应用场景、数字技术和数字创新等以数字为出发点所产生的敏锐反应，以及对数字化环境的掌控和适应能力。领导者的数字敏感就是围绕数字化的应用场景，利用新技术提升创新的敏感度，同时对组织所处的外部科技环境和科技政策环境所具有的敏锐感知和调适能力，以及数字化风险防控能力等。数字敏感能力不是天生拥有的，需要领导者拥有开放的、敢于跨界的、接受多样化的思想。

开放的思想就是接受数据的形成是流动的，没有专业领域限制，也没有属性的限制，可以在各个完全不同的专业领域之间灵活地流动。

敢于跨界的思想是指跳出传统看待事物的局限性，跨越不同的领域和属性，去感知事物之间的关联，看到不一样的世界。

接受多样化的思想是指接纳不同可能性的产生机会，接纳事物的发展有多种方向的事实。

因此，在数字化时代，基于传统的资源思维模式和传统的稳固规则所形成的能力已经无法感受到数据所带来的"蝴蝶效应"。领导的数字敏感能力要让领导者感知数据的相互影响，感知数据与应用场景的关系，感知更多可能性，才能使领导层的数字领导力提升级别，为组织的数字化转型带来更多的机会。

2. 数字思维张力

数字思维并非简单的数据运用思维，在管理上的运用是与传统的经验思维或精确思维形成对立的一种思维模式。我们在传统的管理中，会基于对已有的经验进行归纳、总结、提升等优化过程对流程进行再升级，这是经验思维在领导者中所起的作用，再以一种解构的方式，基于精细的局部流程或设计，从事物的功能或运作机理出发来进行产品或服务的生产再造，这是一种精确思维所起的作用。这些传统的思维模式在日常的管理中，能帮助领导者塑造高效、严谨的形象，在稳定的市场环境和竞争环境中，这也是优秀的领导者的思维模式。

在数字化时代，技术发展和市场变化之快，让整个环境都处在不确定的环境之中，所有的产品和服务都在推陈出新，领导者仍然维持着稳定状态下的经验思维和精确思维，难以塑造起组织的韧性，难以带领组织面对复杂的市场环境。因此，领导者所应提炼的是概念思维和抽象思维。

概念思维就是基于事物的本质出发，而非拘泥于它所存在的形式或形态，寻找发展的方向和找到解决问题的方法。这是一种动态的思维模式，能让领导者有更多的选择，而非限于自身的经验和所在的环境。

抽象思维是一种逻辑思维方式，基于概念原理所进行的分析、综合、抽象、概括等方法的综合运用。这是领导者带领创新所具有的底层思维方式。

在数字化时代，领导者要基于数字技术，更要超越数字技术，所体现出来的就是具有人工智能所不具有的概念思维和抽象思维。对于数字化时代的数据生产要素，领导者还需要具有洞察力，就是对国内外数字经济发展的宏观研判，对数字经济商业模式的更深理解等能力。只有这样，才能把概念思维和抽象思维变为更高的数字思维。

总之,在数字化时代,如果领导者禁锢在数字技术领域中,将无法带领企业真正实现数字化转型,只有保持对数字经济的洞察力,利用概念性思维和抽象思维,把数据利用起来,形成数字思维的张力,才能带领组织不断地创新,塑造组织的韧性。

3. 数字执行推力

数字思维能为组织重新思考布局提供很好的思维模式,但要转化到数字化战略中和组织的日常执行中,数字化才能真正地落地,这就需要领导层基于数字思维,从以下三个层面提升领导力:

第一,领导自我层面。领导者熟练运用各种现代化工具进行信息和数据的上传下达,利用数字技术与部门之间进行沟通,构建具有公平、公正氛围的数字化平台环境,让员工能积极表达自己的观点。同时,还要建立起领导者的个人 IP 形象,以新的形象为企业进行数字化赋能。

第二,组织变革层面。领导者通过数字技术提高管理效率、改进工作模式、提升生产技术等,以增强组织生产力。领导者要充分发挥其价值,积极利用数字技术打造新型工作模式,提升组织运行效率。领导者要利用数字技术打破原有的组织结构,促进组织扁平化发展,提升组织整体效能。同时还要构建开放合作的组织文化,积极鼓励和推动员工之间进行合作和相互学习,为学习型组织的形成打下精神基础。

第三,员工个体层面。领导者注重员工的能力发展和个人成长,也更强调数字创新团队的建设和发展。数字创新团队是创新团队与数字技术团队的契合型团队,领导者要通过数字技术给予创新团队及时的鼓励,提升其创新积极性,同时利用大数据、区块链等技术提升团队的数据分析能力和速度,帮助团队更好地了解行业、社会等外部环境信息,为创新提供强有力的支撑。

总之,提升领导者的数字认知力,从而影响企业的数字文化,助推企业的数字化转型,领导者具有重要的推动作用。

综上所述,在数字化转型中,领导者作为组织的重要引路人,要发挥其在数字化建设中的引领作用,提升自身的数字敏感度、数字思维能力以及数字执行力。

第四节　数字组织韧性硬实力
——敏捷结构

组织结构是组织内部的分工协作方式，每一种组织都有其独特结构以帮助组织更好地开展工作。数字组织是高效率协作结合数字化技术的产物，扁平化的组织结构是其重要的结构形态，大量地压缩了金字塔的中间层级，使中层的职能被中台所取代，并以数据化的技术实现其权力和责任安排，服务中台成为数字化组织结构的关键支撑力量。尽管数字化技术的力量被放大，但人作为组织中的重要成员并没有被遗弃，反而成为更强大的结构体。敏捷组织成为数字化组织的运作结构。

一、建立中台架构

中台战略是阿里巴巴在 2015 年启动的，此后，中台的概念被逐步推广。中台是一个科学的架构体系，能科学合理地处理好企业业务和数据之间的关系。中台架构是组织数字化的重要架构，其中，数据是技术层面的处理关键，功能是业务层面的处理关键，两者之间既分离也融合。因此，在建立组织中台架构时，要从技术层和业务层中沉淀出有效的操作。

1. 技术层：提炼有价值且能共享的数据

数据是中台的基础要素，在系统中产生的数据具有零散性、分散性等特点，通过 IT 架构收集的数据需要过滤、漂洗、筛选等，才能成为可使用的数据。可使用的数据源非常多，进入中台分析的数据需要有两个特点，如图 3-7 所示。

图 3-7　中台分析的数据特点

第一，有价值的数据，就是有使用的意义并能被利用的数据。数据的入口是在业务主导视角下构建的，导致各系统中的数据形成割裂状态，也就是数据孤岛的现象，表现出差异的标准、差异的数据时间等，因此无法成为有价值的数据。入口的多样性，导致数据需要在中台形成沉淀，从组织的全局出发，思考数据的作用，沉淀数据，形成组织的数据资产，产生价值。

第二，数据闭环，就是要有能共享的数据。大数据不仅表现在数据的量方面，更表现在维度和深度方面，数据在实际中流转解决的问题不是单一的，而是多元的，如果中台的数据仅能解决单一的数据储存、萃取、处理等问题，这只是把数据进行业务化，还要对业务场景、用户触点等业务方面进行数据化，才能使数据从产生到应用形成闭环，能共享的数据，才能在闭环中流转。

总之，在中台架构的技术层，构建数据沉淀和闭环，才能让数据产生真正意义上的价值，避免数据孤岛。

2. 业务层：以需求不断开发清晰的功能

功能是中台业务层的体现，业务层包括组织架构中的多层次需求，重点是产品业务和服务业务之间的协同，不能过度地强化单一方面的业务，而是要从企业的整体业务链对业务层进行梳理和解耦，构建有价值且复用的功能。中台功能的特点如图3-8所示。

图3-8 中台功能的特点

第一，依据用户体验设计功能。从数字化商业模式可以看出，以用户为中心的组织价值主张，在中台功能设置中用户体验最佳成为最优原则。用户体验最佳体现为在产品、品牌、服务等全方位向用户传递价值，功能设置的美观和操作简易是其重要视觉原则，在内涵上，要架设出应用层，进行数据统一、业务联动，将多个应用需要实现的功能架构放在应用层上，实现用户一次出发即达目的，大大提高了用户操作的便利性，从而提升用户体验。

第二，以业务创新开发竞争力。组织通过数字化架构，拥有了更强的业务探索能力，从而形成业务创新，逐渐提高组织的业务竞争能力。数字化时代的竞争，已经很难脱离数字技术背后的支撑。当中台架构进行功能开发时，不能单一地设定为具体的、直观的问题，还要兼顾组织的战略发展方向和未来市场的变化，快速地进行业务创新，抢先建立出独特的功能，形成中台架构的核心竞争力。在中台架构的实现中，要能做到提升业务响应速度和业务创新，业务层的复用能力成为关键。

总之，业务层作为中台架构的关联经络，除了基于组织的商业模式开发，以用户体验最优提升功能价值，还要从战略模式中开发出多业务联动复用的功能，进行业务创新，形成企业的市场竞争力。

3. 操作：数据和功能均可独立运营

在中台架构中，技术层的关键是数据，业务层的关键是功能，两者的有机整合，形成组织的中台架构。中台架构作为一个整体，形成了组织的关键竞争力，体现在技术层和业务层的能力上，既能融合也能独立，如图 3-9 所示。

图 3-9 中台的有效操作

第一，数据对外输送。从数字化的商业模式中我们可以看到，独有和占有都不是这个时代能够形成竞争的要素，共享和分享是这个时代的需求。数据作为组织中台架构的基础要素，数据的获取不具有唯一性，经过处理、过滤等操作，形成有价值的数据，成为数字化组织重要的资源。资源开放、资源整合就是要让有价值的数据能输送到其他组织中，形成数据资源的合力。技术层的独立、数据开放能为企业的发展创造更大的空间。

第二，功能共同协同。在数字化的商业模式中，中台架构的功能体现在关键业务的竞争能力上，业务的可拓展性，能支持业务场景更多的个性化需求，使用户体验价值最优，创造出更具有竞争力的功能。功能的背后是业务层的支撑，组织的业务资源整合能力，形成了数字化组织的关键能力，体现在中台架构功能的外部协同能力上，由多方组织的业务联动，数据统一到业务的应用层，从中台的功能方面体现出来。功能的个性和协同为数字化组织更好地适应时代的发展，以能力促进合作，合作取代竞争，协同共赢。

总之，在中台架构中，数据要素和功能都是重要的组成部分。数据的统一为组织带来了更多的发展机遇，数据的对外延伸为组织拓展了发展空间；功能的创新提升了组织的市场竞争力，功能业务的对外拓展增强了组织的能力。数据和功能既统一又独立地运营，才能形成更有价值的中台架构。

二、组建无边界团队

一个小型组织，人员数量较少，边界还没有形成。随着组织规模的扩大，人员越来越多，就产生了部门。随着业务场景和渠道越来越多元化，部门越来越细分，部门数量也越来越多，以细分所产生的部门形成了发展的堵点，缩减部门又会形成人员职能混乱。因此，打破部门边界，跨职能成为部门整合的需求，也是构建敏捷团队的基础。

敏捷团队是一个具有敏捷性的小型作战分队，团队的业务功能不是以工作进行细分的，而是以不同的业务场景细分的，以完成主要的业务功能所需要的职能人员进行闭环，组成多个职能整合的小业务单元。这种在组织内部裂变而成的敏捷团队，能更聚焦、专业和快速地满足市场需求。

在敏捷团队的架构中，部门的边界被打破，团队的构建要从两个方面入手：第一，以业务场景作为划分团队的依据，每一个业务场景体现的都是客户的需求。客户的需求不是一个客户服务部可以跟进的，需要多个职能部门配合完成。因此，以业务场景划分团队，就是要让大量的需求得到专业的、聚焦的满足，让顾客满意成为团队任务的主要目标。第二，小而美的业务单元组合。大规模导致机构臃肿，难以保持灵活性。人员少、职能齐、专业人员优，配合数据化的信息系统，才是小而美的敏捷团队。

总之，打破组织结构的臃肿，疏通业务的堵点，形成敏捷团队是组织的重要业务单元。

三、构建网状式流程

流程是组织开展管理工作的指导，专线式的流程管理是相对传统的多线式而言的，多线式是一个职能部门以工作细分对应多个业务项目，每个业务项目有多个职能部门为其服务，形成了工作流程的多线式操作。而专线式就是一个业务项目对应一个敏捷团队的专线式操作，敏捷团队已经集齐了人员和资源，可以全力以赴地完成任务。

敏捷团队中的各成员从各职能部门分配而来，全程参与项目的开发，因此需要不断地自我突破，与团队成员通力协作，还要提出多种思路并持续改进。在这个过程中，试错成为团队必须面对的问题，迭代成为团队成长的必经过程。敏捷团队在不断的磨炼中，逐渐完善团队人员的配合、资源的整合，以明确的时间和产出促使团队快速地完成任务。

总之，组织的工作都是通过完成一个个业务项目而来的，以完成业务项目组建而成的专线式敏捷团队是敏捷组织的重要工作方式。

四、任务式管理

每一种管理方式的有效性都要通过相关的指标展现，通过指标的完成，才能跟踪到业务项目的完成情况，这就需要评价体系。在过去的组织管理中，部门和人员都是重要的管理对象，职能的完成情况要通过关键绩效来衡量，绩效就是职能的成果，对关键绩效进行量化管理的方式称为KPI管理方式。

在以用户为导向组建的敏捷组织中，组织成员工作的积极性和自发性已经基于目标的完成而产生，如果仍然对其工作进行管理，则会限制敏捷团队的创新能力，同时也无法实现快速试错和快速迭代的成长优化过程。因此，新的管理机制被提出，并以完成目标为中心，在敏捷组织中，把产出和业务进行重组，打破原有的纯业务线或纯产品线，形成新的目标方向，以用户价值最优作为组织的中心目标。目标论是要组织改变原有的绩效管理导向，以目标为行动指导。

以敏捷团队为单位，以项目整体完成为目标量化而成的考核体系称为OKR管理体系，这种管理体系在国外的一些高科技公司中被广泛应用，它不仅是一个目标管理体系和管理工具，更重要的作用是引导组织及组织成员积极制定并完成挑战性更高的目标，以其敏捷性做出更大的贡献，最终实现组织的卓越管理。

总之，数字化组织不能单独地理解为技术改造组织，这会错误地走向唯技术论的认知，对于组织的整体发展是不利的。数字化技术对数字化组织有重要的支持作用，没有数字化技术的发展，组织的中台架构就无法形成，对组织结构的改革也是难以形成的。但是，组织结构的根本性改革也是非常重要的，敏捷性是时代对组织的要求。只有技术与组织更紧密地融合，才能搭载出适合企业发展的数字化组织。

● 数字支撑专栏 3-3 ●

京东方：敏捷组织推动"屏之物联"

一、企业简介

京东方创建于1993年，由国内最大的电子元器件厂——北京电子管厂改制而成。核心事业是终端器件、物联网和智慧医工。终端器件是由其传统产业发展而来的，广泛应用于手机、平板、电脑显示器等领域；物联网是从2014年开始进军的新领域，是在原来硬件的基础上向软件领域的开发，为新零售、交融、金融等领域搭建物联网平台，并提供"软硬件+场景"的整体解决方案；智慧医工是专项医疗领域的项目开发，通过"移动健康管理平台+数字化医院"模式开发而成，为用户提供全面的健康服务。

经过多年的努力，京东方从连续14年亏损的企业成为最具价值中国品牌榜的TOP100。多年来，京东方持续加大研发投入，以1980件PCT专利申请量位列全球第7名，连续6年进入全球PCT专利申请TOP10。2021年，京东方发布了"屏之物联"战略，标志着京东方从半导体显示产业的龙头企业转向全球领先的物联网创新企业，物联网战略成为其走向生态型组织的标志。

二、敏捷组织结构分析

1. 中台架构

京东方对原有的IT基础设施系统进行全面优化,实现生产自动化、实时化,同时把运营管理平台、研发平台、办公平台等部署到云平台上,通过自主开发的云平台管理系统,实现数据跨系统、跨平台、跨区域的统一对接管理,打通了中台架构的技术层结构;采用微服务技术,以客户类型、种类、场景等交付系统构建中台架构的业务层结构,使员工、合作伙伴、客户能按所需从数据平台中获取不同的系统支撑。京东方的中台架构是伴随着集团业务不断完善而形成的,为其数字化转型奠定了重要的技术基础。

2. 无边界团队

无边界团队是京东方的敏捷运营机制设置,坚持执行"物联网"发展的主要战略方向,基于物联网产品的计划、研发、生产、营销和售后服务的全生命周期,进行资源配置,深耕细分领域,以"快速响应市场和客户的需求"为首要目标,打破传统的业务组织结构,将显示系统、智慧系统、健康服务等业务整合为物联网创新业务,以更多种类的业务组合单元面对各行各业的中小客户,提高京东方业务前端的敏捷性。

3. 网状式流程

京东方的整体管理体系是一个中心,网状管理。一个中心是京东方的统一目标,基于上下统一的战略目标,制定战略发展方向,同时制定部署方案。基于一个中心所订立的内容,搭建以价值为导向,高效且可控的流程管理体系,让每一个业务单元都能充分地获得公司的资源分配,不再受限于职能部门的分割。

4. 任务式管理

集合公司产品、研发、营销等多方面的资源,以完成业务项目为目标,激发企业内部的活力,充分调动员工的积极性,以商业化团队和市场化的绩效组合,参与到每个业务单元中,部门全面挖掘企业资源和数据,为客户提出有针对性的优化方案,提升生产效率。

三、总结与发展

面对2020年以来不确定的市场环境,京东方面临着众多的危机与挑战。在这样的环境中，京东方仍然能坚定地推进"屏之物联"战略，足见其对战略的坚定和对数字化变革的决心。物联网发展的创新业务给京东方带来了整个生态的外延。其"三纵三横五拉通"的数字化敏捷管理，标志着其步入了数字化组织的升级过程，不仅体现在技术中台的构建上，还体现在全企业的敏捷管理辅助上。作为物联网生态型企业，京东方要保持开放的态度，以容纳百川的心胸，吸收更多的人才和企业进入，让生态有更丰富的多样性，其生态发展才更健康。"屏之物联"战略和敏捷组织将给京东方带来更多的生态发展空间。

资料来源：

[1] 唐艳，詹莹然. 京东方：从显示破冰到屏之物联 [J]. 企业管理，2022（6）：78-81.

[2] 陈炎顺. 企业高质量发展的四重逻辑 [N]. 每日经济新闻，2022-01-07（007）.

第五节　数字组织的发展形态

一、平台型组织

平台型组织是一种航空母舰式组织形式，以其开放式的综合功能对接各种单一的独特功能，使功能效用进一步放大。由于要对接各种单一的独特功能，需要数字化的技术作为其内部的主要技术支撑，才能不断地优化和完善组织的综合功能，这是平台型组织内部构件的基本要求。平台型组织不能单一存在，它需要具备两个重要推动条件：

第一，细分化的市场需求。在物资稀缺的市场环境下，市场供应不足，随着物资越来越丰富，市场竞争越来越激烈，在需求量开始趋向饱和甚至过剩的环境下，市场需求开始变得复杂。客户需求不仅高度细分，而且还要保持动态适应。以高度细分的客户需求作为平台型组织的主要价值中心，是构建平台型组织的主要条件。

第二，高知识型员工的力量。员工是组织的重要动力，在农业化时代和工业化时代，员工的数量直接决定了组织的竞争力。在数字化时代，平台是一个综合性的组织，它能产生大量的数据，生产活动参与者提供有效的信息支撑，那么员工利用数据快速决策的能力就显得更为重要，当每一位员工都具备单一功能的专业能力时，对接到平台的强大功能中，平台组织的竞争力就会大大提升。因此，在数字化时代，平台组织需要高知识型的员工推动组织向前发展。

总之，平台型组织是把专业资源集聚的规模优势与小个体的灵活优势结合起来，以细分和专业的市场需求为中心，利用数字技术结合起来的组织模式，帮助企业应对变化的市场环境和激烈的竞争环境。平台型组织有四个特点，如图3-10所示。

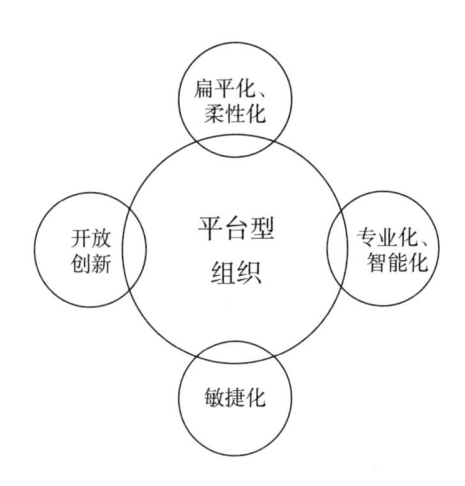

图3-10 平台型组织的特点

第一，组织结构扁平化、柔性化。组织结构是为了对工作进行分工和协调而形成的。平台型组织是通过不断吸收参与人来扩大规模的组织，如果其内部结构与传统的科层制金字塔式结构一样，会让平台型组织的中心层级管理层过多，导致管理困难。在数字化技术的支持下，组织的信息获取使参与到组织活动中的人均可成为决策人和管理人，那么管理的层次无须增加，只需增加管理宽度，因此组织结构的层次被压扁，减少了中间决策层，使组织结构变得扁平化。同时，在平台型组织中，数字化系统对每个执行单元都能充分地授权和赋能，使内部的管理组织从单一化变成柔性化。

第二，中心系统专业化、智能化。平台型组织的中心系统犹如组织的大脑，既要处理大量的数据信息还要向各个业务端传递信息，形成高度专业的思考能力是中心系统的任务，单纯的计算机化和信息化已经无法满足其日益增长的数据需要，中心系统快速的搜索能力和模型化的分析能力是其重要的工作能力，在互联网技术和大数据技术的加持下，形成中心系统的网络神经，让集成的数据通过网络神经及时、快速地传递到各个业务端。因此，由于平台型组织是构建在互联网技术和数字化技术上的数字化组织，数据专业化集成、即时化响应和智能化运行是其中心系统的标配。

第三，组织反应敏捷化。在稳定的管理环境中，组织无须做出过多的回应，保持稳定是其最优的状态。但平台型组织面对的是一个不确定的、复杂多变的环境，组织的反应能力成为对组织状态检验的标准。在中心系统的赋能下，配合快速传递信息的扁平化结构，组织能对外部环境做出高敏反应，能积极拥抱变化，聚焦高价值点，不断优化和迭代。业务端的高度柔性，使组织反应具备了敏捷化的特点。

第四，企业文化开放创新。企业文化是在长期的生产经营活动中形成的经营宗旨、价值观念、企业制度体系、团队工作作风、员工行为规范等的综合体现。平台型组织由于层级扁平化，组织成员高度协同，以信息为处理依据，资源和能力在组织中共享，企业形成高度开放的文化氛围。同时敏捷化的组织反应，让平台型组织更能适应环境，优化和迭代促使企业更具有创新的精神。

● 数字支撑专栏 3-4 ●

36 氪：科技与商业的连接桥梁

一、企业简介

36 氪是一家国内最具综合性的互联网科技创新型企业和创投服务集团，于 2010 年成立，起初专注于互联网和科技创投传播媒体领域，经过多年的快速发展和对业务的分拆，现在 36 氪作为一家专注于创新型互联网和科技创投综合服务的集团，已经在全国范围内拥有三大核心业务，包括创造性的商业传播媒介平台——36 氪互联网传媒、联合经营办公的氪时代空间和一级互联网金融机构数据供应商深圳市鲸准供应链有限公司，为融资困难的中小型企业和个人提供了媒体曝光、融资对接和办公场地及相关的金融信息服务。截至2017年4月，36氪共服务了2万多家创业投资公司，在中国和全球范围内拥有的网络读者量达到了上亿人次，另外还建立了30多个联合举办公司的网络平台并且已经收录了超过50万条一级市场的创业项目和数据。

二、平台型组织特点分析

1. 企业文化开放

36氪是一家创新型平台型企业，以赋能新经济参与者实现更高成就作为企业使命的开创性平台公司，其价值创造主要是连接和服务企业与利益相关者所形成的新经济社群，为其提供有价值的关于新经济的创投信息。由于处于新颖的行业浪潮，需要有多种合作关系和合作模式，吸收多元化内容和资讯，内容赛道覆盖众多领域，使36氪的企业文化保持开放态度，同时企业内部会不定期举办内部分享会，促进员工之间的文化交流。

2. 组织结构扁平

36氪的内容需要众多有行业背景的人才，需要有创造力很强的人才去突破媒体边界，打造新商业媒体的全图。36氪设立有市场部、运营部和后台支持机构。市场部除了完成年度营销目标计划，还设有联动部门，根据市场需求，进行跨品牌的战略组合。运营部负责整个公司的运营计划、组织、实施和控制的统筹工作。后台支持机构就是对产品的技术、开发等提供支援。企业没有太多的部门，都是围绕内容创作进行的。

3. 中心系统灵活

36氪搭建人力资源数字化管理后台，以数据为依托，基于业务分析，统计部门所需人员，并可进行工作排期和职位优先级别设置。在公司业务变化较大期间，调整目标管理，从一年一次的变动实现每月一次目标，紧跟业务的变化，使人员与业务达到基本匹配。同时中心系统还能实现小团队管理体系，以实现团队管理和跨部门沟通协作。

4. 信息库赋能组织反应

组织能够快速地从研究院的信息库中调用信息，以应对业务的需求和市场的发展。36氪设有研究院，根据行业发展、资本热度、政策导向等定期输出高质量研究报告，研究方向覆盖人工智能、5G、区块链、医疗、金融、物流、文娱、消费、汽车、教育等多个领域，帮助政府、企业、投资机构等快速了解行业动态，把握发展机遇和明确发展方向。

三、总结与发展

在经济全球化的背景下，以高新技术和产业转型升级为核心主导的新经济成为主要的经济内容，其发展具有低失业、少通货膨胀、减少财政赤字、经济增速加快等优势。36氪的商业模式瞄准了新时代的经济服务，始终努力寻找"实体"服务的实现路径，在实现其以内容服务企业的商业模式过程中，不断推进数字化建设，组建人力资源管理系统，搭建信息资源一级平台等技术化中心系统，以高质量的数据库赋能各行各业的人才进行科技商业版图的拓展。同时，36氪减少组织部门设置，以内容创作为中心，采用扁平化、敏捷化的小团队管理模式。

36氪从一个以内容创作为起点的平台型企业逐步发展成为一个连接创作者、创业者、投资者等多方商业需求的平台组织。把具有专业技能、专业资源的人员联合起来，实现跨领域跨行业的结合，以帮助更多的人在激烈的市场环境和竞争环境中寻找商机。

资料来源：

谢奔，于淼. 从信息链接到服务链接：新经济服务媒体平台36氪的转型思考［J］. 科技传播，2021，13（13）：151-153.

平台型组织的构件如图3-11所示。

图3-11 平台型组织的构件

1. 领导层

在传统的组织结构中，领导层一般代表最高的行政管理层级，是金字塔的顶端。平台型组织是扁平式结构，领导层按照职能被分化出两个作用：

一是公司治理；二是公司管理。在平台型组织中，领导层的价值是平等、包容、共成长。

平等是平台型组织领导层的新关系。区别于金字塔式的自上而下，平台型组织由于其内部的资源是开放的资源，让员工以用户为导向，去组合和选择使用资源，让资源尽快为项目所调用，领导层也是组织的资源之一，领导层的决策透明化，使组织的关系更好地实现平等。重视与员工之间的开放共享关系，构建平等的组织，是平台型组织领导层的主要价值主张。

包容是平台型组织领导层的特质。平台的发展是一个搭建和优化的过程，过程中组织会产生很多的意见和做出很多的尝试，意见分歧和尝试失败是平台中经常会发生的事情，包容的领导层就是员工的调节剂，只有允许员工在一定范围内去试错，创新才可能发生，才能推进平台的优化过程。以包容坚定员工的信心，以包容调节试错与成功之间的距离，是平台型组织领导层的主要特质。

共成长基于平等的关系和包容的机制，领导层不是自上而下的管控，它让所有人都能在平等的资源之中；也不是自下而上的模仿，而是包容其在事业中的创造，这是一种基于领导与员工之间对"共同事业"的认知，秉持"彼此成就"的理念，共同成长是组织的核心内容，也是领导层治理组织的重要指标。

2. 前台

前台是平台型组织的前线，是与用户最接近的端口，在传统的组织结构中，属于业务端，业务端要深挖客户的需求，与客户直接相处，是企业的外部使者。因此，在前台的构件中，业务破局、深耕运营、营业收入体现成为平台型组织前台的主要价值。

业务破局是前台的主要工作。如果将平台型组织比喻成八爪鱼，八爪鱼的触须就是平台的前台，它不仅要推销业务，重点是要让平台的业务深入到用户中，打破原有的市场格局，因此，平台型组织的快速破局就体现在前台的数量上，以量突破局面，是平台开拓市场的主要手段。

深耕运营是前台的主要工作。前台不再是单独的业务员，而是一个业务输出端口，高效率地运营，使平台的业务能够得到及时的开展，同时深耕平台与业务之间的不足，都是前台必须具有的能力。前台是平台数据的主要输入端口，市场和用户的真实数据信息通过前台收集并汇集到平台中，平台的搭建和优化才能产生。

营业收入体现是前台重要的工作目的。前台就是平台的一个前线小分队，无论是一个人还是一个小组织，平台构建中心资源的搭建，通过前台进行输出，也是平台流量变现的端口，流量变现成为平台的营业收入，才能形成平台内部和外部的正向资金循环。

3. 中台

中台是平台型组织的重要核心，也是平台型组织区别于其他组织类型的重要构件。在信息化时代，通过信息收集逐渐形成信息中台；在数据化时代，数据已经在中台不断地产生，数据中台已经成为平台型组织的大脑。不仅具有收集的功能，而且数据分析也是其重要的作用。中台价值体现为稳定、专业、高效、赋能。

稳定的数据储存和专业的数据分析是中台的重要职能。数据是时代的重要因素，是中台构件系统的基础。数据不限于从前台端口获取，还能从多方渠道获取，所收集的数据是大量的而且还会呈指数级增加，数据储存的稳定性是中台的主要基础。数据的价值体现在数据分析，通过数据分析挖取到其内在深层次的意义，从而产生更多的平台价值。因此，稳定的数据储存和专业的数据分析，是中台的基础设施。如果算法是基础设施，那么算力就是平台的基础能力。效率是算力的重要指标，高效能、高运算才能拥有高算力，算力的高效是提高平台价值的重要手段。

有了稳定、专业和高效的数据基础设施，中台才能真正体现其赋能平台的重要作用。中台进行数据处理，通过专业的分析和高效的算力，为平台提供主动化的、智能化的决策依据，从而指导平台开展各方面的业务工作，因此，很多人认为中台的巨大能量会取代平台的各项工作，这是对中台夸大理解的误区。中台是平台的重要中心数据大脑，它提供决策依据指导决策，赋能平台才是中台的重要价值意义。

4. 后台

后台是平台的大后方。在平台型组织中，中间层被压缩，具有治理能力的人进入领导层，执行治理工作，那管理职能就会进入平台的后台，为平台提供多方的保障，职能从原来的管控变成协调和支持。后台的价值体现为严谨性、流程性、支持度。

平台型组织是一个高效能的组织，虽然其具有中心数据大脑，但是对人员、场地、财务等基础的职责需要通过后台进行管理，顺畅运行是后台流程管理的体现，传统组织繁多、复杂的流程会阻碍平台内成员的快速、协调反应，把组织的岗位权责关系融入流程中，提高流程的顺畅度，严谨的流程体现流程设计的合理性，合理的流程才能让组织内部的数据顺畅地流动，对组织高支持度的流程，才能更好地为平台型组织提供支持。

二、生态型组织

生态型组织以其所拥有的资源和能力共享给参与活动的所有个体或组织，让这些个体和组织能够在其资源和能力的整合下，获得新的发展空间，迸发出新的发展潜力，从而使整个生态能够稳定地发展。生态型组织的内部结构没有明确的界限，技术是其重要的基因，用以帮助所有个体或组织的孵化和进化。数字化技术推动着共享经济的诞生，生态型组织要在数字化经济和共享经济的推动下形成生态协同效应才能让组织发展壮大起来。生态组织要从以下三个方面推动协同效应：

第一，规模扩大。互联网作为主要的时代技术，网络效应是互联网技术的必然产物，其建立在规模形成的基础上。生态型组织的规模不断扩大，才能包容下生态成员，并为生态成员共享规模效应，使整个生态内的所有成员获得比单一型个体更大的市场空间。通过规模效益的聚合，生态型组织和生态成员收获的市场价值会大于各个个体单独创造的价值，是 1+1>2 的市场聚合效应。

第二，整合资源能力。资源能力是每一个组织实现商业模式的关键要素，是促成商业模式成功的成本结构，更多的资源和能力，更有助于企业商业模式的成功，但同时也会扩大企业的成本，导致得不偿失。那么，在资源方面，数字化技术能把资源形成共享的数据池，生态型组织将数据对组织成员开放，促进其他组织成员成长，同时组织成员的成长又会反哺整个生态型组织的成长。在能力方面，统一的技术平台让生态型组织各成员的能力得到了整合，推动了整个生态圈的向前发展。

第三，管理提效。在生态圈中，各个生态型组织拥有不同的管理效率，不同的管理效率会产生不同的资源利用效率。生态成员之间可以在平台技术的支持下，通过优质的管理资源，如管理制度、人员资源等，使高管理效率的成员企业可以协同低管理效率的成员企业，从而提高低效率企业的管理效率，让数据资源得到更好的利用。

简而言之，生态型组织区别于传统组织的自力更生模式，也区别于平台型组织的互联寄生模式，它是内外部协同共生模式，数字化技术是重要的连接手段，数字化资源能力以其共享的特质形成整个生态圈的重要竞争力，生态型组织吸收生态圈内的资源能力不断成长，在规模效应的影响下，生态型组织即能健康成长。整体的力量总是大于个体，以整体的力量应对复杂多变的环境，便是生态型组织的核心竞争力。生态型组织的特点如图 3-12 所示。

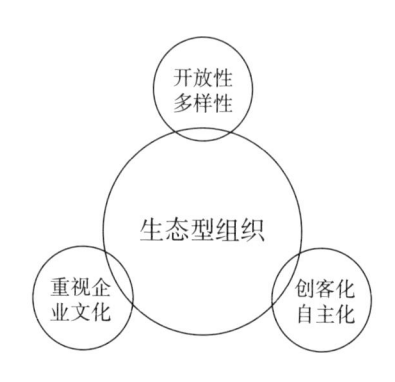

图 3-12　生态型组织的特点

1. 高度开放性和多样性

对于生态型组织来说，自上而下的层级关系和封闭式的信息流通是无助于生态系统形成的。高度开放性可增加员工管理的民主化和透明度，打破中心式的领导权威，自下而上的层级关系推动创新，同时，开放的信息，增加了与外部关系者的连接，增加了适应度，形成了与外部的共同作用力。

集百家而共融，集思广益是生态型组织的生长方式，那么多样性对于生态型组织来说是非常重要的基础。多样性体现在组织的很多方面，如文化多样性、员工多样性和创新环境，生态型组织就是多样性的总和。

2. 组织成员创客化、自主化

创客是一种创造的新生力量，只有在开放、包容、创新的环境中，创客才能发挥出其创造力。自主是一种自我驱动力量。创客化和自主化形成了组织成员的组织价值，推动着生态型组织的发展。生态型组织的多样性和创新力就来自一个个自主化创客化的小分队，它们之间既联合作战、协同合作，又相互竞逐，以小而美的灵活性形成生态型组织的具有生命力的规模效应。

3. 高度重视企业文化

每一个组织都会形成其特有的企业文化，企业文化是一种价值观和精神的理念，在生态型组织中，高度的分权和去中心的结构，容易使组织成员走向失控状态。在这种情况下，就需要站在一种文化的高度，形成组织成员统一的价值观，以思想为行为提供指导。因此，在生态型组织中，一个能唤起组织成员高度认同的企业文化，就犹如一个精神领袖指导着组织的前行。高度重视企业文化建设，是生态型组织的重要指挥棒。

一般而言，生态型组织的构件有领导层、大平台和小前端，见图3-13。

图 3-13　生态型组织的构件

1. 领导层

生态型组织是一个高度开放而且多样的组织，组织成员拥有各自的特点和风格，甚至拥有各自的创造力，创造需求、创造供给和创造财富。领导层作为生态型组织的最高治理层，肩负着平衡组织、赋能组织的重任，坚持以人为本的发展理念。

平衡组织。能力各异、风格各异是生态型组织对成员的需求，只有差异性才能达到促进和互补的作用，使生态可以健全地发展。也正是因为这种差异性，组织间的矛盾、冲突很容易发生，领导层就要发挥其平衡的作用，缓解矛盾，以组织的使命和愿景，传达组织的目的，让成员能够自我吸收、自我理解。平衡是一个重要的调节，在变化不定的环境中，绝对的稳定是很难达到的，相对的稳定就要从平衡中获取。因此，生态型组织的领导层的价值之一就是平衡组织内部，平衡组织的发展。

赋能组织体现在领导层的两个方面：第一，在生态型组织中，领导层把决策权下放，领导层不参与决策，但赋能了整个决策机制，提升了业务团队的决策能力。辅助决策、不代替决策，才能让组织真正地成长。第二，坚定执行企业的使命，实现企业的愿景，以组织最高的精神纲领赋能到组织的行为中，以实现"无为而治"的目的。坚持拥护"以人为本"的价值理念，才能推动组织的人才建设，实现组织的发展。

2. 小前端

生态型组织中的小前端就是一个小团体，它有结构、有机制、有个体，是一个团体式的小组织。它可能是内部成员创业的小微企业，也可能是专业人才的创客企业，也有组织的外部连接企业。它们之间已经不存在上下级的关系，成了真正意义上的独立的个体。小前端拥有自己独立的价值意义，对于生态型组织来说是重要的构件。

小前端的小团体式，让生态型组织的灵动性体现到了极致，它们有自我生产的能力，不会成为生态型组织的负担，但同时它与生态型组织相互依赖，形成了资源的互动和重组，让各自能往更好的方向发展。因此，对于生态型组织来说，小前端的价值就是让组织保持敏捷性。

3. 大平台

在生态型组织中，大平台不等于平台组织的中台。它是一个完整的平台结构，有内部的管理层、中台系统和业务端。大平台的价值是其不断迭代和优化的动态过程。生态型组织所处的环境，是一个高度变化的环境，社会的人、事，甚至知识都在变，大平台要形成学习型组织的机制，平台内的各组织成员都要在持续的学习中推进，以学习的力量推动平台从小到大的变化。

在平台内部，组织以强大的学习力和资源整合能力，形成平台内部的运行机制，中台系统是这个运行机制的辅助系统，辅助资源的整合。在平台的外部，组织以一个整合的资源输出，为外部组织提供支撑的力量。如阿里巴巴的中台战略，其背后就是构件大平台，以其整个集团的数据整合能力、产品技术能力，进行迭代升级，形成强大的平台力量，为小前端提供强力的支撑。

章末案例

字节跳动："小事大做和大事快做"的 App 工厂

近年来，在移动网络的快速发展下，有几款爆红的 App 产品，如"今日头条"作为即时信息的服务 App、"抖音"作为即时映像的分享生活 App

等，它们都是基于数据挖掘推荐的引擎产品。在这些 App 迅速走红的背后，有一匹"黑马"的身影，通过推荐算法在移动互联网内异军突起，大量的流量被瞬间集聚，其在技术、市场等方面的非研发类创新又助力了企业快速成长，使其一度成为全球最大的"超级独角兽"。

一、企业简介

北京字节跳动科技有限公司（以下简称字节跳动）创办于 2012 年，是一家早期实现"人工智能+移动互联网"应用的技术型企业。由于其创办于移动互联网的较早期阶段，占得了初期发展的红利，当时涉足这个领域的企业不多，字节跳动以火力全开之势快速抢占了该领域的份额。起家于"今日头条"的字节跳动，陆续推出抖音、头条、西瓜、懂车帝、皮皮虾、剪映、飞书、幕布、番茄小说等一大批成功产品，产品涉及之广泛，已经与每个人的日常生活息息相关。字节跳动产出的 App 都大获好评，并能起到迅速攻占领域的效果。"做一个，成功一个"似乎让字节跳动成为第三方平台应用软件的工厂。字节跳动高产创新的背后，离不开背后"追求极致、务实敢为、开放谦逊、坦诚清晰、始终创业"的企业文化，让每一个字节人都拥有"字节范儿"，并以此作为共同的行为准则。

字节跳动创立的时期，正好是互联网巨头的活跃时期，以百度（Baidu）、阿里巴巴集团（Alibaba）、腾讯公司（Tencent）（BAT）为组合形成了对字节跳动的共同夹击，但字节跳动并未被打败，甚至以技术算法闯出了自己领域的新天地，并一跃成为新一代的互联网巨头。区别于传统的以技术研发为主的创新，字节跳动属于非研发创新领域。作为一只快速成长的"超级独角兽"，字节跳动的成功并非易事。创新是其重要的调性，除了有传统的研发创新技术，还在市场、组织等方面进行了非研发类创新。现今，字节跳动市值的暴涨，让其超过了 Uber 成为全球最大的"超级独角兽"。

二、共创型的"张一鸣"

在数字化时代，领导层的地位仍然非常重要，但区别于传统组织"一言堂"式的领导基因，领导层的价值更在于其平衡和赋能。字节跳动作为互联网科技企业，发展的速度非常快，但发展的道路绝非坦途。字节跳动进入移动互联网行业的时间很早，因此，总有很大的空间可以去试错，然后试探成功。但是，在当时的互联网行业中，已经有一批凭借着创新而发展的龙头企业，字节跳动所面对的环境并不理想，甚至同行竞争者几乎都有强大的技术背景作支撑。

作为字节跳动的创始人，张一鸣是一位标准的技术狂热者，从读书开始就醉心于计算机领域的软件开发。在创立字节跳动之前，他还是一位连续创业者，过程中有跌跌宕宕，也有转型探索，在软件开发领域摸爬打滚多年。创办字节跳动的念头也是从对移动互联网发展趋势的坚定信念中开始的。张一鸣曾说："越是在移动互联网上，越是需要个性化的个人信息门户，我们就是为移动互联网而生的。"这一信念奠定了字节跳动的技术基础。

张一鸣十分重视人才，他认为，人才不是通过控制成本得来的。对于企业的人才机制，不仅要关心其兴趣，还要关心其成长，更重要的还要有有效的激励策略。通过这三点可看出，张一鸣的人才机制是基于投资和人性的特点出发的，为每个人提供最好的投资回报率(ROI)，ROI越高，员工获得的薪酬就越高，以高激励吸引能创造顶级价值的人加入。作为字节跳动的创始人，能以大的格局进行人才投资，也是字节跳动能聚集到能人为之奋斗，推动发展的重要原因。

在数字化组织中，领导层的价值仍然存在，共创型的领导层才是时代的需要。张一鸣迷恋技术，重视人才，同时坚定地输出对移动互联网的信仰，具备了共创型领导层的特质。

三、以技术算法作为立业之本

数字化之所以比信息化重要，不在于其出现的先后顺序，在于数字化的技术能让一切信息数字化、一切物体数字化、一切行为数字化，当一切信息化聚集在一起时，就形成了一个巨大的数据库。在数据库中，可以进行数据的整理，更重要的是可以进行数据的分析，数据分析的方法就是"数据+算法+算力"的结合，数据分析的结果借助飞速发展的互联网技术能够即时地反映到真实的场景之中，形成数据与人或数据与物的关联互动。字节跳动就是在这样的数据分析的基础上进行了推荐算法改进、数据深挖，通过人工智能进行信息分发。基于这种数字化逻辑下的应用，开发人才和开发技术都是非常重要的。人才和技术之间的深度协同才能使字节跳动的推荐算法、数据挖掘能力形成强大的竞争优势。

字节跳动所开发的 App，对于信息大数据的集聚和用户行为大数据十分重视，结合自身算法和算力技术为每一个用户"个性化定制"内容，通过互联网精准投送。如"今日头条"内部并没有新闻编辑团队，其 App 上的所有新闻信息都是来源于"新闻大数据+分发算法"引用各大网站最新和热门的新闻。"抖音"的短视频内容消费者就是其内容的生产者，字节跳动在"抖音"的早期应用中已经加入了精准推荐算法，保证内容能精准地触达目标用户，增加用户对平台的依赖度，广告效应也就应运而生，从精准送达就变成了精准营销。

在技术方面，字节跳动并没有专门的技术研发团队或技术创新团队，只有在每一个项目中以项目的结果为导向自由组合而成的团队。一次又一次的项目协同，使字节跳动获得了海内外多个国家专利局的认可，被授予多项创新发明和外观设计专利权。除了内部的创新技术，字节跳动也积极寻求外部的专利，以专利收购的方式升级整体技术，助力企业发展。

四、以敏捷组织作为发展之根

字节跳动能快速崛起，是因为其以技术抓住了消费者的眼球。在这简单"技术"二字背后却道出了字节跳动的不简单。在互联网企业的快速发展中，技术起着重要的作用，技术需要快速迭代以推动企业保持快速向前趋势，如何让技术跑得比消费者的喜好还快？这背后有着字节跳动创新型的组织管理模式的支撑。传统的金字塔式组织结构、流水线流程分工管理等模式无法适应互联网企业的发展，尤其是像字节跳动这种快速发展型企业。对于快速变化型的企业和不确定性的环境，组织的进化速度也就意味着组织的发展速度。字节跳动的组织进化，体现在以下两个方面：

1. 人才管理

"组织网状结构+信息开放透明+员工自律自驱"构成了字节跳动的人才管理的创新。首先，网状组织是字节跳动特有的组织结构模式的创新，区别于层级式的结构，网状结构能让企业的员工高度关联在一起，每个员工都是决策的创造者，高效的组织就是要让组织最小的单元高效起来，网状组织就是最科学的方式。其次，员工与员工之间的互动沟通随着网状结构而增多，信息变得开放和透明，每一次的互动都有可能带来一次创新，每一次信息的传递都为项目决策提供有力的支撑。最后，在高效结构和高频沟通下，员工的积极性被激发，员工能成事的概率也大幅增加。人才只有被放在合适的位置上才能成才，字节跳动的人才管理循环方式，让每个人都能找到适合自己的位置，而且这个位置是动态变化的，不会因一次的成功和失败便停止。字节跳动以"和优秀的人做有挑战的事"为信条，吸引了许多优秀的人才进入公司的人才管理循环之中，让优秀的人才共同推动企业前行，为字节跳动的快速发展提供了有力的支撑。

2. 信息管理

飞书平台是字节跳动独特的企业协同管理系统，是字节跳动全球数万名员工高效协作的重要数字化工具，它以平台兼容的方式实现即时沟通、日历、云文档、云盘和工作台深度整合，让所有员工都能参与到项目的信息创造的任何一个过程中。让信息形成"创造-共享-共识-沉淀"的回路，提升决策效能。信息创造降低成本，提升搜索能力；信息共享减少堵点，增加透明度；信息共识，共创互动共识；信息沉淀，为后续持续加力。在字节跳动自主研发的飞书平台的支持下，字节跳动的信息管理循环形成了正向的循环。

当人才管理和信息管理都构成了组织的正向循环时，组织就如一个向前的车轮，一直向前开进。

五、以内容打造平台型组织

1. "缝隙生存"创新市场策略

以BAT为首的互联网市场，竞争一直都非常激烈。在互联网的世界中，遵循着幂次法则，就是多数的资源掌握在少数企业的手上。由于三大巨头的壮大，让其更容易垄断互联网的多数资源。为了避开三大巨头的锋芒，字节跳动选择避开巨头企业的优势领域，通过细分市场寻找经营缝隙，在缝隙中像石缝中的小树一样迸发生命力。字节跳动选择在内容行业发力，聚焦在资讯类和短视频领域，发挥自己的特色，在细分领域中成为领先者，打造"缝隙生存"法则。

2. "内容帝国"创造多元产品

既然选择内容领域，就要在内容领域中成为顶尖，以抵御下一个攻击者和形成碾压式的优势。打造"内容帝国"，创立多元产品矩阵，快速独占新的市场成为字节跳动的产品策略。字节跳动的技术团队有丰富的经验，促使其优秀的平台频频出现，让其拥有多个明星内容类产品，覆盖了新兴的资讯类和短视频的全领域，一跃成为内容领域的佼佼者。随着爆红产品的频频出现，将有更多的内容类产品出现，使其产品线更有特色，以产品线交织而成的产品网，将成为字节跳动的绝对竞争力。

3. "广告变现"实现盈利模式

"目光所致，流量所致"，字节跳动通过优秀的内容平台，聚集了数以亿计的用户，尤其是 App 的流量聚集效应更是难以估量，而且还一直保持着活跃的流量状态。这对于字节跳动来说形成了盈利模式的关键资源，也形成了其应对竞争的绝对优势。用户流量的最佳变现方式以广告为主，广告要达到广而告之的目的，受众数量起着重要的作用。字节跳动不仅能分享其丰富的、巨大的流量，还能为广告主再一次使用其推荐算法实现精准广告。巨大流量资源作为关键资源，精准算法推荐作为重要能力，广告内容分发实现精准营销成为字节跳动流量变现的重要模式。

总之，字节跳动通过细分市场聚焦，内容聚焦，能力聚焦，让其在 BAT 三大巨头的垄断下，仍然走出自己的领先地位，实在是一件让人惊叹的事情。

六、总结和发展

字节跳动是一家让人惊叹的企业，其诞生于一个不平凡的时代，也终将决定其不一样的气质。字节跳动是一家典型的数字化组织，技术的味道已经深入企业。在其以"和优秀的人做有挑战的事"的信仰推动下，形成字节跳动独有的工作准则，这些都是字节跳动所形成的创新共同文化观。在三大巨头的夹击下，以"数据+算法+算力"的数字化运营法则深挖技术，形成强大的技术中台。"技术中台"+"平台结构"+"网状信息"成为字节跳动强健且活跃的体魄。在强大的资源支撑下，让其形成强大的平台生命力。

作为一家聚焦内容和技术的创新型平台企业，不仅能拥有年轻化的团队，还能发挥优秀人才的能力，让优秀的年轻人共同完成一件伟大的事。事虽小，但却很美好。

资料来源：

[1] 朱泽钢，程佳佳. 数字经济时代独角兽企业的商业模式研究——以字节跳动为例 [J]. 商展经济，2021（24）：102-104.

[2] 方子洁，米芯漪."超级独角兽"字节跳动的非研发创新探秘 [J]. 企业改革与管理，2019（9）：194+203.

本章小结

没有最好的组织，只有更适合的组织。在数字化时代，引起数字化的竞争形态和数字化的商业现象，呼唤出数字化的组织。组织的变革是具有挑战性和创新性的。数字化组织伴随时代而来，有着独特的管理模式和组织结构。共创型的领导层和敏捷性的结构是数字化组织重要的两方面。在数字化时代，平台型组织和生态型组织成为数字化组织的参照模式，营造"一团和气"的企业氛围，辅助数字化管理落地应用。

第四章 数字培育：让人才充满活力

　　个体是对于整体而言的，既可以是组织中的每一个人，也可以是社会中的每一个组织。在社会中，每个组织都有其存在的价值，哪怕是由一个人组成的组织。在企业中，每个人都有可能改变企业的运作，哪怕是最基层的员工。每个个体都受到社会和时代的影响，都是时代和社会的推手。数字化时代，给予了个体丰富的机遇，迎来了充满创造力的个体时代；给予了个体广阔的空间，让个体展示自我；给予了组织更大的挑战，让个体与组织的合作有了更多的新方式。在个体时代，如何让个体的创造力成为推动组织进步的创新力，成为社会发展的新力量，成为组织中个体管理需要解决的问题，同时也是践行"以人为本"的管理目的需要找到的方向。

我们在多媒体实验室的一个负责人，在招聘一位外籍科学家的时候，专门给候选人做了一个PPT，详细到介绍深圳的幼儿园怎么上，这些细节的考虑，是最终打动这位青年科学家的关键一招。

——腾讯董事会主席兼首席执行官 马化腾

资料来源：https：//new.qq.com/rain/a/20210308A0FAID00。

学习要点

＊认识个体时代崛起。
＊认识个体模式开启。
＊认识企业人才管理。
＊认识未来用工模式。

开篇案例

百度：技术强，则产业强；少年强，则国强

随着人工智能的到来，人类的技术文明进入了一个新时代，改变着人类的生活和生产方式。人工智能成为21世纪的技术必争之地。在这个领域的开发上，国内外企业纷纷重点布局，这个领域一时间热闹空前，同时也暴露出了这个领域的人才空前缺乏的问题。

百度发布的2022年第一季度财报，道出了百度在人工智能道路上发展的危与机，认为在宏观经济、疫情防控实施、地缘政治冲突等多重因素的影响下，当前经济和企业的发展承受着多方面压力，中国数字经济规模持续扩大但增速放缓。但百度在技术上继续进行高强度研发投入的决心没有改变，这也让百度能在如此困难的情况下，实现第二、第三增长曲线的强劲提升。

从百度第一季度财报看出了其在人工智能领域的艰难探索，同时也看出了百度在"技术改变社会问题，为社会培养技术发展所需人才"的坚定信念。技术强，产业才能获得变革，才能改写赛道；人才强，技术才能获得推动，才能改写未来。新时代是技术时代，也是人才时代。百度作为人工智能的坚定信徒，将如何建造起人才战略，实现500万AI人才培养计划，为技术腾飞做出贡献？

一、企业简介

百度公司成立于2000年1月1日，成立的初心是打造中国人自己的中文搜索引擎。2005年，百度成功在美国纳斯达克上市，成为当时全球资本最耀眼的上市公司，从此也开启了百度的新旅程。现在，百度是一家拥有

强大互联网基础的领先公司，以"成为最懂用户并帮助人们成长的全球顶级高科技公司"作为发展愿景。百度拥有国内外数万名研发工程师，组建成了全球顶尖的技术团队。这支顶尖团队使百度掌握了最先进的搜索引擎技术，使百度成为拥有世界尖端科学核心技术的中国高科技企业。百度创始人李彦宏也是拥有"超链分析"技术专利的技术发明人，使中国成为美国、俄罗斯和韩国之外，全球仅有的第4个拥有搜索引擎核心技术的国家。

从创始人到核心团队都充满着科技的基因，百度秉承"用科技让复杂的世界更简单"的使命，"招最好的人，给最大的空间，看最后的结果，让优秀人才脱颖而出"是百度的人才理念，以人才创造价值，以人才改变技术，让百度成为一家优秀的企业。

二、吸引与招聘，渴求人才

深耕技术的背后需要人才的支撑，人才如技术发展的水源，推动着技术的小船在时代的长河中前行，这是百度一直以来对技术的信仰和对人才的执着。在吸引专业人才领域，百度成立深度学习研究院作为全球科技精英云集的舞台，由创始人李彦宏任院长，相继吸引了多名世界级科技精英加入，有前Facebook资深科学家徐伟、前AMD异构系统首席软件架构师吴韧等。技术精英聚集一起，知识的火花碰撞使百度在很多的技术领域都获得了巨大的增长。

在对高管人才的选择上，百度既渴求也严控。创新型企业的高管处于重要的管理位置，其作用是承上启下。一个错配的高管，对于企业的发展是致命的，因此，百度对高管的选择有严格的标准，没有找到符合标准的人才，职位宁可空着。

在员工招聘上，百度坚持起用应届毕业生，花重金招揽人才，保证人才技能的纯粹性，从学校直接延续到企业中。同时，创始人李彦宏坚持进行校招演讲，以人格魅力，以思想碰撞，吸引优秀的年轻人加入企业。对于优秀的人才，不惜重金，先招揽再培养。

三、选拔与培养，锻炼人才

人才招进来，不代表可以立刻成为参天大树，如小树苗的成长一样，它还需要土壤、空气、水分、阳光和营养。企业的空间就是人才生存和发展的空间。百度对人才的培养有一套完整和成熟的机制，近年来，由于百度坚持发展人工智能技术，更表达了要培养500万"AI人才"的决心，而且每年都在践行和实现100万"AI人才"计划。

试错培养是百度奉行的开放自由的人才培养方式。技术领域是一个永不满足的领域，技术的探索也不是直线向前的发展，它是必然有失败的。在一个新的领域中进行探索，没有前人的指导，只有从失败中不断地摸索。因此，百度坚持"试错理论"，让人才大胆探索技术，充分相信员工，鼓励试错；充分包容错误，从错误中打磨出成功的模式，培养有成长力的人才。

实操选拔是百度奉行责任与担当的人才晋升方案。创新型企业坚持开放自由的文化，是一步一个脚印踩出来的成长，没有实践就无法出技术的真知，在实践中，在给予员工机会的同时也给予责任，让员工在每一次的打磨中，勇于承担责任和担当使命。

在百度的成长空间中，既有开放与自由，也有责任与担当；既给了人才成长的环境与营养，也给了人才实际的能力和责任。培养务实的技术人才，才能肩负起技术发展的重任。

四、激励与关怀，呵护人才

技术的扎实结合精神的满足，才能成为一个"身心健康"的技术人，承担起技术改变世界的责任。百度对员工的激励十分慷慨，有完善的激励机制，如"百度最高奖"是由创始人李彦宏亲自提出和设置的，针对公司总监级别以下的基层员工，给予的百万美元的奖金奖励，创造了中国乃至国外对于基层员工激励的最高配置。

除了金钱的满足，还需要有情感和心灵的满足。百度设有育婴室，既可作为女职工"五期"保护的休息场所，也可作为女职工学习交流、心理减压的活动场地；设有休息室，员工的休息是不限时的，只要累了就可以进休息室休息；实行弹性工作制，上下班时间可自行安排；设有员工餐厅，给员工提供高性价比的可口食物；设有健身房，工作之余，员工可以使用各种运动器材锻炼身体。从点点滴滴中看出人性，从细节设置中体现人性化的关怀，给予员工舒适的工作空间，让员工感到舒心和安全，呵护人才的身心成长。

五、总结和发展

在竞争激烈的市场环境中,百度充满着机会与挑战。面对无法预知的变化和无法掌控的环境,百度选择紧抓自己的技术核心,坚持"技术改变世界"的核心思想,吸引专业人才,让专业人才一起完成专业的事情;选择优秀的人才,让优秀人才一起成为卓越人才;培养年轻人才,让年轻人才迸发光芒。坚持校企合作,制订多项人才培养计划,如百度飞桨与中关村软件园共同打造的 AI 人才培养计划,为中国的产业智能化进程注入了新动能。还制订了培养"500 万 AI 人才"的计划,体现了其在 AI 人才培养道路上的坚定决心。

人才是技术进步的动力,是企业前进的推力。百度作为一家以技术为核心的创新型企业,对于技术的执着,也体现在对人才培养的执着上。今天个体的认知、知识和技术的获取已经区别于以往的任何时代,个体的价值和地位已经不再依赖于组织,强个体如何成为组织的人才、如何让更多的人才加入百度共同完成技术改造之旅,也是百度的人才战略一直探索的方向。展望未来,百度坚持人才战略,以开放自由的环境和严苛极致的标准进行人才管理,终将能成就百度的技术探索之路。

资料来源:

[1] 李丙军. 李彦宏的企业家思想与百度的人力资源管理体系研究[J]. 中国人力资源开发,2016(24):88-93.

[2] 孙钰. 大数据时代下企业人力资源管理创新——以百度公司为例[J]. 纳税,2019,13(10):253+255.

第一节 新人才体系时代

每个时代都有各自的背景,时代的背景形成了一代人的生长环境,不同的生长环境所面对的困难和所获得的资源是不一样的。数字化时代,技术颠覆超过了过往的任何时代,物质的丰富也超越了过往的任何时代。经济的飞速发展,给新时代带来了很多的机遇,组织也随之做出改变以抓住时代发展的红利，新生代也伴随着时代和组织做着自我改革，形成新个体。在时代变化的影响下，新个体也有明显的特征，如图 4-1 所示。

图 4-1 新个体的特征

一、强创造

新时代，经济飞速发展、互联网技术日常化、数字化技术普及化，AI、4G、5G 等技术交集在一起，各种由技术创新引领的新型商业模式、管理模式，形成了数字经济。在如此丰富的数字技术环境下，数字工具的应用和数字资源的开发已经成为他们自带的技能，从日常技能升级到专业技能，从单一技术项升级为复合技术项，技术的应用能力已经超越了过往的时代。

新个体与技术之间已经形成不可割裂的关系。数字化技术带来的便利和高效，使新个体难以接受迟缓和低效，从而追求更便利和更高效，这就成为他们的行为价值观。数字化技术就是信息和数据的处理能力，其要求新个体具有信息搜索、信息运用和信息整合的能力。在信息搜索方面，他们通过多渠道、多方式检索资料以获取信息，他们既可以到图书馆收集资料，也可以利用互联网、信息化技术收集资料。在信息运用方面，他们更倾向分享，与好友分享、与大众分享、与社会分享，通过分享把信息传递出去。在信息整合方面，每个人都是一个信息接收点，把不同人通过不同渠道获得的信息整合起来，形成了新个体强大的信息整合能力。

强创造的新个体，对技术有天然的崇拜，这容易出现"唯技术论"，也就是任何事情都要寻求技术解决，认为任何事情通过技术都能解决。这样容易出现单线性思维，就是"非此即彼"的技术性思维。技术本身不创造价值，通过服务于生产，服务于创造，才能产生价值，因此，"唯技术论"

对于创造和生产并没有意义。要让技术与个体的结合更好地应用于创造性工作，首先，要以目的为导向，始终以目标为出发点，基于目标完成来思考技术的应用。其次，要换位思考，从多角度思考解决问题的不同方法，从而寻找最优解。最后，要以价值为导向，使用技术的目的是要完成目标并创造价值，价值创造是工作的最优结果。

总之，伴随着互联网技术和数字化技术等成长起来的新生代，享受着技术给生活带来的变革，享受着互联网的便利，也接受着数字化的熏陶，天然与技术融为一体。技术的发展为新个体提供了技术条件，新个体也因技术形成了更有个性化的追求，更愿意追求个体价值的实现。

二、强学习

互联网时代下，平均每天有超过10亿信息单位的信息产生，且每年以18%~20%的速度增长着，人们获取知识已经不再受书本的限制，知识的获取途径被网络拓宽到世界各个角落，大量的信息通过互联网充斥着我们的生活，知识经济在悄然而生。知识经济继工业经济后成为现代化发展的重要阶段。在知识经济时代，快速的知识更新是其重要的特征，尤其是在信息技术不断发展和普及，信息量爆炸式增长的情况下，知识的增长速度不断加快，据有关专家预测，知识平均每三年就更新增长1倍，同时折旧的速度也在加快。

在这样快速发展的时代中，不断学习以更新知识成为现代人适应社会的基本能力。信息技术的发展也改变了人们的教育模式和吸收知识的模式，改变了过往"授教-学习"的被动学习模式，成为今天"搜索-学习"的主动学习模式。教育模式的改变，让人们获取知识的能力也在改变，使新个体具有"知识搜索、知识积累、知识应用"的学习能力。新个体的知识成长，不再受限于课堂，反而更多地来源于信息时代所给予的自学和社会给予的操作。因此，学习能力已经成为新个体的基本生存能力。

强学习的新个体，对于知识的需求不仅来源于随时随地的学习，还需要把知识与社会、与实践相结合，使知识在"知行合一"中更新迭代，再内化成个体自我的知识体系。这是学习在技术影响下的新教育模式。在知识经济时代，知识的存在已不再局限于文字资料，还有图像资料、声音资料等，也就形成了多种学习方式。在技术的推动下，出现了多样化的学习模式、多元化的知识海洋，新个体的学习能力已经不再如过往那么简单，强学习成为新个体的明显特征。

总之，新个体是在知识经济时代中成长起来的新生代，享受着技术和知识获取带来的变革，同时切身感受着教育模式的多样化。拥有学习方法，形成自我的学习能力，成为新个体生存的法宝。在技术发展的推动下，"理论与实践结合"的学习方法也成为新个体的创新知识来源。知识更新速度之快，也挑战着新个体的学习能力，使之不断提升。

三、强融合

文化所包含的内涵很广泛，是人们心理层面的集合。文化的产生不是由一个人决定的，而是一群人的共同向往和认同。在不同地域、不同背景、不同标准下会形成不一样的文化。文化差异一直以来都是存在的，只是在相对封闭的时代，文化差异没有体现出其影响力。随着社会的开放，跨地区、跨国家的流动开始活跃，由地域不同带来的文化差异开始显现。互联网技术让世界互联，形成地球村，人们彼此间的距离进一步缩小，拥有了更多的表达机会，通过不同形式的沟通和交流，不同文化间的差异越来越大，形成的新文化也越来越多，这是在技术催发下形成的一种自然的社会力量。

新生代在多文化集合的环境中成长，对文化差异的接受度会更高。求同存异、标新立异等是新生代对文化融合和文化创新的要求。融合是一种文化的黏合力，创新是文化的破坏力，新个体是文化融合和文化创新的共同体。文化促使新个体互相黏合，文化的相通和文化的认同，形成了新个体间的文化吸引，在共同文化思想的吸引下，投射到其行为之中，形成因文化而聚集的连接和互动，形成了新个体的黏合力。这股力量的强弱是由其对文化的认同决定的。新时代的个体是具有开放思想的一代，其文化受技术的影响，更具有创新的力量，基于创新文化形成了新时代个体的强黏合力。文化融合吸引了文化认同的各方，让新时代的个体成为创新一代的个体。

多文化融合的新个体，对未来的改造力不是体现在认同上，而是体现在存异上。在数字化时代，已经不再局限于真实的物理世界，还有"此时、此地、此物"的虚拟世界，两个世界交融在一起，让新个体的文化信仰和文化重叠更多，使之更容易接受文化差异，让跨文化的交流误解更少、看待问题的角度更广泛。甚至新个体更愿意接受多文化的时代，多文化的交流带来更多的知识、更有趣的风土人情、更广阔的世界，从而形成强融合的文化互联互动能力。

总之，文化是一种价值观的交流，对于新个体来说是一种基于价值观的互联互动之旅，在这段旅程中，文化差异越大，给予新个体更浓烈的文化融合氛围，从而让新个体拥有更大的文化交流、文化互动、文化创新的机遇。求同存异的文化融合成为新个体的行为特征。

四、强创新

文化是一群人的思想，思想是一个人的文化。每个人的思想都基于其对世界、对社会、对各种事物的认知，认知和知识的广度决定了一个人的思想深度。在技术引领变革的时代，新旧技术的更新换代，形成了新一代人的思想更替。各种思想纷至沓来，冲击着人们的固化认知并被重新改造和吸收，又会出现新的思想。数字化时代是一个新旧技术交融发展的时代，是一个新旧文化交融创新的时代，对新个体所形成的思想冲击也非常大。

在强冲击的思想下，人们有三种选择：躲避、接受、创新。躲避是对新思想的否定，创新是对过往思想的破坏。破坏是打破事物并毁坏它，是一个贬义词，但在这里，它是一个中性词，表达的是一种反传统的创新力量，破除旧的思想和事物，是新个体对陈旧的、低效的事情的不满，对新兴的、高效的向往。强破坏力的背后就是强创新力，创造新的产品、新的想法、新的设计等，创新力成为新个体的力量。只有在对过往的、固有的、陈旧的观念和行为不满的思想驱动下，才会迸发出新想法、新创意、新思想。

创新的思想是人们积极向上的追求，其本质都是对美好事物的追求，破坏固有的传统，为其加上时代的新衣，也是新个体对美好生活的追求。工业时代，随着机械技术的发展，形成了标准化的时代，人们能获得物质上数量上的满足，但是却无法获得质量上的追求，因为标准化是基于最优生产效率而非基于最优生活追求而来的。后工业时代，人们更追求质量、更追求个性。数字化时代，能通过数据获取、数据分析和数据计算等数字技术，让人们脱离标准化，走向个性化时代，更人性化的服务、更个性化的产品、更有文化的生活成为新生代的追求，也是新个体创新背后的意愿和能力。

总之，创新既是一种能力也是一种态度。新个体在数字技术的熏陶下，创新成为其自带的能力，创新的前提是改革，他们能使用多种技术工具和技术手段，改革包括技术本身的一切。迭代技术也是新个体破坏力的表现，他们不仅能创造技术，还能迭代技术，让技术保持前进的步伐。创新是一种态度，是在对美好生活的追求下，变革固化的、陈旧的、没用的事物的态度，他们愿意使用技术，更愿意让技术普惠他们的生活，愿意创新并接受创新成为新个体的思想特征。

● 数字培育专栏 4-1 ●

大疆创新：始于梦想，成于技术，终于创新

一、企业简介

深圳市大疆创新科技有限公司（以下简称大疆）是一家从中国本土走向世界的、以无人飞行器控制系统和无人机解决方案技术全球领先的、集研发和生产于一体的企业。从 2006 年创立至今，坚持"未来无所不能"的理念，技术领域已经进一步拓展至空间智能、影像和教育方案等多元化产品，生产的多个领域产品世界领先。作为一家以技术带动品牌发展的创新型企业，知识产权是其非常重要的核心竞争力，截至 2021 年，无人机专利申请数量为 2736 项，在无人机专利方面的申请量是全球之最，核心竞争力可见一斑。在大疆技术创新的背后，是创始人汪滔对技术的执着、对创新的不舍，从 2006 年创办开始，冲破重重险阻，才走到今天。

二、创始人带来的新时代基因

大疆创始人汪滔从小就与遥控直升机结缘，从研究直升机的飞行控制系统开始，开启了他与无人机的结缘之路。

1. 执着技术，创造技术

在汪滔刚创立大疆之初，无人机技术的研发还无法找到前人之路，凭

着对飞行控制技术的执着和沉迷，说服导师申请经费，从此开启了没日没夜的研究之路，虽然最后其作为毕业项目的无人机未能控制好，而无法获得高分，但从那时开始，小小的无人机梦想已经开始萌芽了。随着无人机基础技术的研究进入狂热期，汪滔带领团队进入了商用无人机研发领域，进行多年的技术突破，才形成了技术的初步应用。始于梦想，执着技术的开发，最终攻克出无人机控制系统，就是汪滔给大疆创新带来的技术坚持。

2. 投石过河，不断钻研

在2000年之前，无人机属于一个概念性技术，即便到了后来，全球已经开始研究无人机时，其技术仍然属于空白。汪滔需要进行跨领域的知识学习，如不仅需要学习无人机的相关技术，还需要研究市场的需求，通过对产品进行摸索，最终才能研发出适合商用的无人机产品。无人机的技术攻克和商用研发，都是汪滔带领团队不断进行跨领域的知识学习和探索得出的结果。

3. 空白领域，文化交流

无人机的技术攻关需要研发，但市场的开发需要与更多的市场人员、代理经销商进行互动交流，在国内的产业市场还没完善到足以应用无人机时，汪滔就带领团队到海外进行调研，从海外代理商那里获得了更多对产业的理解。商用无人机的研发需要从需求出发了解更多的产业信息，因此汪滔团队从海外的文化交流中启发出多旋翼无人机产品矩阵，为大疆后来的发展奠定了技术基础。技术的攻克让产品走出了空白，但对多领域、多国度、多产业的知识和文化交流且包容才能让产品走得更远。

4. 自我革命，锐意创新

从研发出第一款无人机并投入使用起，汪滔就不断地推翻前一代的创造，升级和改造新一代的产品。第一代产品体积大，第二代产品的体积就缩小了1倍，技术已经实现了突破，同时收入也实现了千万元级的突破。但汪滔仍然不满足，他要让商用无人机达到消费级，于是"易操作、易飞行、外观漂亮、性价比高"的多旋翼航拍一体机问世后，订单数量立刻打破了以往的记录。汪滔对创新的要求并没停步，随后陆续推出了更多的无人机产品，每一款都是对前一款的"自杀式"革新。汪滔骨子里的创新精神，引领着大疆不断地创新。

三、总结与发展

技术领域从无到有，再到百变创新，商用无人机从中国本土走向了全球领先。从大疆的一路披荆斩棘，一路创新向前的发展态势，从汪滔及其团队身上看到了新一代技术工程师积极学习、积极交流、敢于创造、敢于创新的新时代特征，冲破重重困难，最终让大疆抓住了时代的机遇，并一直引领向前，成为全球唯一一家从中国本土走向世界的技术领先企业。

资料来源：

[1] 陈天飞. 大疆创新谢幕地：创新始终深刻于大疆的基因里 [J]. 国际品牌观察，2021 (11)：23-25.

[2] 骆轶琪. 大疆创新之路 [J]. 同舟共进，2020 (7)：16-18.

[3] 周常宝，李自立，张言方. 大疆创新生态系统 [J]. 企业管理，2020 (3)：64-67.

第二节 实现自我，人才模式开启

身处数字化时代的个体，比过往任何时代都拥有更多的自我发展机遇和更大的发展空间，个体的价值也从过往的群体价值和组织价值中被释放出来，给个体价值表达带来了无限可能。新生代在享受数字化时代的各种技术变革的同时，更渴望自身与社会有更灵活、更独特、更具影响力的结合。随着互联网技术的发展，信息的渠道也在不断地丰富和多元，在自媒体的火爆崛起和互联网商业模式的深度影响下，个体个性化和多元化的表达与当下平台、流量、算法等技术结合，形成了颠覆传统渠道媒介的个体模式，个体内容时代也随之来临，也意味着个性化经济时代悄然而至，人们不再满足依附于群体中的声音，个体发声的趋势正在市场上形成强烈的需求。

在互联网发展为移动互联网的时代，在数字技术的加持下，每一个平凡的个体都有崛起的机会，开启个体模式。个体模式的开启路径如图 4-2 所示。

图 4-2 个体模式的开启路径

一、建设个人 IP

个人 IP 是个体以所产出的独特内容形成其特有的内容资产。IP（Intellectual Property）是一个从文化领域引进的词语，即"知识产权"，是一种资产的表现。在互联网技术下，人们的互动沟通已经不受时空限制，畅所欲言，表达个人的各种想法、各种理念和各种观点，表达方式已经变得日常化。独特的观点、特别的想法、专业的理念等通过自媒体平台的传播，逐渐形成了有价值的内容资产。个人 IP 就是指个人对某种成果的占有权，通过内容产生影响力，从而产生价值。

一个人拥有了个人 IP，也就意味着在某个领域中能输出独特的内容，同时与周围的人产生链接，建立起在该领域的影响力，成为大众身边的"专家"。随着内容的持续性和连续性地输出，个人 IP 的地位越来越巩固，时间也就成为其流量的推手，个人 IP 通过流量可以产生更多的后续影响力和变现机会。但是，由于个人 IP 与个人本身深度捆绑，个人的一言一行都可能给个人 IP 带来不良的影响。因此，在建设个人 IP 的时候，要做好以下三个方面：

1. 定人格

随着自媒体高度发展，要形成具有影响力的个人独特知识内容，就须从表达个体自我价值（自我的人格价值）出发。人格价值所体现的是人性的潜质。人性的潜质是在个人的成长过程中，经过开发和发挥所体现出来的，与一个人的出生环境、受教育程度、生活经历等密切相关。人性潜质的开发过程也是个人 IP 的成长过程，可以归纳为三种类型，如表 4-1 所示。

表 4-1　人性潜质的三种类型

内在天赋型	与个人成长的家庭环境和出身有强关联
	包含性格、动机、价值观等内在方面
	具有相当高的价值性和不可替代性
自带能力型	与个人成长的后天训练有强关联
	包含学习能力、交际能力、思维能力等
	独特的竞争力和不可替代性
外力塑造型	与个人成长的后天经验积累有强关联
	包含行业、生活所涵盖的知识和技术
	价值性较低、容易被数字化技术取代

总之，人格是个人 IP 的一个重要特点，以个人的人格价值作为个人 IP 的定位，展现出"真性情、真诚实、真可信"的个人形象，与具有相同价值观的群体产生链接，使个人 IP 建立起群众基础。

2. 定路径

建设个人 IP 要定路径，就是要有一个支撑框架，知道每一步应该怎样走。基于人格价值的定位是建设个人 IP 的重要一步，当人格定位已经确定，要进行以下四个步骤去丰富个人 IP 的建设。

一是形象标签化。个人 IP 的主要作用是宣传个人本身，个人本身的形象是最大的卖点。把个人的形象进行标签化归类，突出个人要展示的形象特点。每一个人都可以有很多的形象归类，如高知女性、魅力男性等，这些归类都是一种大类归类。标签的作用既是同类项，也是差异项。因此，把个人的形象进行归类以后，还要做到差异化输出。差异化的内容要根据需求设置，需求就是要从目标受众中挖掘。利用目标受众愿意关注的形象标签，打造出有价值的个人 IP。

二是渠道媒体化。在移动互联网越发成熟的今天，媒体化的平台渠道对于个人 IP 的影响价值起着重要的作用。每一个自媒体平台都有其重要的粉丝群体。个人 IP 的内容输出只有找准适合的自媒体渠道，才能找到对接的窗口，如朋友圈以亲朋好友为主、抖音和快手以广大群众为主等。找准了目标受众，才能精准输出内容。

三是产品内容化。个人 IP 所要输出的就是作为个人的价值观、个人的普世观或者个人的技能等，这些都是内容，内容即产品，把自己要输出的观点，通过各种方式表达出来，形成故事性、原创性或专业性等独特风格的内容。输出内容就是推销自己，就是在建设个人IP。

四是运营日常化。有形象、有内容，找准了渠道，这只是找到了个人IP的开端。个人IP需要持续性，持续性地在目标用户的视野中出现，个人IP形象才能不断加强。因此，还要保持频率、保持节奏、保持内容，把IP的运营融入日常生活中。

通过以上四个步骤，从形象到运营构建起路径模型，指导个人IP的建设。

3. 建信任

通过四步骤法建立起个人IP，只是个人IP的初始版，要成为超级IP，还要通过个人IP建立起"可信任度"。可信任度是个人IP的升级指标，那么，建立信任就成为一部超级IP成长记。建立超级IP，就要在以下两个方面持续发力：

一是增加链接数量。区别于流量，个人IP可关联到多方面的用户，也就是所产生的内容的广度。

二是产出高质内容。区别于单一的形象内容，是个人人格特质的价值体现，越有深度的内容，越考验个人IP的真实能力。

从内容的深度和广度两个维度出发，持续发力建设个人IP，让个人IP随着时间的推移，发展成为超级IP，才能实现更高的商业价值。

综上所述，在移动互联网飞速发展的今天，任何一个人都能拥有属于自己的个人IP。从无到有、从基础版到超级版，持续地建设个人IP，为个人模式打好群众基础和流量基础，在流量即红利的时代，流量所致才能价值衍生。

二、打造个人品牌

个人品牌的概念始终都是存在的。在古代，诗人和学者以独具个性的诗词形成了独特的个人形象。在现代，明星和政客同样以鲜明的观点形成了独特的个人形象。借此，我们可以看出，无论任何时候，个人品牌就在于建立自己的形象，用以在各种场合、各种情境下形成与他人的区分，同时吸引大众的眼光，产生影响力。一旦形成了个人品牌，它所代表的就是一个人在大众心中的地位和价值。因此，打造个人品牌可以形成三个方面的作用，如图4-3所示。

图4-3 个人品牌的作用

在数字化时代，在各种数字技术和移动互联网技术的加持下，塑造的个人品牌已经不再像过往那么困难。因此，每个人塑造的个人品牌都会在高透明度的传播媒介中形成。也就是说，个人的一举一动、一言一行都会对个人品牌产生重要的影响。因此，个人IP作为个人的内容输出，对个人品牌有三个方面的意义，如图4-4所示。

形象基础	• 个人IP所传达的普世价值观，为个人品牌提前打造形象基础
流量基础	• 个人IP能为个人品牌提前积累流量基础
影响力	• 个人IP具有的影响力，会延续到个人品牌之中

图4-4 个人IP对个人品牌的意义

众所周知，个人品牌对个人、企业以及社会的影响是深远的，一个优质的个人品牌能为个人模式的开启做好开端。在数字化时代，通过各大平台的大数据分析，顾客的心智模式能被数据化，因此，个人品牌的打造需要以用户为导向。

1. 定位

定位就是要找到个人品牌所在的细分领域和目标顾客群，同时解决品牌的发展方向。以用户为导向，就要以追求顾客满意度作为个人品牌的发展目标。那么，对用户进行定位，了解和分析用户的需求成为首要的任务。但是，个人品牌又区别于商品，个人品牌所传递的是个人的内容，如思想、观点等。如果盲目地从用户的喜好出发去打造个人品牌，会容易导致"随大流"，而过分地"标新立异"，也只能活在自己的小宇宙中而难以发展。因此，首先要从自己的个人 IP 出发，持续维系自己的 IP 形象，再进行个人品牌的定位。

个人品牌定位包括市场定位、用户定位、内容定位。首先，市场定位要确认个人品牌是在大规模的市场中还是在小众市场中，大规模的市场有足够大的空间，但小众市场有差异化的优点，定位好市场，才能更好地寻找目标用户。其次，用户定位聚焦了解和分析目标用户的需求，以用户需求为导向，思考内容的方向。最后，内容定位是基于市场和用户，对个人的内容输出进行定位，体现个人的优势和打造差异化。

总之，个人品牌的定位，既要保持个人的风格，也要利用数字化技术分析用户偏好。越精细化的定位，越容易在用户心中留下具有明显区分度的印象。

2. 设计

设计就是对个人品牌进行全面的包装，让其能在芸芸众生中形成辨识度。互联网的发展，让每个人每天都能接收到大量的、各个种类的信息，想要让个人品牌在众多信息中被人们记住，就需要有个性化的、具有个人风格的形象输出。

个人品牌的设计包括外部设计和内部设计两个方面。外部设计是形象、标签、名号等具有明显辨识度的设计，要做到统一原则和易于记忆原则。例如，从外在形象可以看出个人的身份，如职业身份、学术身份等；名号朗朗上口，就是要让用户更好地记忆。

内部设计则是个人的能力、思想、观点等具有明显个人风格的设计。这些内容是个人品牌定位的具体体现，包括个人的世界观、人生观、价值观、学术观等，体现了一个人的涵养和修养，是自身的硬实力。

总之，公众视野中的个人品牌所展现的个人风格，无论是与生俱来的，还是被人为设计的，其主要目的都是要脱颖而出。

3. 传播

传播就是要宣传，广而告之。在移动互联网时代，各大平台蜂拥而至，个人品牌的传播不再受限于传统的媒体媒介，出现了自媒体和微媒体等新媒体。但是，这些新媒体区别于传统媒介的大众传播，新媒体多聚焦于细分领域，在细分领域内进行精准传播。因此，个人品牌要从其定位类型出发选择不同的传播平台。

平台的选择主要基于用户的心智分析、行为挖掘和引领需求，不同类型的平台有不同的传播方式，个人品牌在传播方式的选择上，尽可能地融合多种媒介进行互相导流，覆盖尽可能多的受众，在多平台中分发内容，形成多平台联动之势，让个人品牌充分地发挥新媒体的优势。例如，利用微信、微博等图文传播工具，爱奇艺、优酷、腾讯等视频工具，利用抖音等短视频直播工具，用户可以多渠道观看、转发、评论，使个人品牌在每一个平台上尽可能多地获得关注，增强曝光率和辨识度，实现粉丝积累，吸引更多的受众，扩大自身的影响力。

总之，在数字化时代，传播媒介已经颠覆了传播业，个人品牌要充分运用新媒介的作用，扩大品牌的影响力。

4. 互动

无论个人品牌塑造得如何优秀，都必须与用户进行互动和沟通，保持着与用户之间的联系。在信息爆炸的时代，"高高在上"的形象已经难以进入用户的内心，单方面不停地输出也无法赢得用户长久的关注，只有与用户保持联系，通过各种场合和媒介，把自己的观点输出，与用户进行观点的碰撞，才能获得用户的关注。因而，互动是为了更好地营销个人品牌。

个人品牌的互动沟通要通过两个步骤打造：首先是建立起关系网络，关系网络不仅包括个人的人际关系网络，也包括发展网络、资源网络等。其次是保持更新观点，思想和观点都是个人品牌重要的内容，通过内容持续地吸引关系圈内的人，使圈内的人愿意为自己的口碑宣传，那么关系网也就能得到进一步扩大。

总之，互动就是为了营销个人品牌，只有持续地保持与用户的互动，才能让个人品牌一直活跃在用户的眼前，从而扩大个人品牌的影响力。

个人品牌的建立与商品品牌的建立，更多的不同在于个人是一个持续发展的个体，是以个体去影响群体的行为，必须勤勤恳恳、一步一步地持续经营和改善，不能盲目地追踪热点或者高仿，要持之以恒地去建立起属于自己的形象，才能使个人品牌形成真正的影响力。

三、构建商业模式

商业模式是近几年的热门词汇，这是环境条件不断演变所致。在产品稀缺的时代，只要能生产尽可能多的产品，就能获得收入，不需要商业模式。进入产品过剩的时代，企业开始从用户角度思考，让生产有了更多的方向，商业模式就开始成为企业的热点。商业模式是一种多向的、取代以纯赚钱为目的的思维，以创造价值为主要目的，价值传递是过程，获利是结果。

在互联网出现前，普通人的活跃空间只有自己周围的生活空间，只能产生有限的价值。但是，当互联网技术转向移动互联网时，数字化技术开始不断发展，改变了个人的生活环境，人们的联系跨越时空。在同样的24小时内，个体能与外界产生更多的链接，从而让价值产生利润，因此，数字化时代的个人商业模式变得越来越简单和有意义。

总之，移动互联网技术的不断发展，信息爆炸与个体时代的产生，为个体形成个人商业模式提供了开放的环境，能让个人IP和个人品牌在同样的时间限度内产生更多的价值。那么，个人商业模式作为个人模式的升华阶段，应该如何让自己的IP和品牌创造出更高的价值？我们需要做好三条道的建设，如图4-5所示。

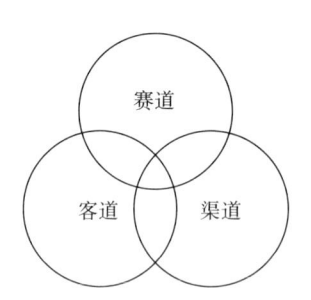

图4-5 个人商业模式构建的核心

1. 赛道

赛道就是个人所要进入的细分领域。与商品是被创造的不同，每个人都是独立且唯一的个体，是不可能被创造的。个体改造的过程也不能一蹴而就，需要长时间的积累。选择个人IP和个人品牌所能最大化发挥的细分领域，才能达到"四两拨千斤"的效果。在选择个人商业模式的赛道前，要做好以下分析：

第一，机会分析。每一个领域的形成都是有机会的，但是有哪些机会、机会属于快速可实现还是需要后期跟进的、机会实现的条件等内容，都需要进行深层次的分析，以指引发展。

第二，风险分析。机会与风险并存，高概率的机会更有可能与高概率的风险并存。对可能遇见的风险、风险的来源等进行分析，为个人商业模式发展提前做好抗风险准备。

第三，个人分析。每个人所拥有的技能和天赋都是个体在成长的过程中形成的，具有难以分割性。同时，在成长的过程中，所遇到各种人际关系和个人品牌所新形成的关系圈，都会成为个人商业模式的重要资源。做好个人优势和劣势分析，扬长避短；做好个人的资源分析、发展竞争优势分析等都是个人商业模式的关键环节。做好个人分析，避免过高估算自己而踩坑，也不会因过低估算自己导致浪费。

总之，应用在不同的赛道上的相同的商业模式都有可能产生不同的效果。对于个人商业模式而言，赛道就是把个人时间和关注投放到最大价值的地方。没有最好的赛道，只有适合的赛道。

2. 客道

客道就是与相关者之间的关系。在个人 IP 中，粉丝或追随者是其关注的客道；在个人品牌中，用户或受众是重要的客道；在个人商业模式中，客道发展为一种关系，不再局限于单向指定的粉丝或用户，而是有了更丰富的维度。维度越丰富，个人商业模式所衍生的价值越高，价值变现的机会才更大。因此，我们可以从以下三个方面对客道进行建设：

第一，资源方。包括投资人、债权人、政府或社团等。这些资源方的特点是他们本身就拥有资源，具有自己独立的商业模式。与资源方之间的关系，要更多地处理好资源的互动，包括资源分配和资源共享等。维护好与资源方的双向关系，能为个人商业模式的发展提供持续的资源供给。

第二，助力方。包括合作伙伴、员工、亲戚等。这些助力方的特点都是与个人有深度的利益捆绑，是利益的共同体。一个人的能力是有限的，再大的个人 IP 需要有外界的助力方，才能让个人 IP 或个人品牌得到更大的推广。

第三，受众群。包括粉丝、用户等。这些受众群就是个人商业模式的直接变现对象。为受众群提供具有价值的服务，实现快速变现。

总之，对于每个人来说最公平的就是时间，能在 24 小时内处理好个人商业模式的客道，就能为个人商业模式建立起适合的盈利模式。

3. 渠道

渠道就是你的舞台。在移动互联网技术飞速发展的背景下，媒介平台、商务平台或社交平台都有了爆发式的增长，对于个人商业模式而言，最重要的就是要利用好各种新型手段，为自己做最大力度的传播。渠道是个人商业模式重要的外界链接，是个人的舞台。个人模式的回报也与个人价值和平台价值有着高度的关联。同时，平台的多元化促使个人在选择媒介的时候，要从触达目标群体出发，联动多种媒介渠道，形成自己的新媒体矩阵。新媒体矩阵有横向矩阵和纵向矩阵两种，以各大媒介的类别和所在类别的细分进行归类。运营新媒体矩阵，让个人在某领域内脱颖而出，要从以下三个步骤出发：

第一，充分认识平台。每一个平台都有其具有竞争力的运行机制，如算法推荐机制、用户订阅机制等，平台的运行机制与个人发展的贴合度，能促使个人更好地宣传。要从数据上了解所选平台的实力，对所吸引的人群分类等数据进行研究，要了解平台的相关发展政策，预判其发展趋势。对平台所有信息的了解越深刻，个人在选择平台时就越有判断力。

第二，整合多平台资源。在新媒体时代，各平台的特点都以聚焦和精准为主，因此，利用各平台的特点进行协同，通过内部自有平台和外部资源平台进行整合，使个人的传播达到最大的效果。

第三，数据分析跟踪发展。在数字化技术下，每个人平台所获得的信息都会被记录，要让媒体矩阵更精细化地运营，要能抓取各大平台的数据信息，对数据进行处理、筛选和分析，对个人模式的整体发展有重要的参照意义。

总之，在数字化时代，充分运用数字化平台进行个人模式的传播，才能更好地触达用户。平台价值与个人价值相互促进，个人模式的收获才会更大。

数字化时代的来临，让个体有了真正属于自己的时代，每个人通过数字化平台建立起与外界的链接，也能通过数字化平台去了解世界、拥有自己的粉丝，从而建立起个人商业模式。在数字化时代，个体模式的内涵变得越来越丰富，涉及的维度越来越广泛，成为一种重要的企业模式。

● 数字培育专栏 4-2 ●

小红书：健身达人帕梅拉爆红之路

一、企业简介

行吟信息科技（上海）有限公司旗下的小红书，是一个以年轻人分享生活作为内容输出的社区电商平台。在小红书平台，消费者可以分享自己的生活，可以通过浏览别人的分享获取内容，形成了一种双向影响的模式，同时创造了年轻人的"种草"文化，也布局了以电商业务实现闭环的"拔草"模式，从分享到种草再到拔草，形成了整个商业模式的闭环，使其迅速跻身到社区电商头部平台之列。截至2021年11月，小红书月活跃用户突破2亿人，估值超过200亿美元，连续三年入选"胡润全球独角兽"榜单。通过小红书的这种模式，很多人迅速成为生活分享达人，在各自的领域成为头部玩家。来自德国的帕梅拉就是通过小红书进入国内云健身领域的顶流，登录7天涨粉1000万，直播观看超1亿人次，是名副其实的顶流健身红人。

二、帕梅拉健身红人模式分析

1. 聚焦健身领域，凭个人魅力打造超级 IP

帕梅拉在成为健身红人之前，只是一名德国的高中女孩，基于其对健身的热爱，在国外的网站上分享一些自己的健身心得和食物的搭配等方面的知识，收获了很多的粉丝。于是，就在这个健身领域的内容上，帕梅拉坚持更新发布，从月更到日更，在她分享个人健康生活、健身心得的同时还塑造出了"理想女性"的个人魅力形象，吸引了很多女性的关注，让更多女性自信起来的精神文化输出，使其个人IP充满正能量且具有影响力。

2. 通过健身计划，打造云健身个人品牌

一直以来，小红书以生活分享作为平台的切入口，覆盖时尚、读书、健身等多个生活方式领域，帕梅拉的超级个人IP在国内已经具有一定的影响力，通过小红书开启其健身计划的分享，成功使小红书进入了国内粉丝的视野。帕梅拉在小红书上更新健身计划、饮食方案等，让其快速成为健康领域的代名词。帕梅拉随即推出了个人创作的内衣品牌，与国外企业合作推出健康食品，使帕梅拉从健身达人的个人IP，迅速走向了健康生活产品的个人品牌代言。同时，在新冠肺炎疫情管控期间，"云健身"更是给了帕梅拉和小红书之间一个很好的出口，帕梅拉通过小红书打包分享以"健身+膳食"为主的健康生活指南，快速成为小红书的高质量视频博主，成为小红书的头部关键意见领袖（Key Opinion Leader，KOL）。

3. 健身领域顶流，带货和广告形成商业模式

帕梅拉在小红书通过云健身这条细分领域的赛道，找到了属于自己的定位方向，并持续在这个赛道上输出高质量的、正能量的健康内容，使广大粉丝难以割舍，即便在其他健身明星蹿红的时候，帕梅拉依然占据着众多粉丝的流量，证明在赛道的选择上帕梅拉是做了精准分析的。同时，健身一直是年轻的话题，尤其是"云健身"这种新颖的方式，帕梅拉针对有健康生活追求的年轻人，持续地输出她的健身思想和健康的生活理念，找到了属于自己形象的客道。最后，通过小红书的"种草"文化，进行广告代言和为产品带货的商业方式，最后形成属于"以个人魅力转化流量赚取收入"的商业模式。

三、总结与发展

小红书作为国内聚焦于"好物分享"而开启的社交电商平台，通过内容形成"种草文化"和"拔草模式"，为年轻人热爱生活、热爱分享的文化找到了出口，同时也让更多年轻人从分享自我开启了从个人品牌到个人商业模式之路，实现了以往难以实现的创业模式。帕梅拉的火爆不是一个人的结果，而是一个时代的风向，是一个新方式的趋势。数字化技术让更多的企业以平台方式实现了生产者与消费者之间的互动，同时更多的平台化渠道让更多的有个性、有魅力、有特长的新个体拥有了发声的舞台，实现了新媒体对传统媒体的颠覆之路，实现了新个体对新商业模式的创造之路。

资料来源：

［1］张明. 小红书从"种草"到"拔草"［J］. 企业管理，2022（8）：48-53.

［2］赵乐瑄. "云健身"在数字化大潮中乘风破浪［N］. 人民邮电，2022-05-27（004）.

第三节　新人才知识管理

知识是新时代企业发展和创新的重要来源，人是知识的重要创造者和承载者，要让企业发展自身的竞争优势，形成核心竞争力，知识管理成为不可或缺的方式。知识型员工也成为企业发展知识管理的新人才，知识型员工从不断的学习中吸取知识，为企业的发展和创新提供了很好的营养。基于传统人力资源的管理培训已经无法满足知识型员工的学习需求，传统的企业管理的知识沉淀也不足以支撑企业的创新发展。因此，向知识管理借力，建立企业的新人才知识管理机制，才能夯实企业的核心竞争力。

知识管理与人力资源管理既相互补充，又相互影响。人力资源管理偏向员工管理，而知识管理所涉及的范围既有员工管理，也有企业发展规划等内容，人力资源管理能够支撑知识管理内容的创新，为其赋予新的活力，知识管理也可以拓展人力资源管理的范畴，两者互为补充。但是，提升员工知识价值、构建员工知识体系，并不能完全取代人力资源管理，人力资源管理也不能取代知识管理，而是要将两者融合起来。因此，企业要让人才充满活力，融合知识管理，升级人力资源管理，成为重中之重。

一、加强知识输入

在数字化时代，企业所面临的竞争更为激烈，企业对知识管理的需求也会更高，而知识管理建立在企业拥有的知识基础上，员工拥有较高的知识水平，促进企业拥有大量的知识资本，这样才能够提升知识管理的效果，因此，重视对人才知识的输入是企业知识管理的首要环节。

在人才知识输入方面，企业应该根据自己的发展需要和自身的资源情况进行选择。具体来看，建立企业员工知识基础的途径主要有两个：引进先进人才和加强员工培训。引进人才就是促进企业知识人才比例的提升；加强员工培训就是使员工不断地丰富知识内容，动态化地更新知识体系。前者是一种"短且快"的见效方式，企业通过分析内部运行情况，有针对性、有目的性地引进具有丰富专业知识和较高知识层次的员工，快速解决人才短缺问题，帮助企业实现高速发展。但是，这是一种高成本且高花费的方式。同时，企业在管理中如果缺乏对人才的全面性考察和对企业需求的整体考量，会造成人才资源的浪费，导致引进的高端人才无法发挥应有的作用。而后者指的是对人才开展针对性的培训，通过岗位培训、课程培训、会议培训等提升人才的综合竞争力，这种方式是一种"长且慢"的见效方式，是从企业的自身情况出发，成本相对可控，既不会出现人力资源浪费，还能提升员工的满意度，帮助员工实现个人价值，是一种较为有效的人才培养方式。

企业培训管理作为内部知识输入的重要建设，要以持续性学习为出发点，通过开展多样化的学习活动，开发员工的技术资源，积累员工的智力成本，同时培养员工的持续学习行为，让学习贯穿于工作之中。因此，构建起健全的培训体系是重要的措施。首先，从实际情况出发，做好培训需求调研工作，制定培训目标并完善培训计划。其次，从主营业务出发，设计各类培训内容，如可以增加能力素质类、职业发展类、趋势分析类、技术技能类等课程，还可以增加实践类、实操类课程。最后，从内部健全内训师机制，提升内训师的培养力度，并对内训师进行长期的考核和跟踪。构建学习型组织培训管理机制，为知识输入做好人才保障。

数字化时代的来临，企业的知识输入也受到了数字化技术的影响，企业的培训方式也要融入数字化技术，进行深刻的变革。对于传统培训方式而言，与现代化传媒科技等数字化技术融合是一条必然的发展之路，要逐步用"互联网+"等数字化培训的理念和方式来开展新时期的员工培训工作，推动职工职业化成长，实现传统培训的转型升级。数字化技术给培训方式带来了以下变革：

第一，多媒体课堂授课。即在授课的过程中运用网络传媒等技术，该方式的实现难度与硬软件的技术要求相关。

第二，网络平台培训。即在授课的过程中利用数字化时代传媒的便捷性，让受训者通过电脑、智能手机等移动通信工具即可进入网络学习，使培训学习不受地域和空间的影响。

总之，在数字化时代，人力资源培训可以更便捷地、大规模地利用数字化技术实现优质资源互联共享，使人力资源培训方式更加丰富、时效性更强，为企业进行培训创造良好的条件。

综上所述，进行人才知识管理，首先要进行企业和人才的知识输入。

在数字化时代，企业既要做好高端人才引进后的知识管理，也要做好员工的培训管理，还要利用互联网技术和数字化技术为知识输入和培训保驾护航。

二、促进知识共享

人才知识要沉淀成企业的知识，企业的知识要传承下去，进而形成人才知识向企业知识的转化，因此人才知识的流动和共享成为知识管理和人力资源管理的核心内容。知识共享指的是通过有效的途径实现各种知识的互通，让员工能主动地共享自身的知识，互相学习和提升，最终传递到企业，带动企业整体知识水平的提升。在新时代，共享经济逐渐成为受新生代欢迎的经济形态，企业通过推动新生代员工与旧员工进行知识共享，促进企业内部知识的加速循环和流通，从而使人力资源管理具有更好的环境，最终提升了企业的人才资源管理能力。

人与人之间的知识交换才能促进知识交流，从而实现共享，那么基于企业人力资源出发看待知识共享，仍然存在很多的挑战。首先，企业忽略了知识平台的创建和知识氛围的打造，仅仅聚焦于人才的激励手段，而忽略了从企业的长远发展出发构建人才的知识体系。其次，无偿知识分享与个人利益发生冲突，隐性知识是资深员工的竞争优势，随着其在行业中的日积月累和实践打磨，其隐性知识就是其获得独特待遇的筹码，如何让优秀人才和资深员工愿意为企业贡献知识成为知识共享需要突破的难题。最后，知识分享机制和分享平台的技术有待进一步完善。

面对着信息技术的洪流和知识共享的迫切需求，以符合时代发展的需求看待知识共享，通过信息运用，让知识共享更有效率，组织要做好以下三个方面的工作：

第一，善用大数据技术，优化知识管理。经过计算机技术的发展，传统的人力资源管理也拥有其数据库，但其数据库大多是对知识内容进行收集以及存储，利用大数据技术的更新及优化，对企业的运行模式进行数据分析。首先，基于员工的教育背景以及生活经历，进行差异化知识管理，同时挖掘员工的知识优势，利用大数据对员工进行知识匹配，实现企业内部人员的合理分配。其次，充分利用大数据，为员工建立相应的档案，包括员工的技能知识、日常表现、岗位竞争力以及工作态度等，以更加科学的方式进行知识共享，让员工之间形成良好的竞争氛围，尤其是在岗位安排上要让不同能力的员工之间形成互补，促进知识在小范围内快速流动。

第二，提升员工的自我效能感，促进知识共享行为。自我效能感来源于员工对自我价值的认同，自己为企业做出贡献的同时感受到来自组织的认同，才能提升员工的自我效能感。自我效能感是员工的一种心理感知，要求组织管理要做到充分的授权，让员工参与到更多的工作中，并为员工提供能力培训和工作资源的支持，帮助员工在工作中成功，促进员工进行知识共享。另外，为员工建立良好的人际关系，构建良好的人际互动氛围，在员工之间形成一种良好的互动互助氛围，促进员工将自己的知识进行共享。

第三，基于企业的长期发展，构建信息平台挖掘隐性知识。传统的人力资源管理部门所构建的知识管理系统或信息技术平台，只是显性知识的技术层面覆盖，每一个员工通过系统进行知识查找、知识分享从而完成工作任务。但是，很多知识是在长期的经验中积累起来的，而大部分隐性知识不能通过信息技术进行传递，需要依靠人与人之间交流和互动，促进彼此成长。信息化产业高速发展改变了企业的生产方式，为各领域的发展提供了平台式的应用，使生产活动、运营活动、人力资源活动与知识管理层面有了更紧密的关联，形成了更庞大的数据系统和信息互动平台，让企业能挖掘出隐性知识。

总之，知识共享是知识管理的流动方式，只有让企业的隐性知识和显性知识，从知识型人才到普通员工中进行良好的流动，从全域数据库到信息技术平台，帮助企业进行知识识别、挖掘、分析，才能充分发挥出知识共享的作用，升级企业的知识管理。

三、实现知识创新

知识创新所体现的是知识对于时代进步的推动力量，当今社会飞速发展，企业所需要的知识创新不仅包含了对自然科学、社会科学等理论性知识的创新，还包括在技术理论方面对自然界认识的创新，在实践过程方面对管理模式、生产模式的创新。随着科学技术的不断推进，在多种经济形态的推动下，知识创新与企业的发展管理已经密不可分。不仅提高了工作效率，提升了经济效益，还提高了企业面对市场风险和竞争风险的韧性，为实现企业可持续发展奠定了基础。

知识创新的过程包含知识识别、获取、整合、交流、共享等，在这个过程中，实现知识的发现、创造和再造，完成有价值的知识创新。在企业管理过程中，要实现知识创新，离不开丰富的知识库、完善的信息系统和高质量的知识管理系统，这些都是企业知识学习的重要基础；离不开组织的战略支持，让知识传播全流程有精准的方向性；离不开企业知识的实践应用，通过检验得真知，经得起检验的知识，通过不断反馈优化，实现高质量知识创新。知识创新从发现到实现，人才的支撑贯穿始终。要实现企业的知识创新，人才管理成为企业的重中之重。

人才管理是知识创新得以实施的主要环节，而知识创新则是人才管理的目标和支持途径，二者都是为了实现组织创新和组织目标，而相互协同发挥智力资本的支持作用。概括而言，实现知识创新的人才管理主要体现在以下五个方面：

第一，人才引进机制。知识型人才自带多层次的经验技能和专利专业知识储备，通过引进知识型人才，能更合理地完善组织的人才架构，同时丰富企业的知识体系。人才的来源渠道有高校、研发机构、社会等，拓宽企业的人才引进渠道，同时灵活人才的引进条件，为人才留出位置，才能广泛地吸收人才。

第二，人才内生机制。知识型人才具有较强的自我学习能力，组织要为人才提供吸收知识的机会，举办岗位知识学习、知识经验分享会、创新成果发布会等内部知识活动，同时邀请社会人士、培训机构等组建外部知识来源。通过内部知识活动和外部知识增强人才的内生动力，构建起人才内生机制，为人才提升知识质量建立路径。

第三，人才交流机制。知识是一种动态的资源，通过人与人之间的沟通、交流互动发现更多的创新想法。进一步构建政产学研平台，为知识创造营造更多适宜的条件，通过与学术机构的研讨交流，形成创新型知识。构建组织的人才交流机制，为知识创新提供平台。

第四，人才反馈机制。高质量的知识创新需要经过检验和反馈，才能有效为组织服务。另外知识的创造和再造也需要从检验和反馈中找到路径。扁平化人才反馈管理，开通人才反馈通道，让反馈能及时地传达到管理层。

同时，简化反馈流程，让反馈能与企业日常运作相结合，形成常态化反馈机制，加快改进步伐，提高知识"评估+反馈+改进"的整体效率。

第五，人才激励机制。激励机制是人才向前的推动力，形成公平且完善的物质和晋升的激励是对组织人才管理的基本要求，同时对于知识型人才，还要为其提供实现个人价值的激励方案，实现个人价值与组织价值的和谐统一，鼓励人才持续创新知识，为组织的知识创新沉淀和传承贡献力量。

综上所述，企业高质量发展需要高韧性的能力，高韧性的能力需要组织创新型的知识，创新型知识需要以知识型人才为支撑。基于此，人才管理和知识管理密不可分。企业应把握发展趋势，加强顶层设计，规划人才与知识战略，完善人才管理，实现知识创新对组织战略的有力支撑。

第四节　数智结合，人才管理重构

现代人力资源管理在组织管理中承担着"招人、用人、育人、激人、留人"的任务，在数字化技术、互联网技术飞速发展的背景下，人力资源管理仍然承担着这些重要的任务，只是这些任务多了一份数字的时代感。数字时代的个体与数字密不可分，成长机制成为组织留人的新内容，组织管理也拥有了数字的味道，激励机制必须与时俱进。数字化时代企业人才管理的新任务如图4-6所示。

图4-6　数字化时代企业人才管理的新任务

一、构建数字化平台

新时代数字化人才管理需要组织提供多元化的管理平台作为技术支撑，数字化是一项综合性技术，数字化思维也是一种综合性思维，数字化人才需要在具备数字化平台的组织中发挥出应有的能力。因而，数字化平台是组织人才管理的基础运营平台，持续有效的数据管理，通畅无阻的流程管理，高效的决策管理，支撑组织更好地进行人才管理。如图4-7所示。

图4-7 数字化平台的基本特征

1. 人员资源信息化

人员资源是组织人才资源的来源。人才是有成长性的，每一个人不是一开始就能成为组织的人才，组织也不是一开始就能"慧眼识英雄"，这是符合个体发展特征的。组织与人才之间需要一个磨合的过程，无论是内部培养的人才，还是从外部招聘的人才，都应该建立起人员档案。信息化的人员档案，可以成为组织的人员资产档案，它可以用大数据技术，将尽可能多的人员信息记录并保存起来。因此，人才管理的数字化平台，必须要有人员资源数据库，信息化是数字化的基础，形成了人员资源信息化，为后续进行人才分析、人才录用、人才培训等提供了基础。

2. 工作流程数字化

畅通无阻是数字化平台最重要的功能，体现在流程管理上。流程管理既指数字化平台的操作流程，也指线下的业务过程。数字化平台的工作流程要基于真实工作场景下的业务过程的线上优化。很多组织将数字化平台理解为人力资源管理的业务系统，按照普通功能打造，造成组织在真实的场景中，出现很多的堵点，无法做到畅通无阻，更无法实现数字化的及时性。要有一套基于线下业务和线上数字分析而形成的业务规则和权限规则，这样的人才管理数字化平台才能既成为组织的人力资源系统，也成为对接组织各系统进行人才配对的系统。在日常的组织活动中，人才管理系统更是起到了检测和分析作用，因此其工作流程数字化、标准化、规范化才能形成智能对接，为组织的人才管理提供畅通无阻的通道。

3. 办公场景高效化

区别于 IT 架构信息平台，数字化平台非常依赖于工作的场景。而用于人才管理的数字化平台，有很多种业务会在办公场景中产生，如办公应用、工作管理等。在数字化组织中，人员和组织之间最重要的工作就是协同。基于移动通信技术、数字化技术、人工智能技术等，组织可以让数字化平台成为员工协同的平台。

总之，数字化时代形成的新技术、新理念，以数字化平台的形式影响着组织内的成员，改变着员工的习惯。要让组织的人才管理高效地作用到组织上，数字化平台的构建是重要的技术基础。

二、培养数字化人才

选择人才是人才管理的基础，怎样的人才适合组织的发展，针对这一问题，必须建立相应的标准。在数字化时代，技术和数据要素是组织的要素，如何使用技术和数据，成为组织亟待解决的问题。数字化人才成为组织急需的人才，数字化人才不是指纯粹的数字化技术型人才，而是指以数字化为前提的复合型人才，数字化人才具有三个方面的能力，如图 4-8 所示。

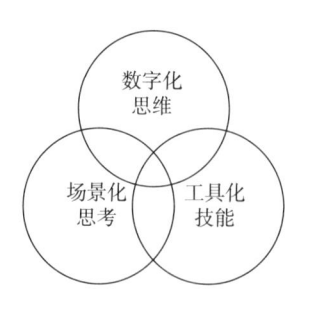

图 4-8 数字化人才的能力

1. 数字化思维

数字化思维是一种跨界思维、分析思维、综合思维，它不仅要求具有某一专业技能，还要求具有跨技能、跨知识和跨领域的融合能力，这是对数字化人才思维能力的要求。数字化思维是一种抽象到具体的强逻辑思维，单一技能的人才叫作专业人才，具有数字化思维的专业人才才是数字化人才。能以数字化思维构建解决问题的模型，多模型结合解决问题，这才是数字化人才基本的思维能力。

2. 场景化思考

数字化应用是数字化技术的实际应用层面。数字化思维是一种强思维的能力，它是构成数字化应用的底层思维逻辑。数字化应用区别于其他技术的应用，更体现在场景应用上，而非技术使用上。应用场景多种多样，如消费场景、生活场景、医疗场景等，在不同的场景中有不同的用户需求，如何基于应用场景进行用户思考，以数字化的应用能力，解决场景化的问题，是数字化人才的新能力。数字化人才要以场景化的角度思考，形成数字化时代的场景思考能力。

3. 工具化技能

每个时代都有每个时代的技术，技术依赖于工具应用到日常生活中。在数字化时代，数字化技术的核心多种多样，如大数据技术、云技术、AI技术等。数字化技术具有其他技术无法比拟的数据分析力，它可以运用数据算法，依靠系统的数字运算能力，构建出多种数据模型。数据模型是智能化的基础，智能化要通过工具与人类相结合，形成人机互动。数字化工具就是这套互动中的末梢神经，接受着大脑的执行指令。灵活使用时代的生产工具，使用时代的技术产生数字化的生产力，是数字化人才必备的技术能力。

总之，数字化人才不是特指拥有数字化技术的人才，而是具有数字化思维能力、数字化场景思考能力和数字化技能使用能力，并把这些能力与自身的专业技术相结合，形成良性互动的数字化人才。

三、内驱力激励机制

激励机制是一套刺激和鼓励员工积极实现工作目标的管理方法和标准。在过去的人力资源管理中，薪酬机制和激励机制是一套组合拳。随着环境的变化，组织在不确定的环境中，更需要与之共同前进的团队。在这样的需求下，薪酬机制与激励机制融为一体，刺激员工内在的驱动力，鼓励其不断向前。在人才管理中，形成一套行之有效的激励机制，要遵循三个原则，如图4-9所示。

图4-9 内驱力激励机制的原则

1. 基于协作激励标准

能为组织所用的人才都是具有某些专长的资源，在单独的工作环境中，专长的资源无法发挥出其全部的实力，要让其主动走向协作，与组织内各成员、各项目进行协同对接，才能发挥出其重要的效能。激励的设定除了要让其愿意向前冲，还要使其从激励中明白自己的目标是什么，鼓励其在组织内进行协同合作发挥最大的效能。激励标准要使员工从激励中明白自己工作的正确性和协同的重要性。

2. 高于期望经济保障

薪酬机制与激励机制融为一体，不代表忽略了薪酬机制的功能。经济保障是每个人的基本诉求，也是人的基本生存需求，只有在满足生存需求的基础上，人才会有更大的积极性。每个人都会有自己的生存需求，如果激励机制仅仅能满足基础的生存需求，人只能挣扎在生存线上，无法走出生存的困局，创新更是无从谈起。组织要进行人才管理，要发挥出人的创新能力，那么激励机制要高于员工基本的经济保障期望。

3. 低于欲望保障供给

人对生活是有向上追求的，基本生存得到满足后就会希望得到尊重、得到自我实现等的需求。欲望不同于需求，它是超于个人现实的需求，是一种自我满足下的自我膨胀。欲望会形成对组织的过度需求，如权力、经济等，会形成组织的腐败和臃肿。激励机制是激励组织的人才以实现组织的目标作为追求，自我驱动达到自控自律的目的，既要有高标准的经济保障，也要有低于欲望的保障供给，避免过犹不及。

总之，激励机制是一种经济方面的刺激管理手法。基于新个体拥有自我个性、自我价值，追求创新与自由的特点，纯粹的薪酬机制和激励机制已经无法驱动其前行，行之有效的组合激励是人才管理的重要激励机制。

四、可持续成长机制

成长机制是刺激个人能力向上提升的管理手法。它涵盖了晋升机制和培训机制。个体在组织中成长为组织的内部人才，是一个长期的规划过程，它需要给予人才充分的时间和空间以塑造其个人的能力并与组织进行融合。同时，在个体时代崛起的今天，个人成长和个人价值成为个体的重要追求。因此，在组织的人才管理中，企业要从三个方面构建起成长机制，以实现可持续人才发展，如图4-10所示。

图4-10 可持续成长机制的内容

1. 能力型选用机制

能力不仅包括技术能力，还包括人际交往能力、领导能力、组织能力等。人才是组织的重要资产，人才的能力是组织的重要竞争力，人才能力的匹配才能让人才为组织发挥最大的效能。每个人都会拥有多种能力，但并不是每一种能力都适合企业或岗位的使用。在人才管理中，要鼓励员工"扬长避短"，维持并发展其优秀的工作能力，就要形成以能力为基础的选择和聘用机制，使员工的能力与工作的岗位相匹配，实现公司的经营目标，也是组织人才管理的重要内容。

2. 破格型录用机制

破格录用是跳出基本条件的限制，以特长能力为出发点的录用规则。

为组织提供创新力量,是人才战略多样性的目的。在人才管理中,能力的选用是基本条件,但对于具有某些专长的人才,如果通过能力选用条件或基本人力资源匹配条件是无法筛选出来的,而这种专长也是组织未来战略发展所需要的,那么作为人才战略的储备型人才,就要有破格型的录用机制。这种机制不能作为常用机制,是一种特殊的人才管理机制,作为人才的成长机制,是要让员工知道,创新始终是组织的主要战略方向,为组织的主要战略方向努力,任何人都有机会。因此,破格型录用机制是组织人才管理成长机制中重要的晋升机制。

3. 学习型进阶机制

创新来源于学习,保持知识的充沛,坚持学习的状态,才能让员工持续精进。组织要为员工的学习和精进提供氛围和机会,让员工有机会在持续的学习过程中成长,形成自我学习、自我进步的内驱力。成长机制最关键的就是要让员工成为更好的自己,从而发挥员工的创造力和创新力,使组织保持充沛的活力。员工的每一个进步,都会为企业的未来发展带来新机会。因此,在人才管理中,学习型的进阶机制不仅包含传统的培训型管理机制,还要从组织的实际需求出发,为员工提供涉猎更广阔资源的机会。

总之,成长机制是塑造一个人的管理机制。基于技术时代而来的技术新个体,创造力和学习力是其重要的个人能力,对于新个体的人才管理机制,要充分发挥其创造力和学习力,给予他们足够的探索空间和足够的成长空间。只有员工不断向上成长,才能形成对组织的推动力。

● 数字培育专栏 4-3 ●

浪潮集团:人才促发展,行稳且致远

一、企业简介

浪潮集团有限公司(以下简称浪潮集团)是中国知名IT品牌,拥有浪潮信息、浪潮软件、浪潮国际三家上市公司,业务领域涵盖云计算、人工智能、大数据、工业互联网、新一代通信等数字经济相关应用场景,业务范围覆盖全球120多个国家和地区。浪潮集团是科技部首批认定的创新型企业，不仅在国内拥有国家重点实验室、国家级企业技术中心，还在中国香港、日本和美国硅谷设有技术中心。浪潮集团人员规模达到3.3万人，包括院士在内的国家级和省级高端人才近40人，预计到2025年，人员规模将增加到7万人左右，国家级和省级高端人才将达到150人左右。浪潮集团身处信息科技行业的风口浪尖，强化人才之道，以人才促进企业的发展，成为企业可持续发展的根本。

二、企业人才机制

创新之道，人才为本。浪潮集团作为我国科技创新企业之先，人才的可持续发展管理有着重要的作用，并从以下四方面强化企业的人才成长：

1. 科学定员用工

结合企业发展战略需要，浪潮集团完善了管理人员、专业技术人员和技能人员三类人才培养体系。从人才效能型出发，制定能力型选用机制，控制用工用量。首先，设定人才效能指标。基于各权属单位功能定位、行业特征、业务特点、发展阶段的差异，以完成目标为主要指标定性。同时，做好分岗分层管理，对于低产能、低绩效人员也要给予机会，持续优化，让全体员工共同参与到生产中来。其次，优化人才层次结构、学历结构和岗位结构，引进高效能人才。最后，建立以结构、时间和结果为导向的科学考核体系，保障全员能充分发挥其能力，提高组织活力，同时做好专业技术技能序列评定，规范人才能力机制。

2. 数据招聘选人

浪潮集团作为数字经济的领先企业，利用数字化平台辅助人才选用是保障人才招聘规范的重要手段。浪潮集团针对人才引进的7个环节（需求计划、人才获取、资格审查、测评考试、面试考察、聘用录取、入职到岗），建设数据库，以大数据信息辅助招聘流程，实现人才库选用率和合规率100%，保障招聘流程全程可控。

3. 精准唯才是用

对于高层次的人才，企业要敢用且能用，需要有破格录用创新型高层次人才的机制。浪潮集团设立3000万元人才引进专项基金，以"一人一薪"的差异化机制，结合业务板块发展对高层次人才的需求，招才引才。设立集团高精尖人才目录库，为企业精准定向寻找人才。浪潮集团与国内多家知名高校和研究院建立合作关系,高端人才招聘逐年提高,为企业的后续发展做好了人才储备。

4. 科研学习同步

科技创新型企业的人才,科研和学习是其必备的进阶设置。浪潮集团拥有26个科研平台,包括浪潮科学研究院、浪潮创新中心、重点实验室和各科研工作站,同时还在19个省级单位建有自己的科研平台。科研平台是科技创新人员的工作平台,广宽的科研平台和充分的科研机会,才能发挥科技人员的创新能力,才能体现人才对企业的重要促进作用。同时,浪潮集团非常重视学习环境和氛围,建有收录6万册图书的图书馆,能为广大员工提供学习的场所。浪潮集团鼓励学习创新,鼓励人才创新创业,为创业员工提供资金和授权帮助,为专利研发提供高额奖励。

三、总结和发展

浪潮集团所在的信息科技领域是技术驱动型领域,以技术的创新和突破作为主要的发展方向。技术的发展离不开人才的驱动,浪潮集团也是一家技术密集型和人才密集型的企业,人才是企业的发展之本,是技术发展的动力源。浪潮集团十分重视人才的培养,按能力定岗定位,为人才进步提供广阔的空间和充足的支持,全方位给予人才可持续成长的机制。通过不懈努力,浪潮集团的产品创新能力得到了全面的提升,技术领域突破了多个空白。浪潮集团的实力已经在世界显现,其服务器在全球市场占比逐步提升,紧逼国际知名企业——甲骨文,AI服务器市场份额已位居全球第一,浪潮集团已经形成了世界级的影响力。

资料来源:

[1] 金琳. 健全完善人才培养体系,提升企业整体竞争力 [J]. 上海国资,2022 (6): 47-49.

[2] 杨渊. 浪潮集团:在数字化变革中涌动的浪潮——浪潮集团副总裁、人力资源部总经理刘伟华先生采访 [J]. 首席人才官商业与管理评论,2019 (1): 88-93.

第五节 应对 VUCA，多样用工启航

当今世界正面临百年未有之大变局，在经济全球化和区域化竞争交织的影响下，宏观环境变得越来越复杂，逐步走向 VUCA 时代，所谓的 VUCA 时代，就是从易变性（Volatility）、不确定性（Uncertainty）、复杂性（Complexity）、模糊性（Ambiguity）四个角度所描述的时代。在 VUCA 时代，传统的、稳定有序的用工模式已经逐渐显露出多种不适应的弊端，如企业的外部环境在恶化、战略在调整、市场难以预测、稳定有序的用工模式只会徒增企业风险等。个体的追求也越来越丰富多彩，这也是进化的个体对 VUCA 时代做出的反应。

在外部环境不断变化的背景下，数字化时代的来临，让组织、个体及其两者关系都发生了深刻的变革，给传统的用工模式带来了冲击和挑战，多样化的劳动关系形成了多样化的用工模式，创新的用工模式可以让用工企业、就业个体和创业个体形成共享劳动力和智力的关系，从而应对 VUCA 时代。在宏观环境变化和新经济形态崛起的共同推动下，以下三种模式率先成为用工模式的新方向。

一、数字员工

随着数字化时代的来临，数字经济席卷全球，当数字化技术落地应用到数字化转型的传统企业，人工智能技术与企业业务需求融合，数字员工也就应运而生。数字员工不是真实意义上的人的个体，它是指一种流程自动化的机器人的形象化称呼。数字员工的应用就是企业应用流程自动化管理，同时减少参与重复率高的生产环节中的工作人员。在人口出生率降低、劳动力逐渐减少的情况下，数字员工为企业减少了低端工种用工的困扰，同时减少了因低端工种流失、培训不足而带来的质量不稳定等问题。

数字员工并不是取代了工人的作用，而是促进了企业用工的结构性调整。低端工种的员工减少了，但是企业对高技能数字人才形成了强烈的需求。面对数字技术的不断发展和外部环境的不确定性，企业的数字化转型更加迫切，数字员工表面是数字机器的应用，实质是企业应对数字化转型

的管理升级模式。

数字员工的应用改造更适用于操作繁复和高标准化的工作以及劳动密集型和信息系统发达的企业，因此，在金融、制造、地产、人力、物流、医疗、零售和政务等领域优势将更加突出。数字员工的应用具有不可比拟的优点，但在其实际应用的过程中也还存在一定的困难，如图4-11所示。

优点	困难
降低招聘用工困扰	管理模式新颖
提高生产质量控制	管理成本增加
助力企业数字化转型	高技能人才需求高

图4-11　数字员工的优点与困难

总之，随着数字化技术的深入开发和企业的数字化意识不断提高，生产时代从劳动密集型逐步转向技术密集型，数字员工的未来是值得期待的，企业的用工结构也会随之发生根本性的变化。无论是企业还是个体，都应该抓住这一发展契机，向数字化转型全速前进。

二、零工模式

随着数字化技术和互联网技术的发展，出现了平台经济、共享经济等多种经济形态，为了应对技术时代和经济形态的变化，产生了零工经济。零工经济源自美国的Kelly Services企业，被定义为一种以完成工作为导向而匹配员工的形态。区别于过往稳定时代，零工经济的形成同样是为了应对VUCA时代所带来的不确定性，应运而生的一种新形态。

零工模式就是为了适应零工经济，企业对全人力供应链进行的丰富，既包括全职员工，也包括自由职业者、创业个体、独立承包人、临时用工等各种形式的员工个体。零工模式随着经济的发展和用工模式的变革，形式可以十分丰富，过往更多地表现为一些包干制下的工种，但在数字化时代，平台型企业的崛起让零工模式有了更丰富的变种。平台型企业通过机制的设定,联合富余劳动力,加速企业数字化发展。

零工模式具有很大的灵活性,能让富余的劳动力得到最大化的利用,对于平台来说,降低了固定员工的管理费用,大量的零工也会增强平台的核心竞争力。虽然零工模式对于平台型企业具有竞争力的优势,但是零工模式同样也存在缺点,企业要平衡好使用零工模式的优劣,才能让零工模式得到最大的发挥。零工模式的优点和缺点如图 4-12 所示。

优点	缺点
降低用工成本	员工留用流动大
减少管理费用	员工培训难度大
盘活富余劳动力	员工管理难度大

图 4-12 零工模式的优点和缺点

总之,零工模式是一种以动制动的模式,就是以灵活性应对环境的动态不确定性,平台型企业在数字技术的应用上具有优势,也就形成了使用零工模式的优势。传统企业对于零工模式的使用,需要做好整体的人力资源规划和创新,做好工作规划,使企业的用工模式能更多样化,从而适应零工模式的发展。同时,做好零工模式的人力资源管理工作,实现企业的多元用工创新。

● 数字培育专栏 4-4 ●

抖音:直播带货背后的零工模式

从"买它、买它"到"上链接",熟悉的销售术语背后,有着一个个直播的身影。在移动互联网的浪潮下,2019 年成为我国直播电商的爆发增长年,2020 年新冠肺炎疫情的到来,更成为直播电商的催化剂,一时间"直播"进入了大众的视野。人们开始去研究、去探索直播这个新兴业态,各大品牌也纷纷寻找自己的直播。更多的人在谈论直播，产生着更多的直播话题，形成了更多的流量。因此，直播电商，也叫流量电商、话题电商、兴趣电商。直播电商与普通电商一样，都需要借助一个平台形成流量入口。作为目前国内最大的短视频社交平台，抖音是直播电商的非常匹配的流量入口。因此，抖音也成为零工模式的重要平台。

一、企业简介

抖音成立于2016年，是由以推荐算法作为核心技术的字节跳动孵化而来的，是一款以短视频为主的社交软件。区别于过往的长视频和电影长度的视频，短视频有着快速、简单的优势，只需要简单的拍摄、编辑即可成为分享的内容。由于其便于操作、便于分享的特点，刚成立一年即收获了优秀的数据流量，吸引了各大商业体的关注，并尝试推动产品的广告业务。2019年，抖音成为中央电视台春节联欢晚会的独家社媒传播平台，让抖音正式被全国乃至全球所认知，随后以惊人的速度传播和发展，数据流量也成为抖音的重要资源，加上字节跳动的技术加持，抖音一跃成为电商的天堂，而且还给了个人电商、直播电商很好的发展空间。

二、直播带货模式下的"主播"

抖音作为直播带货的电商平台之一，是"主播"零工模式的重要平台。直播带货是基于5G技术，在移动互联网能够实现实时互动的基础上发展而来的。直播带货也就是利用了互联网的实时性、互动性。抖音让每个人都拥有自己的展示渠道，通过自己的展示渠道为用户推荐商品，实现商品销售，也就形成了直播带货。其本质就是"主播+平台+电商"的新兴商业模式。

1. 个人能引流

每个人都能成为自己渠道的主播，主播既是一种职业，也是一个人的技能。抖音提供了一个短视频的平台，让每个人都能分享生活、分享个人观点、分享个人知识等，通过分享吸引到愿意关注的人。个人成为主播持续地分享，就能持续地与关注的人进行互动，就形成了属于个人的流量。流量是互联网的新名词，用于估算个人的价值。

2. 引流能带货

主播所拥有的流量，就为其获得了带货的机会。流量不代表价值，但流量代表所有获取的关注度，流量越大，被吸引的目光就会越多。一个流量也是一个人的时间，能够同时占据多人的时间进行宣传，这就是形成了广告效应。商家投放广告，就是为了宣传、为了销售、为了实现收入。当个人具备了流量时，也就具备了带货的机会。

3. 带货能变现

直播带货是主播的一种宣传能力，也是一种促销能力。通过个人的流量，为货物宣传，形成个人的带货变现。一个主播可以为多个品牌带货，也可以为多个平台站台，这就是主播作为零工模式与电子商务的完美结合。

三、总结和发展

零工模式是一种新型的零工经济，数字化平台的发展，对零工模式也具有很大的促进作用。平台的灵活就业方式，也正是零工模式存在的基础，灵活成为双方的合作前提。零工模式在数字化的平台下，具有非常大的优势。抖音基于推荐算法和短视频技术，给予了个人展示个人魅力的舞台，让每一个人都能成为品牌，能为自己打造品牌，能通过平台成就自我的价值。直播带货只是平台和零工者之间合作的一种模式，是传统电商的升级版，依靠移动互联网技术的发展，让人与人能进行即时的产品互动，从而实现销售场景线上化。

资料来源：

[1] 张建鑫. 短视频平台带货的商业逻辑分析——以抖音为例 [J]. 采写编, 2022 (4): 190-192.

[2] 梁一鸣. 关于直播带货模式的探究——以抖音直播为例 [J]. 中国集体经济, 2021 (1): 10-11.

三、共享用工

顾名思义，共享用工就是不同行业间的企业对于劳动力进行临时性的、短期的调配。在现有的使用中形成了两种模式：一是雇用企业与用工方企业之间的合作，这是企业间缓解用工压力、保障员工稳定收入的模式；二是用工企业与员工之间的合作，这是社会间的人员大调动，在雇用企业同意仍保持劳动关系的前提下，员工通过工作平台自主寻找工作的模式。共享用工的弹性用工模式在应用的过程中,同样具有优点和缺点,如图 4-13 所示。

优点
- 共同分担用工成本
- 临时缓解闲置劳动力
- 稳定社会就业问题

缺点
- 员工跨界适应挑战大
- 员工安全管理难度大
- 员工合法权益不明确

图 4-13　共享用工的优点和缺点

总之,共享用工是在 VUCA 环境下的产物,也是数字经济衍生的一种新形式。作为多样化用工的补充方式,未来仍然有很大的发展空间,随着经济结构的变化,老龄化趋势、劳动力的不平衡等会进一步加剧,共享用工将以其低成本、灵活性、应变性成为企业的用工趋势。

在数字化时代,为应对 VUCA 时代带来的各种不稳定,三种用工模式都有其存在的意义。但在实际用工之中,三种模式也存在相同点和不同点,如图 4-14 所示。

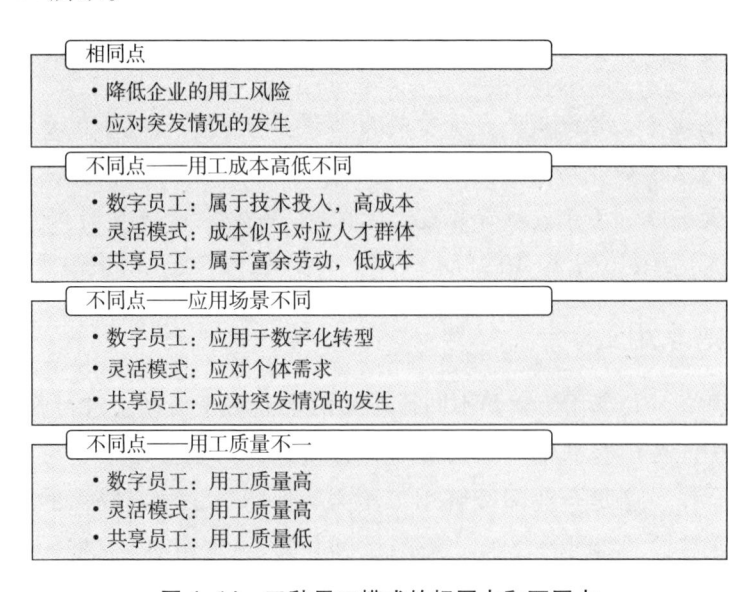

相同点
- 降低企业的用工风险
- 应对突发情况的发生

不同点——用工成本高低不同
- 数字员工:属于技术投入,高成本
- 灵活模式:成本似乎对应人才群体
- 共享员工:属于富余劳动,低成本

不同点——应用场景不同
- 数字员工:应用于数字化转型
- 灵活模式:应对个体需求
- 共享员工:应对突发情况的发生

不同点——用工质量不一
- 数字员工:用工质量高
- 灵活模式:用工质量高
- 共享员工:用工质量低

图 4-14　三种用工模式的相同点和不同点

章末案例

华为：让人才有所作为

信息通信行业的发展，已经离不开高技术的支持，高技术的背后需要企业进行专利、技术、技能等知识的研发和应用。对于高新技术知识的管理，离不开知识型人才的支撑。知识型人才担负着创新和传播知识的责任，以其力量不断捅破技术的"天花板"，创新技术的高度。知识型人才在现代信息通信行业中的地位十分重要，也成为企业人才管理的重点对象。华为作为信息通信行业的全球佼佼者，肩负着打破技术高峰的责任，肩负着让行业发展更美好的使命，人才的开发和管理成为华为的重中之重。对于人才，华为的观点是："人才不是华为的核心竞争力，对人才进行管理的能力才是企业的核心竞争力。"可见，人才战略是华为的重要战略之一，人才管理是华为的重要核心竞争力，华为已经不仅是一家经营信息通信业务的公司，而是一家技术型人才运营企业。从华为的人才战略之道，学习华为的人才管理之术，探索新时代数字化管理的人才管理方向。

一、企业简介

华为是一家在信息和通信领域具有全球领先地位的企业，向世界提供先进的信息通信基础设施和智能终端服务，提供集硬件设备、软件、服务于一体的解决方案。华为通过5G创新业务和人工智能AI业务技术的不断深入研发，致力于让数字世界进入千家万户，进入万千商户和影响亿万个体。实现连接无处不在、智能无所不及，并通过数字平台赋能各行各业；通过AI新技术，重构消费者生活全场景的个性化智慧体验。

自1987年成立以来，华为已经发生了翻天覆地的变化，从一家名不见经传的小企业，逐渐发展为全球领先信息通信解决方案提供商和通信设备供应商。其背后有其对技术研发的坚持且大量的投入作为支撑，2021年，华为的研发费用高达1400多亿元，占全年营业收入总额的22.4%，研发人员超过10万名，占公司总人数的54.8%。认认真真投入后一定是硕果累累，华为全球共持有有效授权专利超过11万件，超九成以上是发明专利，成为全球最大的专利权企业之一。

华为是一家十分重视企业文化的企业，创始人任正非时刻强调着文化的重要性，通过每一次的交流和演讲，都能输出创始人独特的文化理念。华为的价值观是坚持"以客户为中心，以奋斗者为本，实行长期艰苦奋斗"，是全体员工共同遵循的原则。

二、用人机制：向世界要人才

华为的技术人员高达10万人，这一庞大的数字，不是通过招聘、面试、上岗等简单的人力资源流程可以做到的。在华为的观念中，人才不是强扭的瓜，只有选对人、放对位才能让人成为人才。因此，在用人的理念上，华为会先从岗位职能出发，以技术硬功夫为首要，选择同频共振的人。华为用人，不受空间限制，不受认知局限，不滥用不勉强，以广阔和包容的态度，向世界要人才。

1. 用世界的人才

华为的广阔人才观在于其思想的开放性，华为认为"能用世界的人才，才是世界的华为"。把人才定位在世界，只要是适合华为的人才，任何障碍都可以克服，哪怕是地域的差异。华为愿意为一个人才投入"个人的研究所"，也愿意把研究所设到世界创新人才最多的城市。

用世界人才就需要有容纳世界的胸怀，华为打破人才的局限性，以包容完美来看待每个阶层、每个类别的精英人才，使它们统一起来。单独一个人，再有才也需要有组织的支撑。过去，由于知识型员工比较稀缺，一般情况下组织会将这类人才放在塔尖，但华为所要求的是每一个阶层每一个岗位都应该有知识型人才，只有这样，由人才组成的合力才会更大。

2. 宽容"歪瓜裂枣"

俗语说："十个手指头各有长短。"每个人都不是"完人"，每个人都有各自的优缺点，如果一个企业只用"完人"，那才会容易形成企业的人才缺陷。每个人都有缺点，人才也有缺陷，企业要能包容人才的缺陷，要用、敢用、大用这些个性突出的人才，才能让企业的人才特性更丰富。企业也如一个生态林，员工就是里面的物种，单一物种下的生态，会形成整体的缺陷。生态本来就是因生物多样性而更强盛。因此，宽容"歪瓜裂枣"一词是由华为创始人任正非提出的，在华为这不是一个贬义词，而是一个褒义词，这是奇思妙想、个性十足的代表。

总之，人才来源于五湖四海，人才来源于奇思妙想。新时代个体的个性和能力都十分突出，组织要敢用、能用、要用这些强个体，才能让世界为企业输送人才。

三、晋升机制：炸开金字塔

金字塔式的组织结构一直是稳定的结构，从工业时期开始，由于金字塔式有严格的秩序、清晰的层级、明确的分工，组织管理就一直坚信金字塔结构的美好。但来到数字化时代，金字塔式的秩序就变成创新的桎梏，层级变成创新的枷锁，分工的过度明确，创新已经蜷蚁不生，还怎能让人才发挥出其创新性的能力呢？"炸开金字塔"成为华为重要的结构理念。要让更多人才进来，要让组织有容纳下更多人才的空间，要让人才无限扩大，要让组织内产出领军人物，要容得下人才的智慧，就是华为组织结构的创新改革的重要方向。

1. CEO 轮值

CEO 是企业管理层的重要岗位，一直以来这个岗位都是一人之下、万人之上的。但在华为的"炸开金字塔"中，这个位置是首个被改革的，塔尖的位置本来就少，塔尖的位置还怎样做到容纳百家呢？2004 年，华为推行"轮值 CEO"模式，原来只有 1 位 CEO 的位置，现在有 7 位进行轮流担任，这 7 位都是来自集团的常务副总，以半年为期进行轮值。这种"轮值 CEO"模式的大胆创新和使用，让塔尖人才不再一言堂，保持了决策的动态平衡，杜绝了"山头文化"的出现。

2. 开放职业通道

炸开塔尖以后，还要炸通企业的职业通道。原有的层级制度，员工要晋升，要经过非常多的级别跃迁，需要花费很长的时间。在现今时代，人才有很多自由发展的空间，个体的价值也可以独立展现，人才的晋升之道如果仍沿用层级的晋升，三五年人才就会开始出现分化和流失，这样对人才的培养是不利的，对企业的发展也是不利的，对于企业而言，人才培养的投入也是一笔巨大的浪费。

因此，华为知识型员工与能力的发展，打破层级制跃迁，打破官本位，炸开职业发展通道，让人才在其位专其事，专业技能的提升也就有了晋升的通道。华为以管理、技术和项目管理三大类别开通通道，如大树的树干开出分支，也就是在三大类别内再划分出层次和类别。华为内部开发出独特的任职资格标准认证体系，体系内容涵盖标准、等级认证、任职资格体系等内容。华为中的每个人，都可以参加任职资格认证，持证上岗去竞争职位。

总之，华为用"炸开"一词来形容对组织结构的改革，可见组织结构边界对于人才的限制非常大，组织要敢于冲破结构的边界，才能让人才有发展的空间。

四、激励机制：分赃文化

每个企业都想赚更多的钱，但不是每一个企业都会想这些钱是怎么来的？甚至有企业会认为有了企业，人才才有赚钱的机会。恰恰相反，在个体时代的今天，每一个个体都有其独特的能力，都有独当一面的机会，都有强大的个体价值，要让这些人才团结起来而形成合力，就要让他在组织中比单干或者在其他组织中的收获更多，这就是华为的"超预期"理念。只有从组织中拿到的钱超出了预期，员工的内在动力才能更好地被调动，避免在组织待得时间长了而失去动力。同时，"超预期"理念也体现了组织对人才的信任，只有充分地被信任、被高估，人才才会感知到自己的高价值。华为的"分赃文化"被创始人任正非演示到了极致，作为集团创始人持股只有1%，能有这种分赃的大度，才能让人才相信组织是真的会与我共享。分赃文化要有机制，还要有吸引力，由两大重点决定：

1. 冲锋导向的分配机制

"胜则举杯相庆、败则拼死相救"是任正非道出的分赃文化的核心，也构建了其分配机制就是让员工勇于往前冲。一项分配机制要与员工的工作、组织的项目相结合，空想的分配机制是不符合实际的，是具有领导层私心的，是无法让员工为之奋斗的，更无法实现超预期理论。华为是以项目协作去完成任务的，项目协作内不仅有个人也有团队，都是基于完成任务的导向而进行的协作，因此，分配机制就要让大家真正地聚合智慧，愿意拿出智慧。没有提成的销售员，却做得心甘情愿，背后就是华为分配机制的魅力。

2. 全员激励全员分享

对于激励华为有自己的理解，在外界认为激励是用于刺激员工奋发前进，华为的激励机制是应对人性的懒惰和贪婪。基于对员工激励的不一样的看法，华为的激励机制也一直在动态调整之中，避免因持久地使用一种方案，而导致组织的惰性和腐败。华为的激励机制有两种方案结合：一种是基于"利润分享和利益绑定"的机制，设立了"虚拟饱和受限股"，本质上是借股票的形式进行利润的分享制度。另一种是"导向奋斗和追高绩效"的中期激励机制，设立了"时间单元计划"，本质上是基于历史贡献和未来发展的一种特殊奖金制度。只有让全员共享收获，才能让全员备受激励，这也是华为激励机制的本质。

五、决策机制：炮火管理

"谁领导谁决策"是流程管理的核心，这样的决策机制理论上是权责的区分，实际上违背了有效信息的流通方向。感知市场信息最敏感的往往是基层，信息多是基层的优点也是其缺点，信息的丰富让其对市场更敏感，但同时也缺乏了统一观，那么中层管理者就要清楚知道基层的运作，如基层的信息、基层的情况等，与基层在一起听一线的炮火声，形成统一作战部队，决策的下达就能做到快而准。炮火管理还要做到以下两点：

1. 让最明白的人最有权

最明白的人包括两种：一是某个岗位的专家；二是某个领域的专家。这些是在"做事"上的明白，而不是在"位置"上的明白。做事上的明白会形成以事为先的公正，位置上的明白容易导向腐败无能。最明白的人是对事情最清晰的人，让明白的人做决策，是一种对事负责的态度。

最有权是一种授权，管理者要会授权，把权利与责任相一致，不管个人的资历与级别，以客户公正为考核结果，敢授权、能授权，赋予其决策的能力，也是给予员工的莫大信任。

2. 让最有权的人对事负责

让最明白的人最有权，也要让其"权责合一"。明白的人有时也会陷入对事情的个人认知执念，这是缺乏责任心的体现。在赋予权力的同时，也需承担责任。最有权的人要敢用自己的知识与经验给出决策意见，当遇到风险或麻烦时是最体现责任心的时候。将责任推给管理者、领导层，决策就会被拖延，机会就会被丢失，资源就会白费，这是最大的损失。最有权的人要敢于承担风险，不怕犯错误，不怕得罪人。力求把事做好，对事负责。既要做正确的事，也要正确地做事。

总之，华为的"炮火管理"是其重要的决策机制，充满了对人性的理解和智慧，也充满了对人才的信任，给予权力，同时也赋予担当与责任。灵活且快速的决策应变，才能让组织跑得比人快。

六、总结和发展

动态能力是一种对抗变化的最大的力量。无论是个人还是企业，都要在动态中发展，积极与时俱进，拥抱变化，才能抵御外部环境的不确定性。华为的成功离不开管理变革，管理的变革离不开一直以来的学习和改革。20世纪90年代，华为就开始开展多项管理变革。经过十几年的持续变革，才取得了今天的显著成效，建立起集中、统一的管理平台和灵活、完整的流程体系。

不是一家优秀企业吸引了人才，而是优秀企业给了人才施展才能的空间。只有让人才进得来、用得上、用得好，才能让人才起到最大的作用。华为能拥有世界级人才，与其不断学习、愿意变革、敢于变革的作风有很大的关系。没有学习、没有管理变革，作战能力就无从谈起。只有持续管理变革，才能让组织在不确定的环境中保持动态的平衡，才能真正构建端到端的流程，才能让人才职业化，让更多国际化和专业化的人才加入，形成人才推动的组合力，才能让产品达到行业最佳运作水平，真正地做到"以客户为中心"。

华为的成功并非偶然，不仅能用、敢用人才，还能用好人才是华为成功的关键。

资料来源：

[1] 周恩毅, 贺凡. 华为公司企业文化的激励作用 [J]. 经营与管理, 2022 (3): 82-87.

[2] 孙金云. 华为：人才也是"逼"出来的 [J]. 企业管理, 2021 (7): 95.

[3] 王育现. 任正非：让一线呼唤炮火 [J]. 商界 (评论), 2009 (5): 106-113.

本章小结

在数字化时代,技术成为推动时代前进的巨轮,改变着环境,改变着个体。数字化时代的个体具有高适应能力,强创造、强学习、强融合和强创新成为个体时代的特征。当数字化时代迎来个体时代的爆发时,个体对自我的追求和展示,开启了个体模式;个体的强能力,要求企业打造以人为本的人才管理模式。企业的发展,人才是根本,企业的管理,应从重视人才战略和人才管理开始,才能让企业在面对 VUCA 的环境变化时,启航灵活的用工模式,以适应时代的步伐。

第五章 数字运营：让协同良性互动

　　协同并非源于管理学，而是物理学中的一个普遍规律。其规律形成有两个特点，分别是从无序到有序和从分散到自组织。在过往的管理科学中，一直遵循着组织行为学的基础理论，以"权、利、责"为组织划分的主要方向，使组织管理保持在一个相对稳定的结构中，与协同之间所能产生的关系并不明显。随着互联网技术的普及和成熟，信息实现了跨时空互联，曾经被结构化分割的信息开始互通，伴随着数字化技术的开发和应用，信息屏障被逐步打破。在这样的发展趋势下，人与人之间的互动信息越来越丰富，部门与部门之间的信息不再受限制，组织与组织之间的信息也能实现技术性联动，那么协同作用就能应用到管理学之中，成为一种创新的管理方式——协同管理。协同管理就是要把组织内外部打通形成信息联动实现"和气"的管理，其不仅可以让企业提高效率，更可以让企业实现商业模式的创新，形成一条新的"生财之道"。

数智商业创新将带来创新型、社会化、绿色态的新商业，使企业实现产品与业务创新、组织与管理变革，并创造新的需求和市场；通过连接、匹配、共享、协同，企业可以在全球网络及经贸关系可触达的任何地区实现端到端的社会化商业协同；应用数智技术实现集约、节能、环保的生产与服务，创造供给与消费机会更加公平的商业秩序，形成生态共赢的新商业理念。

——用友网络科技股份有限公司董事长　王文京

资料来源：https：//baijiahao.baidu.com/s？id＝1744181116582004302&wfr＝spider&for＝pc。

> **学习要点**

*认识协同时代来临。

*认识协同管理核心。

*认识协同管理创新。

*认识智能协同管理。

> **开篇案例**

视源股份：科技引领创新力量

新冠肺炎疫情带来的冲击将在很长的一段时间内阻隔人们之间的往来与交流。对于有大型会议、大型组织的学术交流等需求的用户，智能化会议平板将会一直在拓展上升的空间。会议平板是液晶显示平板和智能化软件的结合体，2020年上半年国内会议市场TOP5品牌市场占有率合计超过了66%。一直以来，视源股份深耕液晶显示主控板卡的业务，在经济全球化背景下，将如何释放出其创新技术的能力？

一、企业简介

广州视源电子科技股份有限公司（以下简称视源股份）成立于2005年12月，主营业务是设计、研发与销售液晶显示主控板卡和交互智能平板等显控产品。公司旗下拥有多家业务子公司，分别涉及多个不同的领域。公司十分重视技术研发，技术研发人员占公司员工总数的六成以上，而且企业十分年轻，重视起用年轻人，公司员工的平均年龄低于30岁，年轻、活跃的技术人员成为视源股份的重要人才力量。视源股份始终致力让电子产品更加高效，让人们的沟通更丰富、互动更简单。面向众多的应用场景，不断推进技术创新和产品优化。凭借优秀的产品质量和对社会责任的担当，视源股份在国内外测评机构中均赢得了不少荣誉，更深受消费者的认可和信赖。获得了"信息技术产业最具成长力上市公司""2020中国制造500强""战略性新兴产业领军100强""2020中国最具价值品牌500强"等荣誉称号。视源股份是首批国家级的制造业"双创"试点企业、国家高新技术企业、国家知识产权示范企业。在科技强国的道路上，视源股份必须持续进取、锐意创新、砥砺前行。

二、以科技为导向，协同创新六大业务板块

视源股份以液晶控制主板生产和销售作为业务的开端，随着科技研发不断的探索和产业的调整，坚持以科技为导向，以创新为动力的发展思路，视源股份的产业布局也进一步地优化。业务细分为六大板块，如图5-1所示。

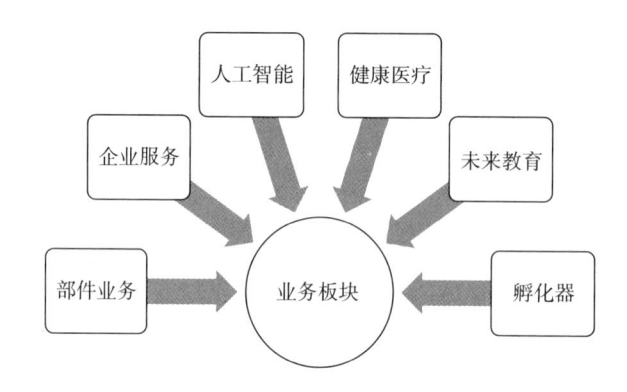

图5-1 视源股份的业务板块

1. 部件业务

部件业务是应用于液晶电视的核心部件和商用显示整机产品，其技术已经达到全球领先水平。通过公司独立的研发能力，继续深挖行业的巨大价值。

2. 企业服务

企业服务以高效会议平台MAXHUB为主，是一款集显示、书写、传屏等多功能于一体的办公应用场景产品。新冠肺炎疫情加速了这一场景产品的应用。

3. 人工智能

数字化时代，数据的爆炸式增长和算力的翻倍提高，人工智能领域的技术力量逐步取得了突破性的进展。视源股份十分重视人工智能技术的研究，在2014年已与集团内部中央研究院合作，并一直持续加大这方面的投入，深挖技术，赋能企业的其他业务板块，甚至服务更多的企业。

4. 健康医疗

健康医疗是视源股份旗下拥有的"视源健康""希科医疗"两个医疗品牌,分别专注于提供全方位的健康管理服务和智能医疗平台产品的研究,是科学技术赋能医疗健康领域的新探索。

5. 未来教育

视源股份用科技改写传统教室的黑板,提供数字化硬件系统环境搭载平板类产品创新而成,助力学校教师实现数字化的升级和转型,为千万个中国课堂实现资源共享,为知识分享创造极致体验,为教育领域贡献力量。

6. 孵化器

孵化器是一种平台模式的业务,依托公司作为平台资源,进行新产品、新领域的探索和发展,通过智能方案,为用户和合作伙伴创造更多的价值。

视源股份的六大业务模块,并非各自单一性业务,它们虽面向不同的技术探索,但业务模块之间仍然起到协同效应。如人工智能和孵化器业务模块是视源股份的技术探索模块,其技术的探索能力有助于其他四项产品和服务的进一步优化。视源股份的业务模块是一种以技术创新驱动的协同创新模式,业务模块之间的协同,使公司的创新资源得到最大化的利用。

三、以创新的企业文化,推动企业协同管理发展

技术的创新离不开创新的企业文化,创新的企业文化需要有创新的平台,创新的平台需要有成长机制和激励机制的双重扶持,创新型企业不是任何一家企业凭借单一努力就可以形成的,企业文化、平台机制、人才战略三者缺一不可。

视源股份推崇"自由、平等、包容、分享、进取"的理念,塑造具有人文关怀的企业文化,坚持以"因我们的存在,让更多人事业有成、生活幸福"为使命,将员工视为公司的合作伙伴,为员工提供工作、学习、晋升的全通道机会,以充满人文关怀的企业文化,推动公司人才战略,坚持以技术为发展的目标进行充分的人才储备,保证企业战略可持续发展。

视源股份在管理上采用"内治+外核"的协同模式。在公司内部建立员工共治的管理机制,宽松的人才选育理念,以简单化和民主化作为公司的

管理方针，以高薪酬和股权激励机制充分调动员工的工作积极性，不仅鼓励员工进修学习，更设有业务孵化团队，实现研发、设计、生产、营销的敏捷性团队方式，增进员工的创新活力。"外核"是公司内部的中央研究院和中央工程院，汇聚国内外专业博士与资深专家，驱动公司各类产品不断升级换代，探索新的技术发展方向。"内治+外核"的协同模式，使企业内外"同心协力"。

公司拥有自主搭建的核心信息系统，能够形成从研发设计、商机管理、订单管理、采购管理、生产管理、存货管理、物流配送到客户服务的业务流程信息化管理模式。在信息技术的支持下，公司的业务部门和职能部门能够深度结合，快速响应，根据不同的项目目标调用多方资源，缩短了公司产品从设计到量产的时间，"应节合拍"的多项目管理模式，大大提高了公司的快速供货能力。高效的供货速度使公司能够及时配合客户需求快速推出新产品，提高客户的满意度，强化与客户之间的合作关系。

总的来看，视源股份的创新并非偶然，而是必然。充满人文关怀的企业文化，开放进取的工作氛围，充分信任的员工关系，形成了统一的企业精神。再以敏捷型的小团队充分调动员工的工作积极性和创造性，以高技术水平的外脑核心协同发展，形成企业发展的两股重要技术力量。视源股份每一个创新的背后，都离不开协同和创新的企业氛围。

四、大力推行技术研发

作为高新技术企业，视源股份一直以来十分重视科技力量，科技是企业发展的动力，创新是点燃发展动力引擎的一把火，深耕各领域各业务，从前瞻性的技术研究出发，进行产品、服务或场景的创新改造，推动质量管理工作不断进步。视源股份旗下视睿科技（seewo）研发和销售的"智能交互式白板"深受教育行业的喜爱，更于2017年参与起草国家《交互式电子白板》的行业标准，从研发产品到成为行业标准，这背后不仅是高质量的产品，还有高标准的技术和对研发的重视。

从教育行业延伸到商务会议领域，从商务会议领域到医疗健康领域，每一个领域的深挖，每一个领域的跃迁，都离不开视源股份对研发投入的执着。2021年公司财报显示，公司研发投入为116331.39万元，占本年营业收入的比重为5.48%。公司拥有专利超过6700件（其中发明专利超过

1600件），拥有计算机软件著作权、作品著作权超过2400项。公司专利年申请量超过2000件，其中发明专利申请占比超过43%。视源股份旗下的广州视睿、广州视臻和广州视琨均受到了广东省知识产权局的一致好评。

创新不是一句口号，背后需要扎扎实实的技术研发投入和对研发的执着精神，视源股份的每一项创新成果的背后，都离不开其大力推行的科技研发。

五、总结和发展

视源股份始终如一地坚持着创新的道路，从企业文化到内部管理，从技术研发到产品生产，每处都存在创新的味道。创新理念已经深入视源股份每一个员工的骨子里，更植入到企业的产品中，为行业带来了更多的创新成果，以大量的专利产出，赋能企业发展同时为行业发展做出贡献。创新不是企业的重点，但一定是企业的关键点。在数字化时代，创新将迸发出更多的可能，视源股份在长期持续的研发投入中，协同内外部大量的知识资源，终有一天知识协同所带来的创新，会带领企业走上更高的台阶。

资料来源：

［1］潘慧. 视源股份：科技引领文化教育信息化建设［J］. 广东科技, 2021, 30（6）: 53-56.

［2］刘晓丽. 视源股份创新能力及其影响因素分析［J］. 科技创新发展战略研究, 2020, 4（5）: 27-30.

第一节　动态变化，协同时代来临

数字化时代是数字技术所带来的技术革新时代，是信息化时代的升级。它把信息的互联互通升级到物体的互联互通，传统的人为的和非人为的信息屏障都逐渐被打破。过往的商业格局大多基于关键资源的信息封闭形成，随着数字化技术把信息差打破，整体格局也发生了本质的变化，最直接的变化体现在如图5-2所示的几个方面。

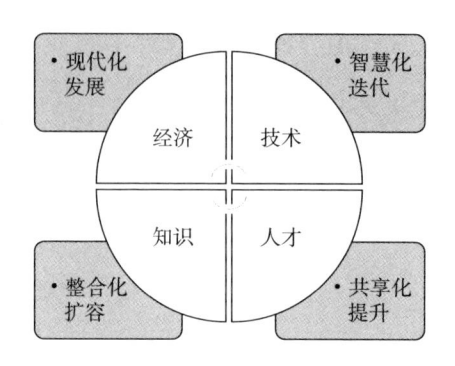

图 5-2　数字化带来的变化

一、经济现代化发展

经济现代化是一个复杂的历史进程，标志着一个国家达到世界先进、前沿和发达水平的发展状态。每一个国家的现代化进程都不一样，与西方国家的经济现代化以市场化为主不同，我国经济现代化具有中国特色社会主义国家的特点，以政府参与为主。进入新时代以后，我国开始进入工业化后期，经济现代化开始逐渐从高速增长阶段转向高质量发展阶段，由政府参与转向政府参与和市场化并存。这样的经济现代化发展背景，意味着新发展阶段的来临，新型工业化、信息化、城镇化和农业现代化同步发展的高质量发展阶段的开启。

围绕经济高质量发展的目标方向，提出了推进供给侧结构性改革、建设现代化经济体系、构建新发展格局等重大战略任务。供给侧结构性改革就是要从提高劳动生产率和全要素生产率的方向进行质量提升，取代过往的单纯依靠基础要素的低质量发展。建设现代化经济体系就是要建设以创新为引领、协同发展的产业体系，组成统一开放、竞争有序的市场体系。构建新发展格局的关键在于实现经济循环畅通无阻。要实现重大战略任务，提高自主自立的科技创新能力成为必要的核心能力。

融合信息化和工业化的科技创新，正在加速催生出新的经济格局。随着移动互联网技术的日益成熟，数字化技术进入常态化应用，在新冠肺炎疫情的冲击下，更多的数字化应用场景被不断拓展，商务办公、政务治理、生活消费、生产制造、智能服务等催生了大量的新产业、新业态和新商业模式，现代化经济局面正在进一步被打开。从科技引领经济的角度看待这场变局，呈现出如图 5-3 所示的特征。

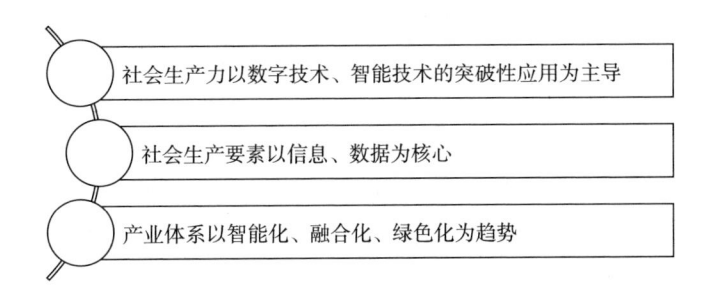

- 社会生产力以数字技术、智能技术的突破性应用为主导
- 社会生产要素以信息、数据为核心
- 产业体系以智能化、融合化、绿色化为趋势

图 5-3　科技引领经济变局的特征

总之，我国的经济现代化进程已经开进"快速通道"，以信息和技术力量引导的科技创新和以科技力量引导的产业创新，将为我国的经济现代化快速进程带来"弯道超车"的机会。进入后工业时代，在高质量取代高增量发展的强烈需求下，工业化进程融合信息化技术革命成为发展的必要进程。信息化技术、数字化技术的常态化应用，为我国的经济现代化发展提供了重要的动力。

二、技术智慧化迭代

技术创新是发展的动力之源，每一次技术的进步都会带来时代的变革。进入 21 世纪以来，科学技术不断发展，随着互联网技术在全世界快速普及，对人类生活和经济活动都产生了深刻的影响。互联网让世界实现跨越时空的连接，同时形成了一个覆盖全球的资源大通道。人们通过互联网进行信息交换，影响着个人生活以及社会的方方面面，从而也揭开了信息经济时代的序幕。信息成为重要的生产要素和战略资源，信息技术的广泛应用推动着生产力发展和资源高效配置，从而推动产业升级，开启一个全新的技术时代。随着技术时代的到来，信息产业不断演进，带来了信息化、数字化、智能化和智慧化的技术演进：

首先，信息化是新技术时代的开端，通过 IT 系统的搭建，完成线下事物进行线上工作的转化，其最大的变革是开启了线上办公、线上活动的技术升级，但并未对实际的业务进行改变，技术与商业模式并未发生碰撞，只是工作效率再一次提高。

其次，数字化是在信息化的基础上进行的新一代技术升级，构建出一个从物理世界而来的孪生虚拟数字世界。数字化最重要的作用是实现信息到数据的转化和互通,从而使业务能进行优化和再造。数字化技术对管理模式、商业模式、业务模式等物理世界的业务进行创新和重塑。数字化的演进是技术驱动发展的重要一步。

最后,智能化和智慧化的实现都是在数字化的基础上演进而来的。通过物联网和传感器采集事物的运行数据,通过更多的数据联动和建模分析,实现智能化。其基于数字化,却不同于数字化,智能化从对大量的历史数据的分析中得到决策和执行的能力。而从智能化开始,自我学习技术不断提升和进化,最终迭代出智慧化的时代。

从信息化演变的进程来看,在技术快速迭代的环境下,智慧化的到来已经是大势所趋,将会进一步改造社会和生产,迎来我国信息化建设的新阶段。智慧化不仅是一项技术的进阶,还能与真实业务和场景联动实现"智慧+"的创新组合,如图5-4所示。

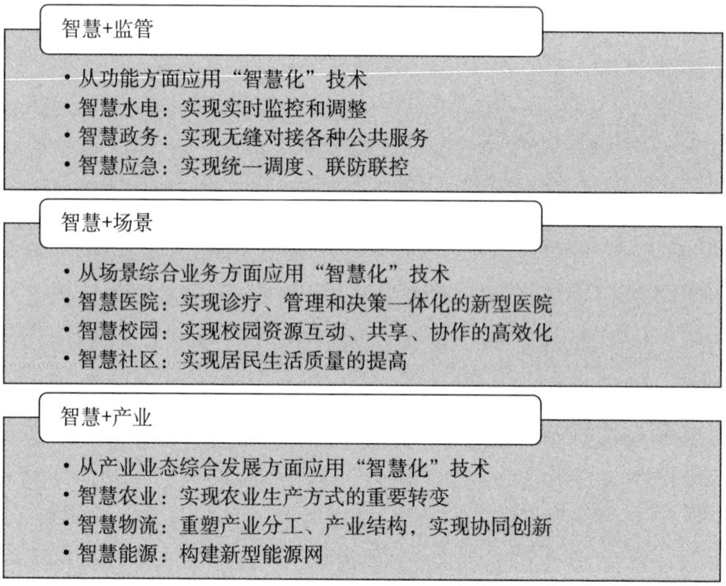

智慧+监管
- 从功能方面应用"智慧化"技术
- 智慧水电:实现实时监控和调整
- 智慧政务:实现无缝对接各种公共服务
- 智慧应急:实现统一调度、联防联控

智慧+场景
- 从场景综合业务方面应用"智慧化"技术
- 智慧医院:实现诊疗、管理和决策一体化的新型医院
- 智慧校园:实现校园资源互动、共享、协作的高效化
- 智慧社区:实现居民生活质量的提高

智慧+产业
- 从产业业态综合发展方面应用"智慧化"技术
- 智慧农业:实现农业生产方式的重要转变
- 智慧物流:重塑产业分工、产业结构,实现协同创新
- 智慧能源:构建新型能源网

图 5-4 "智慧+"的应用

总之,从"信息化"开启的新技术时代,"智慧化"是必然的发展趋势。"智慧化"不仅是融合深度学习和边缘计算等前沿科学的技术开发,更重要的是其对物理世界、生活场景、商业场景、产业应用等的重塑和变革,

是现代化建设发展的重要技术基础。

• 数字运营专栏 5-1 •

波司登：羽绒服的"登峰造极"

一、公司简介

每当寒冬来袭之际，人们首先想到的是要准备或采购防寒服饰，而防寒服的天花板就是羽绒服，轻便且抗寒，价格也不菲。波司登羽绒服是国内羽绒服制造领域的天花板，其诞生于江苏省常熟市，并在多地设有生产基地。波司登至今已有46年的成长历史，公司一直从事自有品牌的开发和管理，以及自身产品的不断创新和设计，深度开发，全面推广和销售。目前，除在国内占有较大的市场份额外，还在全世界超过72个国家占有市场份额，超过2亿人次在寒冬之际使用波司登羽绒服。

世界权威市场调查机构欧睿国际发布的2020年羽绒服产品零售渠道销售额、销售量统计结果显示，中国品牌波司登羽绒服生产规模已达全球第一，销售量和销售额也稳居全球第一。截至2021年3月，实现营业收入135.2亿元，同比增长10.9%；净利润达到了17.1亿元，同比增长42.1%，创造了历史新高，实现了连续五年的营业收入和利润的双增长，毛利率也从2020年同期的55%提升到58.6%，达到了历史最高水平。

二、数字化变革之路

1. 智能生产车间，提效控质

羽绒服是生产工艺最复杂的服装品类之一，每件羽绒服涉及多达50多个裁片，工序复杂且繁多。波司登从2018年开始，正式以智能化改造生产车间。从生产模板开始，采用全自动模板机制模，自动充绒机充绒，这两大环节都是羽绒服生产的重要环节，保证了羽绒服的质量并减少了人工缝制的错误率；同时，采用电子看板对生产进行全程监测，采用智能吊挂系统，进行材料、半成品、成品周转，减少繁重、重复工序，保证了羽绒服生产的时效性。波司登的智能生产车间，使其在用工紧缺和生产旺季时，仍然能保质保量。

2. 智慧仓储物流，精准分发

在服装行业由于生产和销售存在时间差，加上消费者的喜好难以预测，库存一直是行业内难以逾越的大山。波司登从2013年开始进行仓储和物流的数字化改革，刚开始主要以物流信息集成共享进行智能配送，使销售终端、分公司仓库、总公司仓库做到数据互动。2016年波司登与阿里云一起打造"零售云平台"，逐步实现了物流与销售数据的实时互动，使波司登可以根据市场终端数据情况，配合生产线的快速反应。2020年，波司登基本实现了生产、库存、物流的智慧化联动，以算法模型实现互联互通。

3. 智慧数据中台，千人千面

波司登与阿里云、奇点云建立数据中台，打通全渠道数据，根据特定门店商圈的消费者自画像来决定不同的商品结构，以数据赋能企业对消费者的研究、商品的促销、渠道的匹配等环节，让波司登的销售更有依据，避免不合时宜的产品出现在不匹配的门店中，减轻了分店库存压力，同时也避免了由于人为疏忽而造成的产品滞销。

4. 创新产品研发，登峰造极

波司登与中国航空工业文化中心进行技术协同创新，共同研发出高科技系列"登峰2.0"，把航空航天材料应用到了羽绒服的面料上，运用了荣获国家专利认证的多层立体充绒结构，从而实现了动静态的全面保暖。此外，作为户外运动者的装备，"登峰2.0"还把中国北斗卫星导航系统应用到了服装上，充分展现了中国制造的导航系统，确保用户在遇到危险时能主动发出救援信号，打造了一件智能的、高科技的新装备。

三、总结与展望

波司登起于代工，不止于代工，源于传统，走向高端。这个过程，虽然曲折，但在成长中探索了科技之路，重塑了波司登的传统形象。大胆迈步，与科技牵手，开启产学研协同创新之路，创新的面料，创新的思维，为登顶场景推出了"登峰2.0"；智能化的生产车间和智慧化的库存物流系统，实现了羽绒服产业的智慧化升级改造；以销售指导库存调配，指导生产，实现了数字化对生产型企业的根本性改造。波司登的智慧化创新之路，体现了一个民族企业的科技改革之路，扭转了传统的工业生产思维，实现了企业再一次腾飞。

资料来源：

［1］苏密. 波司登财报业绩逆势上扬，中国羽绒服全球领先［J］. 纺织服装周刊，2021（25）：22.

［2］梁莉萍. 与阿里云强强合作波司登加码数智化转型［J］. 中国纺织，2020（Z2）：98-99.

三、人才共享化提升

在数字化时代，创新是引领时代发展的第一动力，人才成为支撑创新发展的第一资源。在我国高速发展的工业化进程中，人力作为劳动密集型经济的重要资源，对人力数量的利用更甚于对人力质量的重视。随着工业化时代走进后工业阶段，科学技术变革让劳动密集型逐步转向技术密集型，对高技能人才的需求开始出现。在多元化技术驱动下，人才的重要地位开始不断提高，充分激发人才活力，才能推动技术创新发展的巨轮。

当人才的地位提高，人才战略就开始上升为组织和国家的重要战略。人才战略要实实在在地落地，还有不少的困难：识人难，怎样的个体才是组织的人才；配置难，组织如何找到适合组织发展的人才；塑造难，从组织现有的资源库中如何进行塑造等一系列问题都必须得到解答。以上的种种问题，在大数据技术发展的今天，开始逐步找到了答案。

数字化技术日趋普及化，利用新技术进行人才的选择、培养和管理，促进了人才战略模式的形成，同时也向数字化人才战略迈进。数字化人才战略具有以下四个特点：

第一，多模式构建人才池。人才池是人才战略的根基，多样化的人才储备才有创新的机会，而多元化的和创新的用工模式，才能释放出人才的魅力，吸引更多的人才。

第二，数据赋能人才规划。利用数据化、信息化分析预测组织的人才需要量，为组织做好人才储备和监督，从科学性的角度做好人才的储备和培养。

第三，数据赋能人才管理。利用组织的数据力量，进行人才资本分析，为组织的人才识别提供更准确的数据依据，才能采用个性化的管理方式，满足员工诉求，更好地激发出积极的力量。

第四,开放流动人才空间。运用"互联网+5G"技术,打破信息流通的桎梏和空间沟通的阻碍,建立智库团队,广开聚贤之路,广纳天下英才。

总之,人才资源已经成为数字化时代的重要资源,在数字技术普及的背景下,为人才战略管理打开了大门,同时还为人才管理开辟了更丰富的通道。人才汇聚之处,必能带来创新的力量。

四、知识整合化扩容

知识整合是复杂的系统工程。知识凝结了人类无穷的智慧,在人类发展的长河中,知识有多种多样的分类,如个人知识、组织知识、隐性知识、显性知识等,各种知识之间是既关联又不同的关系。知识整合就是把所有的知识经过整理、协同、综合、融合等,不断转化出新知识的一个动态过程,其实质的意义是知识的创新。

知识整合具有复杂性。首先,知识本身存在多样化,知识的体量越大,知识的搜索难度就越大,对于技术的要求就会越高。其次,知识的运用本身具有局限性,知识的产生依赖知识人员和知识环境,在高度开放的环境下,知识才能迸发出更多的新观点。最后,知识整合需要更多的技术手段,保证整个系统工程的运作。因此,尽管知识整合已经不是一个新概念,而且其重要性得到公认,但是只有在数字化技术的发展之下,才能得以更好的运用和发展。

要实现知识作用的最大化,不仅要创造知识,还要把知识的广度和深度进行扩容。扩容不同于拓展,拓展是从内向外的发展,扩容是通过整合化的机制把创造出来的知识进一步地扩大范围、规模。也就是说,实现知识整合化扩容,就是要实现知识跨领域、跨行业、跨地域等的跨界式协同整合。在信息化技术、数字化技术等的发展下,知识整合化扩容已成为现实,同时给创新带来了以下重要的意义:

第一,增加机遇。被人为定义所分割的知识仅能服务于特定的领域,当知识实现扩容,不同知识领域、不同产业行业或者不同地域都能产生新的机遇。

第二,完善机制。创新是有风险的,创新的成果也有可能是预料不及的,但在创新过程中所产生的知识能为后续再创新提供帮助,通过知识整合化扩容,完善创新方案。

第三，加速发展。通过知识整合，将多元化的知识以协同的方式进行整合，把大量无序的知识创新出新的规律，这个过程在数字化的技术下不断加快，创新也就不断加快。

综上所述，数字化时代的到来，为知识整合提供了技术手段，使知识可以实现整合化扩容，最终实现更高效的创新。

第二节 基调不变，协同管理核心

协同是一个组合词语，"协"有协作的意思，"同"有相同的意思。协作是协同的动作过程，同是协同的动作方向，也就是基于同一目标的协作，可以作为对协同的简单理解。那么，组织和个体作为协同的单元，单元之间的协同也会有多种组合方式。协同管理就是进行多种组合方式的合作过程，在这个过程中，协同管理就是要让所有的组合方式能保持在一个基调上。协同管理是一种能在百变的组合中达到提能增效的管理方式，但万变不离其宗，百变不离核心。其框架不能变，也就是协同管理的基调不能变，要做到"心之所向""同心协力""应节合拍"，在基调不变的前提下，协同管理才能真正发挥提能增效的作用。

一、心之所向

"心之所向"就是大家从思想到实际都能认同一个方向。"心"代表企业精神、企业价值观和企业文化等思想内核，可以理解为企业的使命、愿景、价值观等组成的企业文化。"所向"就是实际行动的方向，也可以理解为企业战略、企业目标。"心之所向"就是企业的文化引导企业战略的前进，凝聚和激励企业上下一心，协同前进。如图 5-5 所示。

图 5-5 心之所向

一直以来，企业文化被很多企业认为是虚幻的东西，也有人认为我的企业很小，没必要谈企业文化。但是，企业文化不仅在协同管理中有重要的地位，它还贯穿于企业发展的全过程。企业文化管理是一种软性的管理，包括从环境中渗透出企业的价值理念、从员工管理中渗透出企业的核心要求、从企业的运营中渗透出企业的信念，对企业的治理结构具有重要的影响。

企业文化与企业战略之间是相互联系、相辅相成的，企业战略是企业长久发展的基础，企业文化是企业腾飞之魂，两者对企业的管理都有促进作用。但是，当企业环境不断变化时，企业文化和企业战略也会相应地发生变化。如果企业战略因应环境的变化做出了国际化或一体化的战略调整，企业文化也要调整其开放性、包容性，这样才能达到企业整体的协同管理。因此，企业文化和企业战略要形成统一的风格，才能做好协同管理的"心之所向"。

那么，企业文化和企业战略作为企业的"指挥棒"，两者的协调统一不是必然形成的，环境变化、自身变化等需要企业进行有针对性的调整，以保证两者能更好地达到协同效应。因此，可以从以下三个方面做好企业文化和企业战略之间的管理方案：

第一，为目标导向做好调整。经营目标是每个企业根据不同阶段制定的，也是企业战略的重要组成部分。根据企业发展的差异调整经营目标，才能推动企业战略的实现。而企业文化要围绕这一变化目标，做好企业内部的"软管理"，把"硬管理"进行优化，就是从企业文化的精神层面重新塑造企业的管理理念、管理方法等硬性制度，使企业战略保持可持续发展。

第二，为适应环境变化进行调整。经济环境受经济发展的速度和状况的影响，也变得充满不确定性。企业在环境中寻求生存与发展，与经济环境密切相关。企业战略不是一成不变的，要从客观认识到环境的变化趋势开始，做好不同阶段的企业战略调整。企业文化作为企业的精神核心，当企业战略作出重大调整时，企业文化也应随之优化，以避免员工因企业战略调整而发生较大的心理变化。

第三，优化企业文化。企业文化是企业内部的一种软性环境，长期在稳定的企业文化下，员工及管理层会产生惰性。企业文化除要与战略高度契合外，也要保持创新性，因此，随着企业的发展，企业文化也要做好优化。管理层首先要适应企业文化的更新和变革，再根据实际情况，由上而下地逐步宣传推进，打破原有企业文化的阻碍和困局，塑造新的企业文化环境。

总之，企业文化和企业战略作为企业的灵魂和中心，必须保持一致性，通过围绕经营目标、环境趋势作出调整，并保持企业战略和企业文化的优化更新，让企业管理做到"心之所向"的协同。

二、同心协力

"同心协力"就是在共同的企业文化下，以完成战略任务为方向，以一切可以协同的力量，形成强大的企业核心竞争力。在《孙子兵法》中有一句话："凡战者，以正合，以奇胜。"应用到企业管理上，就是企业要完成战略目标，需做两手准备：一是"正合"，就是在企业的管理上形成一支有强执行力的队伍；二是"奇胜"，就是要有一支能创新的预备队伍，两支队伍要协同并进，相互转化，达到更高的协同效应，就是"同心协力"的本质。如图 5-6 所示。

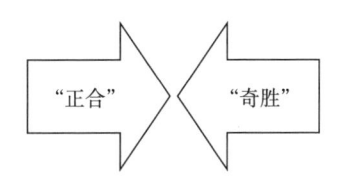

图 5-6　同心协力

战略执行力是企业的一种综合能力，从企业的实际情况出发，是对企业的效能有实际影响力的各种能力的综合。战略执行力受多方面因素的影响，如企业发展环境、战略制定的定力程度、组织结构的合理性、组织管理沟通的通畅性、软文化管理的强度等。企业要从以下四方面提升企业的战略执行力：

第一，与战略执行相匹配的组织结构。组织结构要根据战略执行实际情况调整，要做到目标一致性、集权授权适度性、责任权力对等性、规范效率平衡性、刚性柔性兼顾等。

第二，辅助战略高效执行的战略流程。战略流程包含战略细化流程、人员流程、运营流程三个方面。在从制定到实施的整个战略过程中，各个环节的要素都可能影响战略目标的实现。

第三，在战略协同下的日常经营活动。日常经营活动是战略执行的核心，战略协同不仅代表在企业日常运营中的协调和合作能力，更重要的是对企业各合作主体之间进行资源整合，从战略的高度进行相互作用，使企业整体价值大于各部分价值总和的效果，也就是"1+1>2"的倍增效果。

第四，对战略执行所采取的监控机制。对于战略执行，要有定期的运营管理会议和绩效考核会议等对战略执行活动过程中的行动偏差作出警示和纠正。

企业战略具有长远性和风险性，在战略执行的过程中，难免会遇上难以预料的竞争环境，企业在人员管理的过程中要充分地做好人员管理，随时进行人员调配，做好相关人员的培训。同时，企业的长远发展要以创新作为前进推动的力量，企业在战略部署上要为创新留出"能试错、可承受"的研发预算，做好人才储备和人才管理工作，为企业战略的长远发展做好准备。

总之，"正"与"奇"都是以战略完成为目标而进行的战略部署，"正"形成的执行力和"奇"形成的创新力互相协同形成企业的核心竞争力，以应对难以预料的环境给企业带来的冲击。

三、应节合拍

"应节合拍"就是顺应企业发展的节奏，面对激烈的市场竞争和多变的经营环境，以项目化管理来提升综合竞争力。"合拍"就是企业的项目化管理衍生出多项目管理模式，以科学组织管理模式作为基底，指导参与运营的各部门和主体间合理规划组织资源，最大限度地挖掘资源潜在的价值，从而形成集群协同效应。在单项目运作管理模式下，企业容易形成既定的管理机制，对单项目进行有效管理，但协同管理要产生协同效应，不仅要发挥单项目内的资源整合能力，更重要的是能构成高效的多项目组织管理模式，使每个项目都能符合组织发展的节奏，充分发挥组织内各组件的协同作用。如图5-7所示。

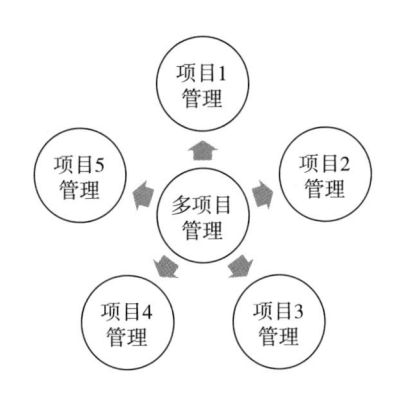

图 5-7　应节合拍

企业要能构建多项目组织管理模式，首先要形成能适应多项目管理的组织结构，以推进多项目协同并进。多项目管理的组织结构以企业目标为主要构建方向，在目标一致、系统全面、权责平衡、动态调整等原则下，从以下三个方面进行协同管理：

第一，职能间的协同。多项目管理中的组织结构要把战略、管理和项目进行有效贯穿，因此划分出战略决策层、控制指挥层、管理执行层和基础实施层，在这四个层级中，从企业的各职能部门中调配人员进行协作，形成多项目管理与部门职能之间的合作联系，有利于发挥其职能部门的专业性和优点，促使项目管理实现最优化配置。

第二，项目间的协同。多项目管理就是要实现企业内各项目间资源共享和风险共担的结果。因此，在项目间要做好要素协同，即企业的软文化和硬文化要统一，根据不同的功能定位，进行资源和信息要素等的协同；流程协同就是基于各项目的构建、组织、实施、评估和解散的项目全生命周期所进行的协同，使不同项目的工序和实施得以合理衔接；知识协同就是项目间的研发成果、共享信息或专业设备等方面所进行的协同，促进人才多项目流转，降低研发成本和提升组织效能。

第三，信息化的协同。多项目管理要能实现多个项目主体和横跨多项目操作，其中涉及的信息量很大，信息化技术成为多项目管理的必备技能。在职能间的协同下，决策层以决策指令的信息流自上而下传递，管理层和实施层以反馈信息流自下而上传递，信息流之间的流转促进各个项目群管理层级间的高效共享，让各层级、各项目、各部门在权力约束下实现最大化的信息共享。在项目间的协同下，项目间的信息和人员的流转，不同的项目在不同的生命周期内，对专业人才、管理能力、通用设备材料以及共用核心技术实现共享，确保不同的项目在要素、流程间的协同。

总之，多项目管理就是要让企业的各项目主体要素资源能实现高度共享，动用一切可用的资源实现资源协同效应，同时各项目仍能保持不同功能，发挥项目间的相互作用，形成多项目整体功能。在信息化和数字化技能的促进下，"应节合拍"的多项目管理还能通过信息间的协同，实现各项目间合理的安排和进度控制，从而实现企业的战略目标。

● 数字运营专栏 5-2 ●

诺唯赞：以研发驱动，以协同发展

一、企业简介

南京诺唯赞生物科技股份有限公司（以下简称诺唯赞）于 2012 年 3 月创立，是一家以研发为驱动型的生物科技企业，秉承创新和突破的精神，坚持从源头进行技术开发，至今拥有自主可控的关键共性技术平台，主要围绕酶、抗原、抗体等功能性蛋白及高分子有机材料进行技术研发和产品开发，并能做到快速、高效、规模化。公司业务包括生命科学、体外诊断和生物医药三大板块。在研发方面，同时具有自主可控上游技术开发能力和终端产品生产能力的研发创新型企业。在新冠肺炎疫情暴发期间，公司快速响应和积极研发，针对新冠肺炎疫情推出了抗疫产品和服务，并获得了政府和企业的认可。2020 年完成 5.5 亿元 C 轮融资后，2021 年成功登陆上海证券交易所科创板，是一家年轻且发展迅速的"独角兽"企业。

二、协同管理模式分析

1. 创新文化助力技术发展战略

诺唯赞作为一家以研发为驱动型的生物科技企业，持续的创新是公司重要的发展战略，高技术人才成为公司的重要资源。公司始终坚持"以研发为核心"的经营理念，恪守"科技成就健康生活"的企业使命，专业、创新和突破成为企业文化的核心，让诺唯赞在发展的道路上，建设起重要的核心技术团队，并持续培养新生技术骨干，满足公司持续创新和发展的人才需求。人才和创新能让诺唯赞持续攻关更多的技术难点，并拥有数十项具有影响力的发明专利，为其在行业的发展中，逐步走向高端市场而助力。诺唯赞以技术创业、以创新发展的企业战略在卓越创新和主动担当的企业文化氛围下，助力其为客户创造出更有价值的产品和服务，成为生物科技领域的领导者。

2. 基础技术和应用研发协同助力技术创新

诺唯赞十分重视企业的核心技术和研发力量，公司的研发团队人员超过700多人，研发人员数量占员工总人数的23%以上，均具有分子生物学、酶学、免疫学、生物信息学、有机化学和材料学等学科背景。公司的研发包括上游以共性技术和工艺研发为主的诺唯赞基础科技研究院和下游以应用研发为主的各事业部研发中心两部分。诺唯赞基础科技研究院是技术创新的源头，其不断地从底层技术上进行突破和优化生产工艺，为下游应用及产品提供持续的技术保障和原料供应。根据公司的三大业务板块设立的各事业部研发中心，针对市场需求对企业的基础技术进行应用级研发，让基础核心技术真正地落地。前沿核心技术、基础核心技术等基础技术的开发，是企业发展的核心力量，是研发驱动型企业的发展之本，如果仅有技术力量而无法商用落地，就无法对企业的可持续发展形成推力。因此，在研发方面，诺唯赞采用基础型研发和应用型研发协同发展策略，以基础技术保证核心发展，以应用技术适应市场需求，使诺唯赞的技术发展战略得以实施。

3. 多部门联动互促业务发展

诺唯赞以技术为主要发展战略，在技术方面坚持基础研发与应用的协同，在销售方面坚持以研发带动销售，培养研发型销售人才，不仅能为客户解决实际的研发问题，还能深度参与客户研发，并制定整体方案。缺乏多功能人才会阻碍企业的发展。建立多部门联动的团队，以团队服务客户，针对不同细分领域与客户诉求，在产品开发、生产中心、研发支持、市场推广、销售中心等部门形成联动互促的整体机制，实现"即时响应，高效执行，快速复制，重点击破"，与客户展开深度交互，提高客户黏性。诺唯赞业务发展组合方式如图5-8所示。

222 数字化转型与管理

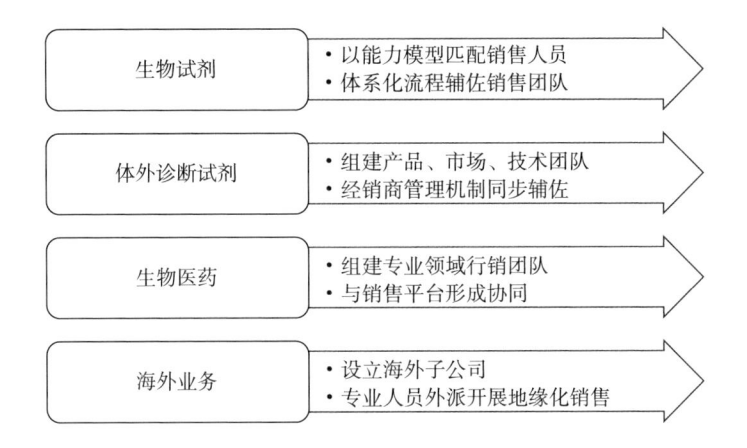

业务	方式
生物试剂	• 以能力模型匹配销售人员 • 体系化流程辅佐销售团队
体外诊断试剂	• 组建产品、市场、技术团队 • 经销商管理机制同步辅佐
生物医药	• 组建专业领域行销团队 • 与销售平台形成协同
海外业务	• 设立海外子公司 • 专业人员外派开展地缘化销售

图 5-8 诺唯赞业务发展组合方式

三、总结与发展

诺唯赞作为一家以研发为驱动型的技术型企业，在不断推进技术创新和应用的战略道路上，承创新之风、专业之势，在企业文化和企业战略的共同驱动下，采用基础研究和应用研发的协同研发模式，同时在销售端采用多部门联动机制，上下协同一心为客户创造价值。从长期来看，诺唯赞在行业改革的过程中，将找出专业、高端、创新的新发展道路，探索出发展新阵地。

资料来源：

[1] 祁豆豆. 诺唯赞曹林：开发"生物芯片"，从源头赋能科创 [N]. 上海证券报，2021-11-15（005）.

[2] 林梦鸽. 诺唯赞：生物试剂小巨人 [J]. 经理人，2021（11）：50-53.

第三节 模式之变，协同管理创新

协同管理创新就是在协同管理的核心不变的前提下，让多方资源重新以一种新的方式连接在一起，形成一体化的协同模式，以达到更大的协同效应。整个社会以一种多角色、大规模、实时性的新规则方式进行协同，汇聚人才、资本、信息等要素，在网络技术、数字化技术等技术力量的支撑下，创造出新的、巨大的价值，就能形成协同管理的新效应。协同管理创新之新在于其所有资源形成一体化协同后能有多种协同管理模式，而不同的管理模式能产生不同的协同效应。一体化协同从不同的资源共用方向可以区分出三种类别，分别是纵向一体化协同、横向一体化协同、跨界共享化协同。三种不同的协同方式，其本质都是知识协同的作用带来的不同协同效应。

一、纵向一体化协同

1. 表象：产业链间资源共用

纵向一体化协同是上下游企业基于价值链活动而进行的协同，通过改变企业与市场原来的边界，实现企业业务范围向上下游进行拓展。产业链间的上下游企业在价值观念、管理水平等方面存在着差异性，这种差异性导致出现了产品的质量优劣不一、成本高低不平、供需高低不配等现象。作为原材料供应商，上游企业的质量直接影响下游产品的市场价值，其价格直接影响下游产品的市场销售，其供货的及时性影响下游产品的生产和经营状况，上游企业的种种情况都会对下游企业的生产和经营产生直接或间接的影响。同时，下游企业的价值实现能力弱，会直接影响上游企业的整体运作。因此，上下游纵向一体化是在产业链的共同利益下，通过对价值链活动融合进行协作，互相融合，真正达到协同的状态。

价值链活动系统是企业相关价值活动的总和，包括设计方面、生产方面、营销方面、物流方面和支持性活动方面等。上下游企业进行产品的互相合作，只是一种表面的合作方式，没有产生真正的协同作用。只有在价值链活动中互相形成共用效果，使价值活动从企业的内部拓展到企业的外部之中，形成真正意义上的共同协作，才能产生协同作用，包括价值流程的业务节点优化、品牌效应的增值、技术的多方应用等，使纵向一体化协同产生共同增值和节省费用的效果。

总之，纵向一体化协同是实现产业链各企业间的资源要素协同，取代传统的以成品"积木式"搭配形成的产业链合作关系，基于价值链的经营活动所形成的相互关系，上下一心，共同完成目标的协同作用。

2. 本质：显性知识的共用

显性知识是企业的外在资源和资产，如专利、技术、实体资产等，在上下游企业的协同中，除价值活动和流程进行协同，知识间的互动共用才是纵向一体化本质增效的基础。从竞争优势角度来看，企业的专利技术是企业的核心竞争力，打造核心竞争力需要企业花费时间和金钱去打造，独享显性知识是过往企业竞争的必然选择。但在技术日新月异的今天，使用权能单独脱胎于拥有权，也就是使用专利知识的企业不一定需要研发专利技术，说明显性知识的使用权比拥有权更具有普遍性，更能带动整个产业链的发展。

在专利技术仍然占据重要核心地位的情况下，开放使用权让上下游企业实现知识共用，以高质量的显性知识赋能上下游企业，为产业链实现协同提供了知识基础。技术共用、实体资产共用、无形资产共享等的优化组合，使纵向一体化协同产生多种协同模式，如图5-9所示。

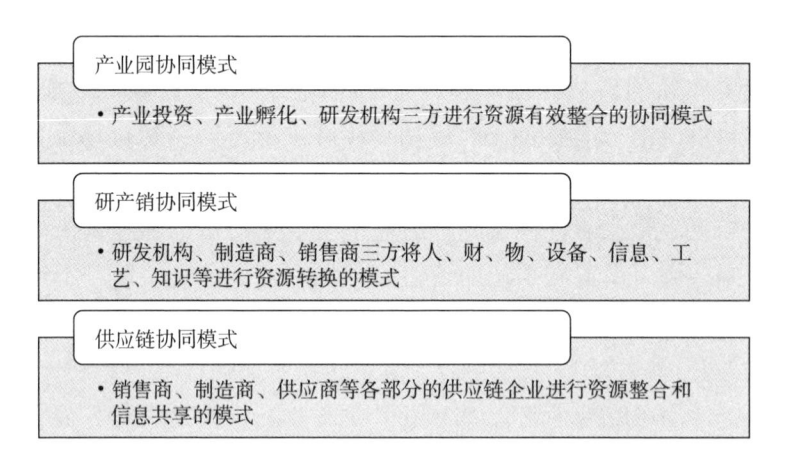

```
产业园协同模式
  • 产业投资、产业孵化、研发机构三方进行资源有效整合的协同模式

研产销协同模式
  • 研发机构、制造商、销售商三方将人、财、物、设备、信息、工艺、知识等进行资源转换的模式

供应链协同模式
  • 销售商、制造商、供应商等各部分的供应链企业进行资源整合和信息共享的模式
```

图5-9 纵向一体化协同模式

总之，在数字化时代下，数字技术和信息化技术帮助产业链间的显性知识得以流动起来，共享显性知识让产业的发展更丰富。

3. 效应：降本增效

纵向一体化协同使上下游企业在同一种价值观理念、统一种制度体系的管理下，让整个产业链上的业务趋向标准化，避免产业链上的各种差异问题。同时，龙头企业的显性知识开放使用赋能到产业链中，让整个产业链实现更大范围的协同，创造更大的价值。纵向一体化协同实质上是产业链的价值链协作、显性知识的共用形成的协同作用，节省了企业内外的管理费用，提高了产业链合作的效率，达到了降本增效的协同效果。

> **数字运营专栏 5-3**

天合光能：全球组件龙头的再次腾飞

一、企业简介

天合光能股份有限公司（以下简称天合光能）创立于1997年。创立初期，主营业务以光伏组件的研发、生产和销售为主，在组件的基础上，逐步开发出了电站及系统产品、光伏发电及运维服务等。从2020年在美股退市重回沪市至今，天合光能业务向智能微网、多功能系统的开发和销售、能源云平台运营等智慧能源的物联网业务拓展。天合光能重视研发，以"创新引领"作为主要发展战略，研发投入累计超80亿元，电池与组件打破世界纪录20项，主导/参与制定标准99项，累计申请各项专利1700余件，承担各级政府科研项目60余项。天合光能对上游产业链进行资源整合，对下游生态链进行全球布局，为客户提供开发、融资、设计、施工、运维等一站式系统集成解决方案，以"成为全球光伏智慧能源解决方案的领导者"作为公司的愿景。截至2022年4月，天合光能的全球项目累计并网超过5.5GW，组件业务累计出货量超过100GW。

二、纵向一体化协同模式分析

1. 光伏组件：供应链协同模式

光伏制造端可大致分为硅料、硅片、电池及组件四个环节。2021年，天合光能组件出货量全球排名第二。2020年，面临上游原材料价格不断攀升所带来的挑战，天合光能从"专业化组件"向"一体化组件"之路迈进。

首先，向上游布局工业硅、多晶硅、拉晶、切片等产能，利用自有资金、战略伙伴合资、银行借款、股权融资等方式，在西宁经济技术开发区投资建设零碳产业园区，投资建有多种年产量生产线，如年产30万吨工业硅、年产15万吨高纯多晶硅、年产35GW单晶硅、年产10GW切片、年产10GW电池、年产10GW组件以及年产15GW组件辅材。

其次，以产业联盟方式牵头成立"600W+光伏开放新生态联盟"，在创立初期就有39家成员企业加入，发展至今已接近100家，产品包括硅片、电池、组件、跟踪支架、逆变器、材料及设备制造商等光伏产业链上下游企业等，有助于有效串联产业链各环节。

最后，布局马来西亚、越南、泰国、柬埔寨东南亚四国的硅片生产，提高当地的产能，在规避关税壁垒风险的同时，满足了高价格市场的需求，优化了天合光能的全球供应能力。

总之，天合光能的供应链协同，不仅向上布局硅片，覆盖至多晶硅及其原材料工业硅，向下扩充已有的电池、组件产能和辅材，使光伏制造端的产能结构由"两端"变为"四端"全覆盖，外加工业硅、辅材两端相关产能。

2. 跟踪支架：研产销协同模式

光伏项目跟踪支架能使全生命周期的发电量增长10%~15%，在组件业务成熟的基础上发展跟踪支架业务，为天合光能提升了更大的需求和盈利空间。天合光能通过收购西班牙Nclave光伏跟踪支架公司，整合其12年光伏跟踪支架行业开发、生产和工程设计的能力及其已获多项国际专利的核心部件和结构设计，使天合光能制造跟踪支架能力得到了快速提升。

在研发方面，开发集智能算法、多源数据、软件平台于一体的新一代智能跟踪技术"Super Track 智合"，具有高发电量、高适应性、高智能化、高稳定性的特点，可匹配210系列双面组件的智能跟踪控制系统。通过智能控制系统、智慧云平台为支架产品提供售前、售中、售后的全周期服务。

通过直销模式，面向建造商、投资商和开发商开展销售业务，客户的实际需求能够快速反馈到研发中心和制造中心，使其能实现以用户为导向的定制式智慧产品。

总之，天合光能的研产销协同模式，用于智慧化产品的开发和制造，不仅使产品的核心技术能够成为产品的主要竞争力，避免了在同质化市场上出现恶性竞争，同时还能提供具有个性化的全周期服务。

三、总结与发展

天合光能大力推行纵向一体化协同模式，整合产业链间的资源，还能针对不同的产品，采用不同的纵向一体化模式，针对价格敏感型的组件产品，采用供应链一体化协同，实现提效降本；针对同质化严重的跟踪支架产品，采用研产销协同模式，实现差异化目的。天合光能采用纵向一体化对组件产品进行整合，能为企业成为全球光伏智慧能源解决方案领导者提供重要的产品基础和技术支持。

资料来源：

［1］刘灿邦. 专业化光伏厂商频"减员" 垂直一体化发展成趋势［N］. 证券时报，2022-06-30（A07）.

［2］张英英. 天合光能延伸产业链"加长版" 一体化布局成潮流？［N］. 中国经营报，2022-06-27（B18）.

二、横向一体化协同

1. 表象：行业内企业间的资源共用

在行业内，资源和要素的差异性，会自然形成行业内的各种规模的企业。如龙头企业或核心企业，一般都能拥有多样化的资源；而行业内的其他企业，一般基于自身所拥有的要素资源进行发展。随着行业的发展，行业内自然形成了以规模为边界的各类大型、中型、小型企业。同时，在以竞争为导向的时代，企业会让自己所拥有的要素资源只为己所用，就导致资源要素受限在规模的边界之中而无法流动。横向一体化就是要企业打破规模的藩篱，让行业内的要素资源流动起来，转移到各企业之间，实现龙头企业赋能、专一企业支撑的行业新局势。

横向一体化协同，让行业内各种规模的企业，基于要素流动而进行的协同，通过突破核心企业和其他企业之间的边界，实现要素资源在企业之间进行流动。要素资源一般分为土地要素、资本要素、人才要素、技术要素、数据要素等，在同一个行业中，各企业所拥有的要素资源都是不一样的，有的企业拥有丰富的要素资源种类，如龙头企业由于其规模庞大和资金优势，能让其拥有更多的土地资源、资本资源、人才资源、技术资源等。有的企业拥有单一的要素资源，如数据企业由于其经营活动都是专注于数据的各类活动，能让其拥有更大体量的数据资源；互联网企业由于其企业的研发投入专注于互联网技术上，能让其拥有互联网技术资源；等等。在同一行业内，由于企业所专注的领域和所处的行业位置不同，使要素资源在企业间出现差异化。要素资源是企业的发展资源，也是行业的发展要素。要素资源的开放能让行业内实现企业间的协同，优化行业的发展，提高行业竞争力。并购和战略联盟是横向一体化协同中较常用的模式。

总之，横向一体化协同就是实现行业内的各种规模的企业的资源要素的协同，打开封闭的垄断资源局面，从以竞争为导向的行业状态改为以协同为导向的有序管理状态。

2. 本质：隐性知识转移优化

知识可以分为隐性知识和显性知识。隐性知识是与显性知识相对应的知识内容，隐性知识是迈克尔·波兰尼从哲学领域提出的概念。显性知识是一种能被表述的知识，反之隐性知识就是未被表述的知识，如经验。显性知识是基于隐性知识的归纳总结，再以各种表述方式进行转化而来。在行业内会有约定俗成的"行规"和"习惯"，这都是行业内各企业在发展中取得的经验，也是行业内的隐性知识。隐性知识和显性知识之间的转换有三种方式：一是隐性知识之间的转化，这是一种内部进化的过程，师徒相授就是隐性知识转化的典型方式。二是隐性知识转换到显性知识，这是一种知识外部进化的过程。三是显性知识之间的转换，这是一种知识专业化升华的过程。

横向一体化协同，不仅要让要素资源实现协同，更要让知识实现转化，强化企业的知识结构，优化行业的知识体系，是企业间协同的重要作用。

3. 效应：蛋糕做大

横向一体化协同，使行业内的各企业打破传统的以规模划分的边界，使要素资源得以共享利用，同时以打造消费者的连续消费体验为目的，让要素资源产生高效协同效应。在企业间的协同过程中，企业的知识得以流动，优化整个行业的知识体系，知识的专业化升华促进整个行业的提升。横向一体化协同，能增强组织协同度，优化要素资源，优化知识体系，实现行业整体进化的协同效应。

三、跨界共享化协同

1. 表象：跨界式的资源共用

跨界共享化协同就是企业不再受限于产业链，也不再受限于行业内，而是把整个商业活动作为一个整体系统来看待，在这个整体的系统内，基于扩大经营、扩大市场等发展目标与其他的组织建立起资源共享的合作关系。跨界的前提是破界，在企业的发展中有各种形式的边界，有产业链划分的原料商、配件商、供应商等，有行业划分的服务业、制造业等，这些边界都是在工业化时代、产品为王的时代，以产品为中心的既定的边界。数字化时代是消费者的时代，让消费者满意成为时代的中心，打破原有的产品边界，企业可以实现更新颖、更宽广的协同合作。基于中心理念的改变，企业间的协同有了更多样化的变体，以企业自拥有的资源进行跨界式的协同，形成新的自组织形式。自组织是商业系统协同发展的重要子系统，跨界式形成的子系统为整个商业系统提供更灵活的协作，让资源共用方式更多样化。

数字化时代也是虚拟技术的时代，虚拟技术与实体经济的结合更有助于组织间实现资源的共用，平台经济在这个跨界结合当中具有重要的意义。平台是资源共用的中介机构，有着强技术的特征，可以让多来源多种类的资源汇集，赋能企业的协同。当平台技术走向智慧化，组织间的跨界协同将会更容易实现。

总之，跨界共享化协同是一种以技术为载体，打破行业边界和产业边界，基于相同的目标而进行的资源共用。平台经济是这类协同的代表之作，以平台作为技术中介，消费者为服务中心，让企业间突破原有的边界，实现跨界式协同。

2. 本质：知识系统共享

跨界共享协同所共享的不仅是隐性知识或者显性知识，还是整个知识系统。知识是人类智慧的结合，是人们对客观事物的特征、属性以及联系的认知。在人类发展的长河中，知识在不断地更新、进化和迭代，组织的发展也依赖于各种知识的发展。在跨界共享协同中，知识已经超越了产业和行业的边界，变得更加丰富和多样，不仅有属于行业的技术知识、行业知识、商业知识、专业知识、技能知识，还有更广泛领域的艺术知识、科学知识、心理行为知识等，各种知识凝聚在一起，实现知识的迭代，形成新的知识系统。知识以系统形式进行共享，让协同不再限于行业内或产业间，会有更多的知识拥有者和知识产出者加入协同之中，也就形成了产学研一体化协同模式和政产学研一体化协同模式，如图 5-10 所示。

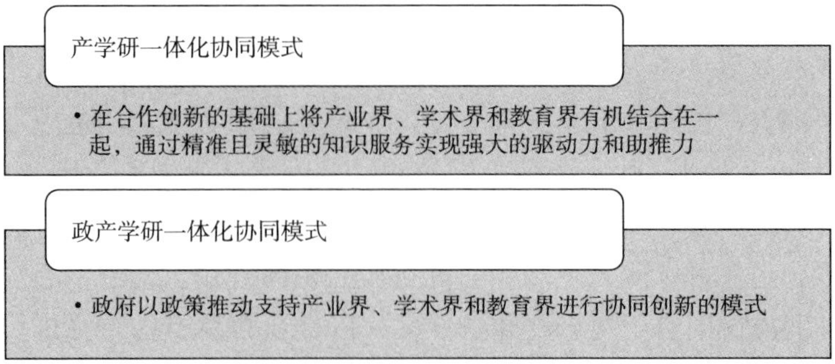

```
┌─────────────────────────────────────────┐
│ 产学研一体化协同模式                      │
├─────────────────────────────────────────┤
│ • 在合作创新的基础上将产业界、学术界和教育界有机结合在一 │
│   起，通过精准且灵敏的知识服务实现强大的驱动力和助推力   │
└─────────────────────────────────────────┘
┌─────────────────────────────────────────┐
│ 政产学研一体化协同模式                    │
├─────────────────────────────────────────┤
│ • 政府以政策推动支持产业界、学术界和教育界进行协同创新的模式 │
└─────────────────────────────────────────┘
```

图 5-10 跨界共享化协同模式

总之，无论是哪种跨界共享协同模式，都是把各自领域的知识共享到目标之下所进行的协同合作方式，都是知识系统的跨界共享方式。

3. 效应：创新加强

基于跨界共享化所形成的协同，是以技术作为资源共用的支撑力量，使各知识子系统以自组织的形式形成新的协同子系统，在平台技术的支持下，形成组织间的知识共享和知识迭代，使创新的资源、要素和知识不断加强，形成创新加强的协同效应。创新是推动企业抵御风险并能持续前进的力量，在跨界共享协同下所形成的创新加强作用体现在各产业、各行业和各企业能以一个生态圈的模式，得到更协调和更优化的发展。

• 数字运营专栏 5-4 •

华熙生物：合成生物技术的平台型企业

一、企业简介

华熙生物科技股份有限公司（以下简称华熙生物）是全球知名的生物科技公司和生物活性材料公司，是一家以透明质酸为产品核心的集研发、生产和销售于一体的全产业链平台企业，其微生物发酵生产透明质酸技术处于全球领先水平，更是国内最早开创性地使用这一技术的企业。公司凭借微生物发酵和交联两大技术平台，以及中试转化平台、配方工艺研发平台、合成生物学研发平台、应用机理研发平台六大研发平台进行全面的技术创新。目前，华熙生物的产品范围从原料到医疗终端产品、功能性护肤品、功能性食品的全产业覆盖，服务领域涉及全球的医药、化妆品、食品等的制造企业、医疗机构及终端用户。华熙生物一直坚守科技与创新的理念，2021年实现营业收入49.49亿元，同比增长87.93%；归属上市公司净利润为8.68亿元，同比增长34.33%，公司各项业务经营均取得了良好成果。

二、跨界共享化协同模式分析

1. 原料到产品，"四轮驱动"全产业链布局

在原材料方面，华熙生物以持续打造生物活性平台，从成分方面进一步丰富原料的内涵和扩大产能，从原来的"透明质酸"拓展到依克多因、氨基丁酸、透明质酸、胶原蛋白、合成生物应用等多种工艺原料，适应多领域产业需求，未来继续拓宽更多的应用场景。

在医疗产品方面，通过技术攻关打破了传统的生产方式，实现了透明质酸的产业化，在皮肤类和骨科类的医药领域应用最广泛。以医疗级别打造产品质量，使其在医药领域快速形成规模效应，进入全国300余家医院渠道，整体收入同比增长21.54%。同时，针对年轻女性的目标群体市场，推出以抗衰老、微整形为主的产品，瞄准医美市场，实行横向合作，与新氧App等医美机构建立共同机制，使其在医药领域获得的美誉得到了进一步的辐射。

在功能性产品方面，华熙生物持续推出功能性护肤品、彩妆产品、功能饮料等产品，打造零售新领域；与天猫、京东的线上电商合作，触达年轻目标用户；以国潮文化风打造产品定位，打造全网爆火国人品牌。截至2021年底，其功能性护肤品业务整体收入同比增长146.57%，业务体量的增速进一步加快。在零售市场，华熙生物追求规模的同时提高产品质量，深挖目标客户，优化市场渠道，精耕细作地深化其四大零售品牌。

总之，从原料出发，华熙生物突破原料供应，产品进入医疗、医美、护肤、食品等多个领域，以生物活性平台促进技术开发，以跨界应用进入多种应用场景，并与多类型渠道机构展开深度合作，协同推进多个领域的市场发展，实现跨界式的资源共用。

2. 打通"产学研"，让技术转化为生产力

合成生物技术是华熙生物的重要技术核心，其应用场景丰富，包括化

工、医药、消费、农业等，甚至涉及人类日常生产和生活的多种场景，其市场规模还在不断增大，预计2024年将达到189亿美元。华熙生物通过与清华大学、江南大学、北京化工大学、中国科学院等多家高校和科研院所展开对合成生物技术领域的研发，依托自身的产业转化优势，将合成生物的科学成果转换成为能够面向消费市场的终端产品。华熙生物2022年半年报中披露，目前已建成了全球最大的中试转化平台，能够加速正在研发的多个项目实现量产验证与产业转化。

三、总结与发展

华熙生物已经成为全球透明质酸（玻尿酸）的龙头企业，依托于微生物发酵和交联两大技术平台进行科技创新，现已实现了四项重大攻关性技术突破，申请专利超过200多项，并获得了广泛认可，拥有多项重要级别的奖项。企业坚持大力投入研发，务实企业护城河的理念，增强核心科技实力，持续引领生物科技产业的自主创新。同时，紧密联动"产学研"的协同创新模式，推进科研成果转化到实体产品中，以品牌化建设拓展市场。华熙生物的不断研发创新，大胆尝试，积极跨界协同，使其市场的认知度也越来越高。未来继续深挖核心产品的多领域拓展方向，以跨界协同，数字化赋能，使华熙生物能进一步推高玻尿酸产业的发展天花板。

资料来源：

[1] 王钰棋. 华熙生物朱思楠：科研型企业，为大家讲述尊重科学、尊重技术的故事 [J]. 国际品牌观察，2022（2）：23-25.

[2] 王炳根. 华熙生物：经营发展的"四轮驱动"时代 [J]. 股市动态分析，2021（11）：44-45.

第四节　数字赋能，智能协同管理

数字化和智能化成为今天不确定环境中的确定性，成为发展的必然趋势，全面改造着所有的行业。协同管理既是一种内部的升级管理机制，也是一种技术带动下的产物。数字化和智能化已经不仅是一种技术手段，更是一种革命性的发展趋势。以人工智能、大数据、物联网为代表的信息技术和数字技术的共同发展和应用，为企业由信息化升级到智能化搭建了阶梯。数字赋能所带来的智能化已经开始影响我们的生活和生产，以技术为桥梁的智能协同管理将给各行各业带来巨大的潜在价值。智能协同管理并不是遥不可及的未来，而是企业应对未来的必要抓手。企业要从内部构建和技术应用方面做好自我的升级准备，才能面对未来的生态化发展。

一、构建核心四步曲

智能协同管理区别于传统的商业管理，它的重点在于"智能"和"协同"的两步设计中，那么，对于数字化技术的利用成为必然的"智能"手段，基于战略而进行的"协同"成为构建的关键核心。因此，智能协同管理必须合理利用数字化技术，并以协同为核心，做好四步升级改造工作，如图5-11所示。

图5-11 构建核心四步曲

1. 构建数字商业模式

商业模式是企业整体商业活动的总指挥图，智能协同管理能否起到协同作用，重点在于商业模式的构建能否让参与主体都有盈利的空间或者价值的出口。因此，数字商业模式的构建要以顾客价值为导向，充分发挥数据要素在整个商业活动中的作用，让更多的参与者能在使用数据要素的过程中获益，发挥协同的作用。

2. 确定数字工作战略

战略是企业商业活动的指挥棒。智能协同首先要把顾客的价值进行数字化，并以此为基础，通过构建互动式的工作场景取代以交易为导向的工作场景，对顾客价值进行复合设计，减少流程式的工作岗位角色，让参与智能协同的各角色尽可能地摆脱严格的流程步骤，始终坚持以创造最大顾客价值为主要方向。数字工作战略的确立，才能保证智能协同坚持以数字化的顾客价值为主要的出发点。

3. 构建数字工作组织

工作组织是支撑商业模式和工作战略的架构，传统的工作战略要传递到工作组织中，还要经过多层次的工作目标，还要在"协同"的基础上打造数字工作组织。在信息技术的帮助下，当企业在设定工作目标与工作规划时，以所有参与数字化商业活动的主体作为重要依据，协同一切可以协同的力量，那么，在组织里，人力资源管理模式就是要赋能和协同数字化商业活动的各参与方，而财务管理模式则要对各参与方进行合理价值评价与分配，以确保数字工作组织的构建。

4. 赋能数字工作个体

在数字工作组织中，作为数字工作个体有两种身份：一是数字世界的虚拟身份，通过智能终端进入线上数字世界中，是协同线上的其他商业活动的主体人员，并获取顾客价值；二是现实世界的工作人员，通过数字技术的帮助，提升线下多主体协作的效率，使其最终高效地完成工作目标。智能协同管理的技术支撑只有能赋能到数字工作个体进行两种身份的工作，才能让整个模式转动起来。

总之，在构建智能协同管理的过程中，"互动"和"沟通"成为关键词，"数据"成为主要的因素，应用数字化、智能化等技术手段都是为了让商业活动的参与主体能进行有效的互动和高效的沟通。数字化顾客价值的来源并不是一家之言，而是在所有商业活动参与主体的互动中逐步形成的，无论是组织还是个体都是为了沟通的畅通性和高效性，这样的智能协同才能让业务活动乃至产业活动产生更多的协同价值。

二、技术支持"三板斧"

数字化技术的支持是智能协同管理得以实现的技术基础，智能协同管理离不开技术的支持，数字化技术的应用不断地发展，而且迭代升级的速度非常快，不是每一家企业都能拥有自己的数字化基础。但是，正因对于数字化技术的需求呼声越高，企业可以利用第三方的技术支持来发展企业的数字化技术，让协同管理能够顺利开展。与企业协同管理相关的技术支持有三类，如图5-12所示。

图5-12 技术支持"三板斧"

1. 数据采集

数据采集是现实世界进入数字化世界的一个接口。通过各种传感装置对被测对象的各种参量进行采集，再经过信号调理、采样、量化、编码、传输等手段形成数据信息。在互联网行业快速发展的今天，数据采集已经被广泛应用于互联网及分布式领域，数据采集领域已经发生了重要的变化。数据采集的三大要点如图5-13所示。

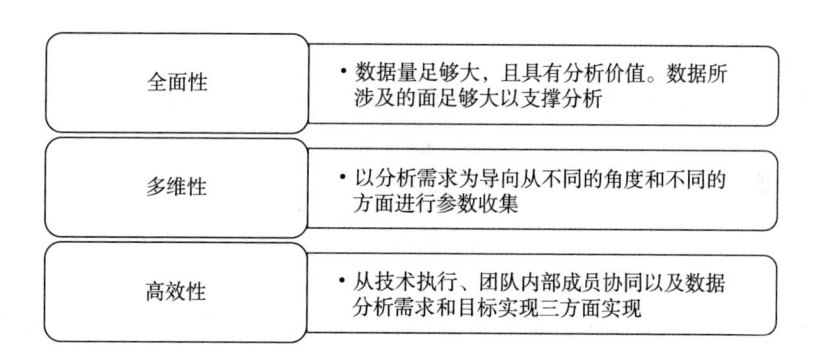

全面性	・数据量足够大，且具有分析价值。数据所涉及的面足够大以支撑分析
多维性	・以分析需求为导向从不同的角度和不同的方面进行参数收集
高效性	・从技术执行、团队内部成员协同以及数据分析需求和目标实现三方面实现

图5-13 数据采集的三大要点

以全面性、多维性和高效性作为数据采集原则，通过五大步骤进行数据采集，如图5-14所示。

在大数据技术迅速发展的今天，数据采集有多种方式，但数据既是一种要素，也是协同的一种重要工具。因此，"数据上云"成为现在众多企业探索智能协同管理的首要措施。"数据上云"是大数据架构中最基础、最根

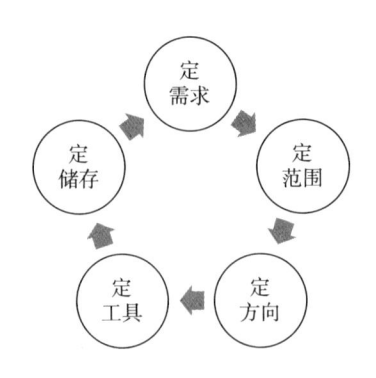

图 5-14　数据采集的五个步骤

本的一环，但是它却能解决现在数字化技术中信息孤岛和信息不对称问题，同时数据迁移到云端，为后续的计算和协同提供首要的条件。目前，腾讯云、华为云、百度云等各大互联网公司也在积极布局"数据上云"服务，都能为企业提供优秀的云服务，但是协同不仅需要不同云之间的协作，还需要技术的攻破。

总之，数据采集是数字化工作的开端，也是智能协同管理的首要技术任务，无论选择哪种数据采集手段，让数据做到赋能和智能协同才有发展的土壤。

2. 云端计算

云端运算就是大众用户可以把自己个人电脑中的信息或运算功能，通过互联网放到一个更大且功能更齐全的超级大电脑中，这个超级大电脑就是"云"。那么，当需要处理信息的时候与云端相连，即可以进行信息提取或交互协作。云端运算的资源具有动态化、拓展性和虚拟化的特点，企业只需要根据自己需要的资源和服务，通过与云端进行连接即可使用，其即时性对智能协同管理具有非常重要的作用。云端计算有三个层次的服务，分别是基础设施级服务（Iaas）、平台级服务（PaaS）和软件级服务（Saas），这三种服务的选择根据自己对资源的掌控程度来决定，不需要掌控软件技术内容，拿来即用可选择软件级服务（Saas）；需要具有个性化业务逻辑，不需掌控底层软件逻辑，可以选择平台级服务（PaaS）；全部的底层技术和业务逻辑都要自己来掌控，可以选择基础设施级服务（Iaas）。

云端计算发展的新趋势将是"云+边+物"协同，以实现边缘计算和云计算协同联动，也就是说全面实现数据资源、业务管理和应用服务的协同。

云边协同为云端计算提供了更广阔的解决思路，能更好地满足各种应用场景的需求，实现多样的智慧场景，如智慧政务、智慧图书馆等。

总之，以云端作为数据计算的技术开发，能把智能协同管理拓展到更多的场景化的终端，技术的突破不一定带来管理的突破，但智能协同管理的发展十分依赖计算技术的突破，才能让协同管理达到更融合的状态。

3. 协同软件

协同软件是基于软件级服务技术下所开发的以团队协作为目标的协作软件工具，其组合底层的技术框架是被封装的，不能被使用者改变，但其应用组件可以灵活多变，展现的形式也可以风格化。区别于传统的 ERP 软件，ERP 软件的重点在于信息化，协同软件的重点在于资源的共用和协作，二者的重点不一样，软件的开发思路也不一样。

协同软件虽然作为管理的一项技术应用，但是协同软件融入企业的管理中才能发挥其应有的作用，而企业在选择协同软件前，必须先做好企业管理数字化转型的准备，然后从以下两个方面选择适合企业管理的协同软件。

第一，从企业的管理流程进行选择。协同软件要能达到协同的作用，必须能融入企业的流程管理之中。企业根据自己流程的灵活性来选择不同类型的协同软件。工作流程相对固定，执行相对严谨，这类企业可以从原有的 ERP 应用中拓展出协同软件，会更容易让企业内部接受。总体框架比较固定，具体的协作流程能够柔性化的企业，可以选择半结构化的协同软件；企业的管理流程已经升级改造成完全柔性化，具有非常高的灵活性，就可以选择非结构化协同软件，进行自动化管理。

第二，从协同软件的底层技术角度进行考量。不同的企业选择协同软件的用途都不一样，企业可根据自己实际的应用需求来选择，"张冠李戴"式地选择协同软件，既得不到预期的效果，也浪费了企业全体成员的努力。现在市面上根据底层技术进行分类的协同软件有三类：一是以通信为主的协同软件，以即时通信、电子邮件为应用代表；二是以文档为主的协同软件，适合以文档类型进行协同事物的组织；三是以流程为主的协同软件，这种是未来协同软件不断优化的主流方向，它是围绕企业的工作流程、项目流程等过程中所产生的决策、内容、知识进行的一系列协同操作。

总之，协同软件的应用会在未来的发展中成为主流方向，能帮助更多的小型企业甚至个人实现协同。对于协同软件的选择，必须要根据企业的实际使用，不是越高级越好，适合企业的阶段运作的就是最好的。并不是使用了协同软件，就代表企业已经实现了协同管理，这是一个错误的认知。协同软件的使用是与企业的数字化转型和升级密切相关的，对企业的协同管理有促进作用。

章末案例

中国平安：国内综合金融先行者

从 2002 年加入世界贸易组织（WTO）后，综合金融在我国开始迅速发展，随着互联网技术的快速普及，综合金融业务也变得更丰富、更便利，吸引着更多的消费者。平安集团是一家金融控股公司，形成多元化综合金融服务生态圈是平安集团的战略目标。经过多年的发展，平安集团已经在综合金融领域，形成了自己的协同效应，成为全球经营能力一流的金融控股公司。

一、企业简介

中国平安也叫作平安集团，是国内第一家股份制保险公司，经过了数十年的发展，平安集团已经成为中国金融控股公司的代表，同时也是国内综合金融的先行者。平安集团的经营范围涵盖金融业各个领域，结合保险、银行及投资等全方位、多种类的金融产品和服务。平安集团坚持创新，深入探索综合金融业务，并在互联网时代刚兴起的时候，就积极探索"技术+金融"的道路，推出了多款创新型的金融科技产品，现已成为国内首家集合银行、保险、投资三大金融领域的金融控股集团公司，能为不同的客户提供多元化的综合金融服务，其业务素质及服务水平深受顾客的认可和喜爱。2017 年，平安集团以前瞻性的格局，创新性地开启了"金融+科技""金融+生态"的综合金融发展方向。

多年的耕耘终将迎来辉煌，平安集团的发展有目共睹，长期处于我国金融行业的第一位；在《福布斯》"全球上市公司 2000 强"的榜单中，排名第 10 位，在保险领域属于全球第一；在美国《财富》世界 500 强的榜单中，排名第 21 位。中国平安不仅是我国综合金融发展的先行者，更是创新者。

二、"金融+生态"战略创新，开启全新综合金融序幕

信息科技的高速发展是平安集团开启新征程的加速器，互联金融平台是驱使平安集团探索"金融+科技"战略探索的催化剂。互联金融平台拥有特有的新型技术优势，当其要进攻综合金融服务业，将会对平安集团形成正面的冲击，在这样的技术环境和竞争环境下，2017 年平安集团提出了"金融和科技双驱动"战略，也同步开启了平安集团的"金融+生态"的综合金融发展方向。主要包括四个方面，如图 5-15 所示。

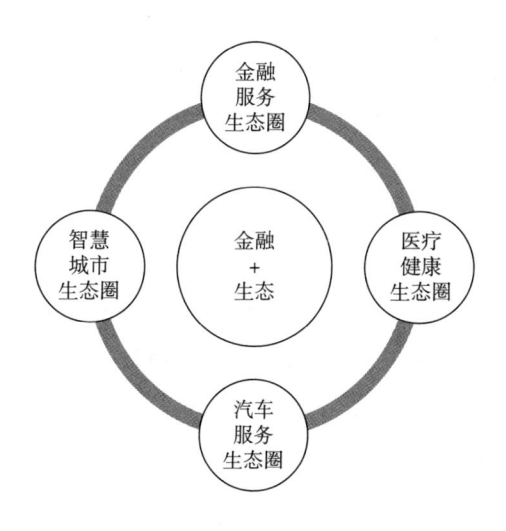

图 5-15 平安集团"金融+生态"

1. 金融服务生态圈

金融服务生态圈是平安集团的综合服务平台，结合平安集团的保险、银行、投资的传统的金融板块，同时提供新型的智慧式金融业务。新兴金融业务作为平台的拓展补充，保持多元化、多种类让客户有最全面的金融服务。

2. 医疗健康生态圈

平安集团以平台式连接客户、服务机构、医院、医生、医药等医疗健康领域的各方，让其通过平安集团平台实现协同效应。以支付方式横向协同医疗机构，赋能服务方，实现横向一体化协同；以科技连接医疗资源和用户，赋能医疗生态圈的呈现，实现纵向一体化协同。现在，平安集团已

成功与12家单位有机协作，构建起其医疗健康生态圈。

3. 汽车服务生态圈

以"平安好车主"作为汽车服务生态圈连接平台，"平安好车主"以集合"大数据+云技术"的技术优势所研发推出的以汽车综合服务为主的线上平台App。汽车所涉及的众多服务，如购买、保险、售后、保养维修等均能在App上找到对应端口，平安集团把平安银行、平安租赁等相关的汽车金融业务连接到平台应用上，使用户与汽车相关的业务和服务均能实现一站式服务，形成新型的汽车服务生态圈。

4. 智慧城市生态圈

智慧城市生态圈是平安集团赋能中国城市智能化发展的开拓。通过"大数据+云技术+人工智能"技术应用，针对国内各级城市情况，以实现城市智能管理、智能营商、智能民生为目标，进行深度的合作开发。

三、集团战略协同，平台整合资源

近年来，随着互联网技术的蓬勃发展，互联网综合金融企业给平安集团的综合金融业务带来了巨大的挑战。互联网综合金融企业具有天然的信息化科技基因，互联网企业要实现与综合金融业务的对接是一个很容易攻破的技术问题。但是，平安集团作为传统的综合金融机构要实行科技转型之路有着很大的困难。面对困难，平安集团坚持走"新型综合金融"发展战略，坚持走科技创新之路。

首先，通过并购深圳发展银行，集合了深圳发展银行在银行领域的资源和经验，优化自身的经营管理模式，让银行业务快速发展。银行业务的发展也连带了集团传统业务的提升，实现了集团利润的快速增长。其次，积极拥抱科技发展，主动加大科研投入，使集团的金融科技开上了高速道，对各子公司的各项金融业务进行全面赋能，整体提升集团综合金融的服务水平。最后，业务范围继续深探，跨界协同金融业务领域以外的业务进行创新，以汽车、医疗、智慧城市作为发展方向，平安集团跨界协同创新的战略思维进一步体现。

平安集团积极投入科技研发，成立创新研究院和众多科技行业子公司，科技行业员工数量超过10万，科研人员超过4万。企业重金投入必然带来相应的回报，平安集团为金融科技创新而公开申请的专利数位居世界第一。

这一骄人的成果，就是平安集团对各子公司发展进行的科技赋能，以科技助力金融提效控风降本。强硬的金融科技实力，使平安集团的管理成本大幅下降，管理费用率也不断下降，管理效率大幅度提升，管理协同效应明显。

四、提升运营能力，产品融合创新

平安集团通过并购深圳发展银行，使线下渠道得到进一步扩充，客户资源更加丰富，企业外部资源也随之丰富起来，为平安集团的一站式综合金融服务提供了很好的线下基础。在客户渠道方面，随着客户规模的扩大，平安集团降低了获客成本，提高了经营效益；在产品方面，通过整合集团内部资源，对集团的金融产品进行关联化的创新，使保险、银行、投资三大领域的金融产品相互融合，实现了营销成本持续下降。在客户服务提升和金融产品收益提高的状态下，促进了平安集团规模经济的实现。顺势而为，平安集团把其保险、银行、投资等传统业务再一次融合起来，通过一站式的平台App对接广泛的客户，在不同的应用场景下，满足客户各种需求，贴心的服务带来更高的客户满意度，打造生态式平台。更多的客户满意，也会吸引更多客户使用平安集团的服务，从而形成正向循环。

倡导"金融+科技"的平安集团，利用互联网"低成本+高效率"的优势，建立起一站式的客户服务管理平台，让客户账户可以实现归集，提高客户的使用率和客户黏性，借助营销人员的线下获客开发不断吸引新客户进行迁徙，形成平安集团的集客渠道。平安集团的一站式服务平台能实现与金融账户的关联，使客户的消费需求数据得到归集，使集团能够高效地利用数据分析进行精准营销，不仅降低了营销成本，还提高了经营效益。平安集团的综合金融发展，不仅局限在单纯经营金融业务，还创新地将金融业务与其他行业的发展相结合，推进"金融+生态"的发展，向科技、医疗、汽车等行业进行生态布局，这种"金融+生态"的模式也反哺了金融业务，使金融业务经营效率逐渐提高。

五、发展金融科技，财务能力优化

资金途径可优化。在新型综合金融发展战略和金融科技的赋能下，平安集团建立起统一的资金管理平台，既实现了资金的统一管控，为集团与各子公司的资金往来提供了途径，使资金实现多种运用方式，也实现了对子公司资金状况的监控和经营情况的了解，以便为其匹配相应的资金政策。统一化的资金管理平台，让平安集团能做好投融资的分析和管理，优化资金使用途径。

偿债能力有保障。综合金融服务生态圈，把平安集团的业务范围不断往非金融业务延伸，如医疗、汽车、智慧城市等领域，为企业吸收了更多的优质资产，带来了更多的利润。通过科技化综合金融服务生态圈的赋能，进一步提升了平安集团的资本充足率，保障了偿债能力。

净资产收益率提高。金融端口所实现引流和留流，为布局医疗、汽车、房产等生态服务圈和进一步扩张其他业务奠定了客户基础。平安集团借助科技优势，拓宽了产业领域，使投资单位收益获得提高，促使整个集团的效益提升。2021年，平安集团的净资产收益相较以前年度实现了上涨，充分说明平安集团给新型综合金融发展战略的全面布局带来了巨大的财务协同效应。

平安集团拥抱变化，拥抱变革，在"金融+科技"和"金融+生态"的新型综合金融战略中，让科技力量发挥起积极的作用。不仅学习互联网企业金融运营思维，还运用科技赋能综合金融经营，构建个人金融生活服务平台，实现金融运营效率的提高和集团资源配置的优化。跳出金融，让金融更好地服务客户，深度开发集团未来的发展潜力。平安集团的科技和传统金融的结合，让传统金融也走上了"快车道"。平安集团的金融科技，提升了资本用途、资本情况、资产收益，体现出平安集团发展综合金融的财务协同效应。

六、总结与发展

作为国内综合金融的先行者，平安集团积极拥抱金融科技力量，主动让企业的发展战略和业务布局进行创新改革，以"金融+科技""金融+生态"为发展理念，成为国内首家传统金融线上转型的综合金融集团。凭借庞大的客户规模优势，旗下的"陆金所"也成为国内最大的网络投融资平台。综合金融的业务发展让平安集团实现了"金融+生态"的战略创新，在管理、财务、经营等方面进行协同。协同效应打破了集团内各子公司的边界，使其进行优势互补。各子公司之间通过交叉销售、资源共享、渠道共用、科技平台互通等方式，使经营效益实现了倍速增长。

平安集团致力于探索综合金融的发展路径，业务范围十分广阔，不局限于传统的银行、保险、投资等金融行业，还拓展到了医疗、科技、汽车等新兴领域，把传统的金融项目的优势辐射到新兴领域中，使其综合金融发展形成了新的格局。平安集团通过综合金融发展对我国金融控股公司的发展具有良好的启示意义。

资料来源：

[1] 何权龙. 中国平安综合金融发展研究 [D]. 北京：北京交通大学，2021.

[2] 杨煊. 中国平安的保险业务数字化转型研究 [D]. 广州：广东工业大学，2021.

[3] 中国平安：不负时代，感恩时代 [J]. 保险理论与实践，2019（4）：56-74.

本章小结

在数字化时代，协同不仅是人与人之间的合作，还包括系统之间、组织之间、数据之间等全方位、全场景的协同。协同的概念被应用到数字化管理中，所代表的是一种整体的协作思维，区别于以往分权、分工、分利的管理模式。独享已经不是资源和要素都十分丰富的时代的舞曲，唯有协同才能奏出新的乐章。协同管理是基于"心与同"的不变之下，实现的一体化和共享化的管理模式创新。当协同时代遇上数字化时代，协同管理也走向了智能化。智能协同管理，看似技术派，实际上是未来企业数字化管理的重要环节，需要企业坚持不懈地探索。

参考文献

[1] 赵薇. 基于数字化时代企业营销模式的变革与创新 [J]. 经济师, 2022 (6): 282-283.

[2] 钱雨, 孙新波, 孙浩博, 杨金朋. 数字化时代敏捷组织的构成要素、研究框架及未来展望 [J]. 研究与发展管理, 2021, 33 (6): 58-74.

[3] 王先锋. 数字时代人力资源管理面临的挑战和应对之策 [J]. 现代商业, 2021 (31): 64-66.

[4] 龙立荣, 梁佳佳, 董婧霓. 平台零工工作者的人力资源管理: 挑战与对策 [J]. 中国人力资源开发, 2021, 38 (10): 6-19.

[5] 戚聿东, 丁述磊, 刘翠花. 数字经济时代新职业发展与新型劳动关系的构建 [J]. 改革, 2021 (9): 65-81.

[6] 郝亚洲. 价值生态与商业算法 [J]. 清华管理评论, 2021 (5): 46-51.

[7] 中国协同办公市场研究报告 [C]. 艾瑞咨询系列研究报告, 2021 (3): 486-534.

[8] 吴纯纯. 如何实施敏捷型人才管理策略 [J]. 人力资源, 2020 (24): 135-137.

[9] 刘红华. 创新、协同创新与融通创新内涵的探究 [J]. 中小企业管理与科技（中旬刊）, 2020 (10): 64-65.

[10] 李亮, 邓亚晴, 史建明, 等. 大数据创新价值链: 新基建时代的管理创新 [J]. 清华管理评论, 2020 (9): 104-114.

[11] 陈劲, 阳银娟, 刘畅. 融通创新的理论内涵与实践探索 [J]. 创新科技, 2020, 20 (2): 1-9.

[12] 赵曙明, 张敏, 赵宜萱. 人力资源管理百年: 演变与发展 [J]. 外国经济与管理, 2019, 41 (12): 50-73.

［13］李睿琪．个体协同创新模式对协同效应与创新绩效的影响［J］．中小企业管理与科技（中旬刊），2019（3）：42-43．

［14］吴华明．自组织战略协同：概念、特点与管理过程［J］．系统科学学报，2015，23（2）：19-22．

［15］解学梅，刘丝雨．协同创新模式对协同效应与创新绩效的影响机理［J］．管理科学，2015，28（2）：27-39．

［16］余力，左美云．协同管理模式理论框架研究［J］．中国人民大学学报，2006（3）：68-73．

［17］陈光．企业内部协同创新研究［D］．成都：西南交通大学，2005．

［18］兰国辉，陈亚树，石建军，等．创新创业人才供应链管理研究［J］．安徽理工大学学报（社会科学版），2020，22（5）：32-36．

［19］吴绪亮．管理的未来：新基建时代的数字化革命［J］．清华管理评论，2020（9）：98-103．

［20］马永开，李仕明，潘景铭．工业互联网之价值共创模式［J］．管理世界，2020，36（8）：211-222．

［21］郑晓明，刘探琳．共情领导力——数字化时代智能组织管理的新挑战［J］．清华管理评论，2020（6）：12-19．

［22］张伟．大数据时代的企业人力资源管理变革与大数据平台的价值创造［J］．当代经理人，2020（2）：23-26．

［23］乔瞔，胡杰，张硕，等．商业模式创新研究前沿分析与评述——平台生态系统与价值共创［J］．科技促进发展，2020，16（1）：40-49．

［24］姜尚荣，乔瞔，张思，刘颗，胡毅，徐艳梅．价值共创研究前沿：生态系统和商业模式创新［J］．管理评论，2020，32（2）：3-17．

［25］潘彤．基于大数据平台的企业人力资源管理变革探讨［J］．企业改革与管理，2019（23）：73+75．

［26］孙新波，钱雨，张明超，李金柱．大数据驱动企业供应链敏捷性的实现机理研究［J］．管理世界，2019，35（9）：133-151+200．

［27］孙琦琦，吴敏娜．中小企业人才流失及应对策略［J］．商场现代化，2019（7）：107-108．

［28］吴瑶，肖静华，谢康，廖雪华．从价值提供到价值共创的营销转

型——企业与消费者协同演化视角的双案例研究［J］．管理世界，2017（4）：138-157．

［29］王娜．轻资产运营模式下企业价值创造路径研究［D］．呼和浩特：内蒙古大学，2017．

［30］张雪峰，罗洪霞，侯文峰．协同创新视野下高职院校产学研一体化研究［J］．广东技术师范学院学报，2017，38（1）：20-23+36．

［31］王世英，胡家勇．建立动态的企业人才链管理系统［J］．现代管理科学，2006（12）：86-88．

［32］杨绪红，汪文忠，王晓舟，等．企业数字化管理的理论架构与实践［J］．数量经济技术经济研究，2003（8）：98-101．

［33］龙新南．科技人才——经济增长和社会进步的重要推动力［J］．中国人力资源开发，2002（6）：19-20．

［34］余群建．让专业赋能 HR 未来［J］．人力资源，2019（21）：95-97．

［35］张兵，李苹．职业替代、行业智能化与中国劳动力就业［J］．上海经济研究，2022（5）：92-106．

［36］万文海，刘龙均．员工与用户内外协同对平台企业创新绩效的影响：基于价值共创视角［J］．南开管理评论，2021，24（2）：72-84．

［37］崔蜻．新形势下中小企业如何留住人才［J］．经济研究导刊，2019（3）：5+13．

［38］常勇．人才供应链管理，让企业"荒年"不慌［J］．人力资源，2014（11）：74-76．

［39］何斌，赵楠，何琴清，等．管理模式转型视角的数字化管理适应性变革研究——以字节跳动为例［J］．北京交通大学学报（社会科学版），2022，21（2）：29-36．

［40］马同华．用数字价值赋能绩效管理［J］．人力资源，2021（23）：98-99．

［41］陈春花．深度数字化时代的组织变革［N］．中华工商时报，2021-10-15（003）．

［42］李光斗．平台经济与平台战略的商业生态链［J］．中国商界，2021（8）：28-29．

[43] 孙新波, 马慧敏, 何建笃, 等. 平台战略适应性: 概念、整合模型及研究展望 [J]. 管理现代化, 2021, 41 (3): 63-67.

[44] 王节祥, 陈威如, 江诗松, 等. 平台生态系统中的参与者战略: 互补与依赖关系的解 [J]. 管理世界, 2021, 37 (2): 126-147+10.

[45] 范科峰. 数字化时代的组织变革与重塑 [J]. 中外企业文化, 2020 (11): 1-2.

[46] 郑晓明, 刘环琳. 共情领导力——数字化时代智能组织管理的新挑战 [J]. 清华管理评论, 2020 (6): 12-19.

[47] 饶晓谦. 敏捷型组织与敏捷型领导力之路 [J]. 清华管理评论, 2020 (5): 56-64.

[48] 颠覆时代所有企业都是数字化企业 [J]. 中国投资 (中英文), 2020 (Z3): 34-35.

[49] 李文华. 从经验思维到数字化思维, 打造企业数据中心势在必行 [J]. 住宅与房地产, 2019 (35): 39-40.

[50] 张小宁. 平台战略研究评述及展望 [J]. 经济管理, 2014, 36 (3): 190-199.

[51] 许芳, 李建华, 吕红. 企业生态战略: 和谐社会理念下的战略新思维 [J]. 生态经济, 2005 (11): 66-70.

[52] 张凌赫. 大数据时代下现代企业管理模式的创新研究 [J]. 中国商论, 2022 (12): 114-116.

[53] 李路. 数字化时代建构生态型组织的价值指归与实践进路 [J]. 领导科学, 2022 (4): 135-138.

[54] 谢约丽. 数字时代企业竞争战略的七个新知 [J]. 今日科技, 2022 (3): 31-33.

[55] 熊忠辉, 冯雪. 个人 IP 对媒体建设的作用及转化路径 [J]. 视听界, 2022 (1): 11-14.

[56] 黄钰昌. 数字化管理到底在解决什么? [J]. 经理人, 2022 (1): 58-60.

[57] 蔡清龙, 苏畅. 数字化时代中小企业绩效管理体系的构建 [J]. 投资与合作, 2021 (10): 23-24.

[58] 顾琴轩, 胡冬青, 高暗. 后疫情时期企业人力资源管理现状、模

式及策略研究［J］. 中国劳动，2021（5）：27-45.

［59］李红谕. 企业在云平台下的效用［J］. 大众投资指南，2021（18）：157-158.

［60］曾莹. 数字化、智能时代如何进行企业组织与管理［J］. 商场现代化，2021（10）：85-87.

［61］孟韬，李佳雷. 共享经济组织：数字化时代的新组织性质与成长动因［J］. 经济管理，2021，43（4）：191-208.

［62］武妍捷，王素娟. 复杂商业环境、企业市场进入与市场营销［J］. 山西财经大学学报，2021，43（5）：76-87.

［63］马建军，贺延峰. 互联网时代企业管理模式的优化策略探讨［J］. 企业改革与管理，2021（6）：34-35.

［64］草丽雅. 人工智能对人力资源管理的影响研究［J］. 中小企业管理与科技（上旬刊），2021（3）：1-2.

［65］陆岷峰. 经济发展新格局背景下数字经济产业的特点、问题与对策［J］. 兰州学刊，2021（4）：54-64.

［66］方卫星. 以数字化思维推进经营管理模式转型［J］. 中国金融家，2021（Z1）：126-128.

［67］易中文，胡东滨，曹文治. 面向企业信息化系统集成的中台架构研究［J］. 科技管理研究，2021，41（1）：166-174.

［68］吴纯纯. 如何实施敏捷型人才管理策略［J］. 人力资源，2020（24）：135-137.

［69］马永开，李仕明，潘景铭. 工业互联网之价值共创模式［J］. 管理世界，2020，36（8）：211-222.

［70］胡斌，王莉丽. 物联网环境下的企业组织结构变革［J］. 管理世界，2020，36（8）：202-211+232.

［71］饶晓谦. 敏捷型组织与敏捷型领导力之路［J］. 清华管理评论，2020（5）：56-64.

［72］陈冬梅，王利珍，陈安宽. 数字化与战略管理理论——回顾、挑战与展望［J］. 管理世界，2020，36（5）：220-236+20.

［73］董俊武，龚静，曾瑶. 中国本土企业家视角的领导行为过程模型［J］. 管理案例研究与评论，2020，13（2）：132-148.

[74] 颠覆时代所有企业都是数字化企业[J]. 中国投资（中英文），2020（Z3）：34-35.

[75] 何新新. 关于员工激励管理的分析[J]. 人力资源，2020（6）：133.

[76] Bradley Hall. 数字化时代，组织变革的新方向[J]. 人力资源，2020（1）：54-56.

[77] 陈威如. 数字化、智能时代，如何进行企业组织与管理[J]. 中国眼镜科技杂志，2020（1）：90-94.

[78] 白利情. 个人IP就是商业价值[J]. 理财，2020（1）：31.

[79] 李广乾. 什么是数据中台？[J]. 中国信息界，2019（6）：72-75.

[80] 李鸿磊. 商业模式设计：一个模块化组合视角[J]. 经济管理，2019，41（12）：158-176.

[81] 李晓光，张伟钢. 企业要做到商业价值与社会价值共生[J]. 商学院，2019（10）：60.

[82] 吴韦朋. 品牌经济下如何打造个人IP？[J]. 品牌研究，2019（10）：31-32.

[83] 张海鸣. 基于大数据时代背景下企业管理模式的创新探究[J]. 现代营销（下旬刊），2019（5）：146.

[84] 张晓飞. 大数据时代背景下企业管理模式创新策略研究[J]. 现代营销（信息版），2019（4）：110-111.

[85] 曹仰锋. 生态型组织：物联网时代的管理新范式[J]. 清华管理评论，2019（3）：74-85.

[86] 肖兴政，再景亮，龙承春. 人工智能对人力资源管理的影响研究[J]. 四川理工学院学报（社会科学版），2018，33（6）：37-51.

[87] 张向东. 大数据时代下企业管理模式的创新研究[J]. 中国商论，2018（32）：25-26.

[88] 郭荣鑫. 个人IP的力量[J]. 现代商业银行，2018（16）：56-58.

[89] 陈晓东，呼晋先，贾宁. 数字化时代企业商业模式创新转型新实践——社交媒体商业化的初探与应用分析[J]. 中国市场，2018（9）：

187-188.

[90] 张砥. 浅析 IP 与个人 IP 的内涵 [J]. 新闻研究导刊, 2017, 8 (21): 116.

[91] 宋新平, 梁志强. 浅谈企业管理模式与企业管理现代化 [J]. 中国商论, 2017 (4): 69-70.

[92] 张振鹏. 小微文化企业商业模式与成长关系研究 [D]. 济南: 山东大学, 2016.

[93] 王娟. 领导艺术与企业凝聚力探讨 [J]. 湖南科技学院学报, 2016, 37 (3): 89-90+94.

[94] 梅天笑. 新商业环境下的领导者价值观 [J]. 经理人, 2014 (5): 91-92+19.

[95] 冯冠. 组织惯性变革管理研究 [D]. 沈阳: 辽宁工程技术大学, 2005.

[96] 陈心怡. 零工经济时代"共享员工"模式探究 [J]. 合作经济与科技, 2022 (15): 102-103.

[97] 付春香, 陈晓爱. 独有还是共享: VUCA 时代员工雇佣模式变革与实践 [J]. 商业经济, 2022 (6): 88-91.

[98] 谢婷婷. 共享用工, 人力资源管理新模式 [J]. 人力资源, 2022 (8): 82-83.

[99] 冯连标. 平台企业用工模式多样化及其实施路径 [J]. 武汉工程职业技术学院学报, 2022, 34 (1): 34-36.

[100] 阳毅, 万杨. 人才管理研究综述与展望——一个整合的研究框架 [J]. 科技与经济, 2022, 35 (1): 81-85.

[101] 刘刚. 企业人力资源管理创新问题分析 [J]. 中国商论, 2021 (21): 140-142.

[102] 杨喆. 何为新业态用工模式 [J]. 人力资源, 2021 (15): 32-33.

[103] 魏丹霞, 赵宜萱, 赵曙明. 人力资本视角下的中国企业人力资源管理的未来发展趋势 [J]. 管理学报, 2021, 18 (2): 171-179.

[104] 虞媛. 基于企业战略视角的人力资源管理策略关键思路分析 [J]. 商讯, 2020 (32): 195-196.

[105] 叶梦洁. 灵活用工创新形态"共享用工"式的发展研究[J]. 大众标准化, 2020 (21): 138-139.

[106] 曲直, 金鑫, 许诗悦. 战略型人力资源管理体系的落地应用[J]. 中国电力教育, 2020 (8): 18-19.

[107] 何江, 间淑敏, 关娇. 共享员工到底是什么?——源起、内涵、框架与趋势[J]. 商业研究, 2020 (6): 1-13.

[108] 刘凤娇. 共享员工, 不仅仅是权宜之计[J]. 人力资源, 2020 (7): 86-88.

[109] 顾梦娅. 浅谈战略型人力资源管理中的人才培养体系构建[J]. 人力资源, 2020 (2): 16-17.

[110] 陆珠英. 新时代企业创新人才管理的问题与对策[J]. 福建省社会主义学院学报, 2019 (2): 106-110.

[111] 吕笑. 数据驱动IP内容运营创新与品牌化路径研究[D]. 成都: 华南理工大学, 2018.

[112] 孙志霞. 信息化人力资源管理研究进展探析[J]. 经贸实践, 2018 (7): 230+232.

[113] 郭杰. 共享经济时代创新灵活用工模式[J]. 企业管理, 2018 (3): 75-77.

[114] 汤新慧, 那小强, 周平录. 商业模式创新: 研究现状与展望[J]. 研究与发展管理, 2022 (9): 1-13.

[115] 宋丽萍. 平台经济下企业创新路径——海尔、华为、阿里巴巴创新模式特征分析[J]. 企业管理, 2022 (9): 18-22.

[116] 孟庆瑜, 李汶卓. 政产学研协同育人模式下我国立法人才培养的问题审思与机制创新[J]. 河北法学, 2022, 40 (10): 76-96.

[117] 李昕, 马志凯, 张艺, 孔德刚. 以定制生产模式为导向的数字化技术探究[J]. 现代工业经济和信息化, 2022, 12 (8): 96-98.

[118] 王日影. 零工经济视域下新型劳动关系探析[J]. 价格理论与实践, 2022 (5): 53-56+133.

[119] 郭姿英. 零工经济下, 人力资源管理如何"破冰"[J]. 人力资源, 2022 (14): 72-73.

[120] 蒋波. 精准高效为零工就业赋能[N]. 经济日报, 2022-07-

20（012）.

[121] 吴红迪，吴邦雷. 中国战略性新兴产业协同创新模式研究评述[J]. 广西职业师范学院学报，2022，34（2）：16-21.

[122] 樊瑞. 基于知识经济的中小企业管理创新[J]. 经济研究导刊，2022（16）：7-9.

[123] 彭辉明. 企业实行横向一体化的原因及条件[J]. 上海商业，2022（4）：216-217.

[124] 胡贺，任丽丽. 数字员工大有可为[J]. 企业管理，2022（2）：19-22.

[125] 陈春花，朱丽，刘超，徐石. 协同共生论：数字时代的新管理范式[J]. 外国经济与管理，2022，44（1）：68-83.

[126] 曾渝，黄璜. 数字化协同治理模式探究[J]. 中国行政管理，2021（12）：58-66.

[127] 黄群慧. 新发展格局的理论逻辑、战略内涵与政策体系——基于经济现代化的视角[J]. 经济研究，2021，56（4）：4-23.

[128] 柯基. 让"自由奔放"的思想蓬勃跳动——记字节跳动创始人张一鸣[J]. 商业文化，2021（1）：5-7.

[129] 用户驱动、高度定制化的生产运营管理模式[J]. 中国设备工程，2020（S1）：63-65.

[130] 焦勇，刘忠诚. 数字经济赋能智能制造新模式——从规模化生产、个性化定制到适度规模定制的革新[J]. 贵州社会科学，2020（11）：148-154.

[131] 俞彤晖，陈斐. 数字经济时代的流通智慧化转型：特征、动力与实现路径[J]. 中国流通经济，2020，34（11）：33-43.

[132] 姜红德. 数据管理，洞察传统行业数字化[J]. 中国信息化，2020（10）：10-11.

[133] 王家宝，满赛赛，敦帅，等. 基于分享经济与零工经济双重视角的企业创新用工模式构建研究[J]. 管理现代化，2020，40（5）：103-105.

[134] 代若溪. 自媒体时代网红经济的发展研究[J]. 新闻研究导刊，2020，11（14）：190-191.

[135] 牛健. 发挥产业链协同效应 [J]. 施工企业管理, 2020 (7): 41-43.

[136] 陈宏毅. 企业文化与企业战略的协同管理策略 [J]. 中小企业管理与科技（上旬刊）, 2020 (4): 40-41+54.

[137] 本刊编辑部. 办公协同软件发展三大趋势及应用建议 [J]. 网络安全和信息化, 2020 (3): 30.

[138] 白礼彪, 郑堪尹, 石荟敬, 郭文志, 杜强. 企业项目群协同管理组织模式构建 [J]. 工程管理学报, 2019, 33 (5): 91-96.

[139] 邓斌. 华为的"有福同享文化" [J]. 经理人, 2019 (10): 60-65.

[140] 余胜海. 华为成功的秘诀：用好人分好钱 [J]. 杭州金融研修学院学报, 2019 (9): 75-77.

[141] 陈宇馨. 探究现代企业管理中项目管理与企业战略协同 [J]. 现代商业, 2019 (17): 106-107.

[142] 罗秋雪. 企业文化与企业战略的协同管理研究 [J]. 企业改革与管理, 2019 (5): 193-194.

[143] 王文华, 张卓, 蔡瑞林. 开放式创新组织间协同管理影响知识协同效应研究 [J]. 研究与发展管理, 2018, 30 (5): 38-48.

[144] 彭建锋. 华为如何管理知识型员工 [J]. 国家电网, 2018 (10): 39-40.

[145] 张志学, 郑仪. 协同工作激发组织创造力 [J]. 企业管理, 2017 (3): 100-103.

[146] 冀晴. 产学研协同创新运行机制的研究 [D]. 郑州：郑州大学, 2015.

[147] 解学梅, 刘丝雨. 协同创新模式对协同效应与创新绩效的影响机理 [J]. 管理科学, 2015, 28 (2): 27-39.

[148] 范秀平. 从音乐平台到内容生态：腾讯音乐的商业模式创新 [J]. 北京文化创意, 2021 (4): 22-28.

[149] 张欢. 国内在线音乐平台盈利模式研究 [D]. 北京：对外经济贸易大学, 2019.

[150] 黄一帆. 时代天使上市"隐形矫正"为何受到热捧？[N]. 经

济观察报，2021-06-21（022）.

［151］张悦，曹学平．时代天使李华敏：用科技创造影响世界的微笑［N］．中国经营报，2021-11-22（T07）.

［152］魏浩征．携程混合办公模式实践［J］．经理人，2022（4）：74-76.

［153］袁帅．混合办公模式或成常态？［J］．小康，2022（9）：56-58.

［154］姚金楠．着力打通数字能源管理"最后一公里"［N］．中国能源报，2022-09-26（007）.

［155］周文静．深耕新能源领域 多元业务助力"双碳"目标——访汇川技术能源SDT总经理李小东［J］．电气时代，2022（6）：6-9.

［156］朱彧，王中环．元气森林互联网思维演绎4P新营销［J］．中国市场，2022（12）：178-181.

［157］周星枯．小微品牌传播策略研究——以饮料品牌元气森林为例［J］．出版广角，2020（20）：59-61.

［158］沈克印，林舒婷，董芹芹，张文静，寇明宇．我国体育产业数字化转型的现实要求、发展困境与实践策略［J］．武汉体育学院学报，2022，56（8）：51-59.

［159］赵皎云．安踏晋江仓打造新型智慧仓储系统［J］．物流技术与应用，2022，27（6）：94-96.

［160］郭宇焓．大数据背景下安踏集团精准营销的策略研究［D］．武汉：武汉体育学院，2022.

［161］方敏．美的集团：10年120亿，成就全面数字化［J］．冶金管理，2022（2）：37-40.

［162］王情．美的集团数字化转型、创新业务与价值创造能力［D］．北京：北京交通大学，2021.

［163］肖静华，吴小龙，谢康，等．信息技术驱动中国制造转型升级——美的智能制造跨越式战略变革纵向案例研究［J］．管理世界，2021，37（3）：161-179+225+11.

［164］于玉金．芒果超媒再回"高光时刻"［N］．华夏时报，2022-08-22（012）.

［165］杜亦敏. 新业态下传媒企业盈利模式创新与经济效果研究［D］. 郑州：河南财经政法大学，2022.

［166］郑华平. IP生态的"芒果式"破圈［J］. 中国广播影视，2021（18）：65-67.

［167］冷汗青. 基于消费者视角的华住酒店集团"华住会"常客计划研究［J］. 商展经济，2021（11）：49-51.

［168］杨剑，陈键. 华住集团轻资产运营模式及竞争力分析［J］. 中国市场，2019（28）：78-79.

［169］吴清. 独角兽Shein疯狂成长之路［N］. 中国经营报，2022-06-20（D04）.

［170］邓贻龙. 希音打造快时尚跨境电商品牌［J］. 企业管理，2022（2）：80-84.

［171］姜士洁. 埃斯顿跨国技术并购模式及绩效研究［D］. 济南：山东大学，2020.

［172］高蕊. 埃斯顿：国产机器人的完美逆袭［J］. 全球商业经典，2019（12）：42-43.

［173］冉隆楠. 快狗打车拟赴港IPO同城货运有哪些成长密码［N］. 中国商报，2022-06-17（007）.

［174］石悦. "互联网+"时代下我国同城货运中间层职能演变的经济分析［D］. 北京：北京交通大学，2019.

［175］董雨晴. 新零售背景下水果零售企业商业模式价值创造研究［D］. 南昌：江西师范大学，2021.

［176］马聪慧. 百果园的发展战略研究［D］. 郑州：郑州大学，2020.

［177］曹鑫，欧阳桃花，黄江明. 智能互联产品重塑企业边界研究：小米案例［J］. 管理世界，2022，38（4）：125-142.

［178］张化尧，薛珂，徐敏赛，等. 商业孵化型平台生态系统的价值共创机制：小米案例［J］. 科研管理，2021，42（3）：71-79.

［179］宋立丰，宋远方，冯绍雯. 平台-社群商业模式构建及其动态演变路径——基于海尔、小米和猪八戒网平台组织的案例研究［J］. 经济管理，2020，42（3）：117-132.

［180］智雅凡. 海尔智家轻资产运营及绩效研究［D］. 石家庄：河北

经贸大学，2022.

［181］连冰华．家电制造业数字化转型的现状与策略研究——以海尔智家为例［J］．投资与创业，2022，33（12）：152-154.

［182］贾瑞，江康．大数据背景下畜牧行业内部控制——以温氏股份为例［J］．中国经贸导刊，2022（1）：76-77.

［183］陈岚．温氏股份：打造"物联网+"现代畜牧业智慧生态龙头［J］．广东科技，2020，29（10）：36-38.

［184］朱宣怡．数字化供应链的"破局之路"——以西贝莜面村为例［J］．食品界，2020（6）：99-100.

［185］贾国龙．做大西贝莜面村［J］．现代营销（经营版），2017（11）：18-19.

［186］唐艳，詹莹然．京东方：从显示破冰到屏之物联［J］．企业管理，2022（6）：78-81.

［187］陈炎顺．企业高质量发展的四重逻辑［N］．每日经济新闻，2022-01-07（007）．

［188］谢奔，于森．从信息链接到服务链接：新经济服务媒体平台36氪的转型思考［J］．科技传播，2021（13）：151-153.

［189］韩路．百济神州迷途［J］．21世纪商业评论，2022（Z1）：56-59.

［190］袁璐．千亿药企百济神州登陆科创板［N］．北京日报，2021-12-16（012）．

［191］朱泽钢，程佳佳．数字经济时代独角兽企业的商业模式研究——以字节跳动为例［J］．商展经济，2021（24）：102-104.

［192］方子洁，米芯漪．"超级独角兽"字节跳动的非研发创新探秘［J］．企业改革与管理，2019（9）：194+203.

［193］李丙军．李彦宏的企业家思想与百度的人力资源管理体系研究［J］．中国人力资源开发，2016（24）：88-93.

［194］孙钰．大数据时代下企业人力资源管理创新——以百度公司为例［J］．纳税，2019，13（10）：253+255.

［195］陈天飞．大疆创新谢闻地：创新始终深刻于大疆的基因里［J］．国际品牌观察，2021（11）：23-25.

［196］骆轶琪．大疆创新之路［J］．同舟共进，2020（7）：16-18.

［197］周常宝，李自立，张言方．大疆创新生态系统［J］．企业管理，2020（3）：64-67.

［198］张明．小红书从"种草"到"拔草"［J］．企业管理，2022（8）：48-53.

［199］赵乐瑄．"云健身"在数字化大潮中乘风破浪［N］．人民邮电，2022-05-27（004）．

［200］金琳．健全完善人才培养体系，提升企业整体竞争力［J］．上海国资，2022（6）：47-49.

［201］杨渊．浪潮集团：在数字化变革中涌动的浪潮——浪潮集团副总裁、人力资源部总经理刘伟华先生采访［J］．首席人才官商业与管理评论，2019（1）：88-93.

［202］张建鑫．短视频平台带货的商业逻辑分析——以抖音为例［J］．采写编，2022（4）：190-192.

［203］梁一鸣．关于直播带货模式的探究——以抖音直播为例［J］．中国集体经济，2021（1）：10-11.

［204］郭梦仪，张靖超．在战"疫"中共享员工：一场跨行业的自救［J］．宁波经济（财经视点），2020（3）：56-57.

［205］孙梦钰，田雯涛．人力资源前沿及现存问题对策研究——以美团公司为例［J］．黑龙江人力资源和社会保障，2022（11）：61-63.

［206］周恩毅，贺凡．华为公司企业文化的激励作用［J］．经营与管理，2022（3）：82-87.

［207］孙金云．华为：人才也是"逼"出来的［J］．企业管理，2021（7）：95.

［208］王育现．任正非：让一线呼唤炮火［J］．商界（评论），2009（5）：106-113.

［209］潘慧．视源股份：科技引领文化教育信息化建设［J］．广东科技，2021，30（6）：53-56.

［210］刘晓丽．视源股份创新能力及其影响因素分析［J］．科技创新发展战略研究，2020，4（5）：27-30.

［211］苏密．波司登财报业绩逆势上扬，中国羽绒服全球领先［J］．

纺织服装周刊, 2021 (25): 22.

[212] 梁莉萍. 与阿里云强强合作波司登加码数智化转型 [J]. 中国纺织, 2020 (Z2): 98-99.

[213] 祁豆豆. 诺唯赞曹林: 开发"生物芯片", 从源头赋能科创 [N]. 上海证券报, 2021-11-15 (005).

[214] 林梦鸽. 诺唯赞: 生物试剂小巨人 [J]. 经理人, 2021 (11): 50-53.

[215] 刘灿邦. 专业化光伏厂商频"减员"垂直一体化发展成趋势 [N]. 证券时报, 2022-06-30 (A07).

[216] 张英英. 天合光能延伸产业链"加长版"一体化布局成潮流? [N]. 中国经营报, 2022-06-27 (B18).

[217] 王钰棋. 华熙生物朱思楠: 科研型企业, 为大家讲述尊重科学、尊重技术的故事 [J]. 国际品牌观察, 2022 (2): 23-25.

[218] 王炳根. 华熙生物: 经营发展的"四轮驱动"时代 [J]. 股市动态分析, 2021 (11): 44-45.

[219] 吴赛楠. 金山办公科创板上市案例研究 [D]. 石家庄: 河北金融学院, 2022.

[220] 高天. 金山办公: 借疫情突围? [J]. 全球商业经典, 2020 (3): 74-79.

[221] 何权龙. 中国平安综合金融发展研究 [D]. 北京: 北京交通大学, 2021.

[222] 杨煊. 中国平安的保险业务数字化转型研究 [D]. 广州: 广东工业大学, 2021.

[223] 中国平安: 不负时代, 感恩时代 [J]. 保险理论与实践, 2019 (4): 56-74.

[224] 陈春花, 钟皓. 数字化生存与管理价值重构 (六) 数字化转型的关键: 智能协同 [J]. 企业管理, 2020 (11): 102-104.

[225] 陈春花, 钟皓. 数字化转型的关键: 构建智能协同工作方式 [J]. 清华管理评论, 2020 (10): 44-49.

[226] 白礼彪, 郑堪尹, 石荟敬, 等. 企业项目群协同管理组织模式构建 [J]. 工程管理学报, 2019, 33 (5): 91-96.

[227] 李超凡. 数字化转型对企业业绩的影响路径研究 [D]. 郑州：郑州航空工业管理学院，2020.

[228] 张辛淇. 小米线上线下整合营销策略研究 [J]. 中国市场，2015（40）：81-82.

[229] 孙世芳. 完善数据要素市场激发经济新动能 [N]. 经济日报，2021-09-20（006）.

[230] 乔舒亚·库珀·雷默. 第七感 [M]. 罗康琳，译. 北京：中信出版集团，2017.

[231] 克里斯·安德森. 免费：商业的未来 [M]. 蒋旭峰，等译. 北京：中信出版社，2009.